Creative Artworks-2:
Photoshop

크리에이티브 아트웍-2:
포토샵

"당신의 창의력에
　날개를 달아 드릴 수 있기를 바랍니다"

Overview
이 책은 모두 3개 파트로 구성됩니다. 파트 1-테크닉 색션에서 창의적인 스킬업을 학습하고, 파트 2-글로벌 인스퍼레이션 색션에서 창의적인 아이디어와 영감을 흡수하고, 파트 3-책 속의 책 색션에서 세계 디자인 시장의 트렌드와 성공 노하우 및 프로젝트 케이스를 배울 수 있습니다.

Composition
Part-1. Technique
최근 디자인 시장에서 가장 많이 활용되고 있는 22개의 서로 다른 독특한 스타일의 튜토리얼 코스가 준비되어 있습니다. 여기에는 여러분들의 창의적인 스킬업을 돕기 위해 스스로 따라하며 학습할 수 있도록 필요한 모든 리소스 파일들을 제공합니다.

Part-2. Global inspirations
자신만의 독특한 스타일로 각광받는 디자이너와 아티스트 25명의 쇼케이스가 실려있습니다. 영감으로 가득찬 70여 점의 아트웍들을 스타일을 찾기 위해 고민하거나 다양한 스타일을 유기적으로 흡수하고자 노력하는 디자이너들을 친절하게 이끌어 줄 것입니다.

Part-3. Book in Book
어떤 곳에서도 찾아볼 수 없는, 〈크리에이티브 아트웍〉 만의 유일한 콘텐츠입니다. 세계 디자인 시장의 최신 트렌드와 디자이너로 성공하기 위한 선배들의 다양한 조언, 성공한 프로젝트의 케이스 스터디 등이 자세하게 소개되어 있습니다.

On The Web
크리에이티브 아트웍-2를 공부하는데 필요한 소스 파일은 www.cashop.kr에서 내려 받아 사용하실 수 있습니다. 사이트에 접속하여 RESOURCE ⇒ CA-2로 이동하여 해당 파일을 내려받으실 수 있습니다. 회원이 아닌 분은 새로 가입하여 내려 받으실 수 있으며, 관련 파일을 모두 내려 받아 보관해 사용하시길 바랍니다.

Foreword

혹시 매일매일 정신없이 바빠서 시간에 쫓기고 있나요? 아니면 이미 자신의 분야에서 탄탄한 명성을 쌓아 원하는 프로젝트를 골라서 작업할 수 있나요? 어떤 경우이든, 새로운 스킬을 배워야겠다는 생각에서 멀어지게 마련인 건 틀림없는 사실입니다. 어쩌면 시간을 쪼개 새로운 스킬을 익히고 기존의 스킬을 갈고 닦는 것보다는 실제 현장에서 요령을 터득하고 기술을 익히는 것이 더 수월하게 생각될 수도 있습니다.

그럼에도 불구하고, 디자이너들은 항상 새로운 것을 배워야 합니다. 경험으로 배우는 것에서부터 스스로 전문적인 교육을 받는 것에 이르기까지 배움에는 변명의 여지가 있을 수 없습니다.

창조적인 사람, 특히 프리랜서의 경우에는 교육이 주는 혜택이 보다 확실하게 나타납니다. 새로운 스킬은 곧바로 새로운 클라이언트를 의미하기 때문입니다. 새로운 스킬을 습득하면 우선 자신의 장점이 확대됩니다. 따라서 과거에 다른 디자이너가 제공하던 서비스와 솔루션을 자신이 대신 제공할 수 있게 됩니다.

물론 시간이 흐르면서 저절로 많은 스킬들이 습득되기도 합니다. 일하는 방식이나 문제를 해결하는 방법들을 효율적으로 바꾸기 시작하고, 초기에 범했던 실수들을 고쳐나가기 때문입니다. 팀으로 일하면서 동료들에게 멘토링을 받는 일 또한 새로운 스킬을 배우는 데 중요한 역할을 합니다. 계속 관찰하고 다른 사람들의 말을 경청하세요. 그리고 다음 번에 새로운 스킬을 직접 적용해 보는 것입니다. 뻔한 얘기일 수 있겠지만, 실력 있는 디자이너가 되려면 기본적인 상식과 의지가 필요합니다. 경험을 통해 깨닫고, 다른 사람들에게서 지식을 배우고 그것을 적용하려는 의지 말입니다.

새로운 것을 배우면, 신선하고 창의력을 자극하는 기회들이 자연스레 생겨나게 마련입니다. 어떤 장르에서든 새로운 스킬을 습득한다는 것은 클라이언트들에게 제공할 수 있는 서비스의 질이 높아진다는 것을 의미합니다.

만일 고용주가 새로운 기술을 가르쳐줄 것이라고 기대한다면, 태만한 겁니다. 디자이너 개인들은 고용주가 생각지 못하는 분야까지 스스로 배울 필요가 있습니다. 그렇게 하는 것이 개인과 기업 모두에게 이롭습니다. 적어도 그 개인에게는 미래에 선택할 수 있는 다양한 선택권이 주어질 겁니다. 배움은 진행형입니다. 중단해서는 안됩니다.

이 책에 소개된 여러 가지 포토샵 스킬들이 당신의 창의력에 날개를 달아드릴 수 있기를 기대합니다. 그래서 당신에게 새로운 기회의 문이 열릴 수 있기를 진심으로 바랍니다.

(주)퓨처미디어 / 월간〈CA〉편집부

Contents

Part-1.
Technique

01 **머리카락 경계선 정리하기** — 012
02 **3D 텍스처를 이용한 3D 효과** — 022
03 **드라마틱한 비트맵 모드로 변환하기** — 032
04 **광고 컨셉 레이아웃 만들기** — 036
05 **역동적 광고 레이아웃 디자인** — 042
06 **괴기스런 몬스터 이미지 효과** — 048
07 **스트릿 그래피티 아트웍** — 056
08 **몽타주 효과를 이용한 그래픽** — 064
09 **여러 오브젝트를 활용한 몽타주 기법** — 072
10 **파격적인 분위기를 연출하는 헤비 그래픽스** — 082
11 **다이내믹한 디스토션 효과** — 090
12 **브러시를 이용한 아트 드로잉** — 096
13 **재즈 스타일의 일러스트 효과** — 104
14 **블러를 이용한 생동감 넘치는 이미지 연출** — 114
15 **다중 레이어와 드롭 셰도우를 이용한 연출** — 124
16 **워프툴과 텍스처를 활용한 실험적인 아트웍** — 134
17 **패턴을 이용한 스케일 와이프** — 140
18 **강렬한 리얼리티 특수효과** — 148
19 **핸드 드로잉과 포토그라피의 감성적인 결합** — 158
20 **인물 분위기 연출** — 166
21 **팝아트풍의 세련된 패션 아트** — 172
22 **팝아트에서 영감을 얻은 패션 일러스트레이션** — 180

Part–2.
Global inspirations

원사이드제로 Onesidezero
짐 그키카스 Jim Gkikas
테오도루 바디우 Teodoru Badiu
크레이그 애트킨슨 Craig Atkinson
존 래썸 John Latham
젬마 코렐 Gemma Correll
뮤릴로 마쉬엘 Murilo Maciel
크리스토프 레미 Christophe Remy
얀 빌렘 베네키스 Jan Willem Wennekes
델핀 에틴저 Delphine Ettinger
댄 핼럿 Dan Hallett
마르셀로 브루제시 Marcelo Bruzzesi
크리스 이드 Chris Ede
그래함 코코란 Graham Corcoran
아담 루이스 Adam Lewis
벤 휴잇 Ben Hewitt
파코 라파엘 크리넨 Paco Raphael Krijnen
앨런 캠벨 Alan Campbell
다니엘 쉬엘즈 Daniel Shiels
저스틴 어스캇 Justin Ascott
케이트 서턴 Kate Sutton
보리스 미할릭 Boris Mihalik
바실리 오를로브 Vasili Orlov
마틴 심슨 Martin Simpson
롭 헤이그 Rob Hague

Part–3.
Book in Book

01 **프리랜스 서바이벌에서 성공하기** — 232
02 **콜렉티브 디자인의 새물결** — 248
03 **스튜디오 관리가 필요한 10가지 이유** — 266
04 **혼자서 손으로 만든 심벌리즘** — 270
05 **비Be의 아이덴티티 제작 과정** — 276

01 머리카락 경계선 정리하기
02 3D 텍스처를 이용한 3D 효과
03 드라마틱한 비트맵 모드로 변환하기
04 광고 컨셉 레이아웃 만들기
05 역동적 광고 레이아웃 디자인
06 괴기스런 몬스터 이미지 효과
07 스트릿 그래피티 아트웍
08 몽타주 효과를 이용한 그래픽
09 여러 오브젝트를 활용한 몽타주 기법
10 파격적인 분위기를 연출하는 헤비 그래픽스
11 다이내믹한 디스토션 효과
12 브러시를 이용한 아트 드로잉
13 재즈 스타일의 일러스트 효과
14 블러를 이용한 생동감 넘치는 이미지 연출
15 다중 레이어와 드롭 셰도우를 이용한 연출
16 워프툴과 텍스처를 활용한 실험적인 아트웍
17 패턴을 이용한 스케일 와이프
18 강렬한 리얼리티 특수효과
19 핸드 드로잉과 포토그라피의 감성적인 결합
20 인물 분위기 연출
21 팝아트풍의 세련된 패션 아트
22 팝아트에서 영감을 얻은 패션 일러스트레이션

Creative Artworks-2: Photoshop

Part 1.
Technique

자신만의 독특한 스타일로 세계 시장에서 각광받고 있는
스타 디자이너의 아이디어와 영감을 살펴 보세요.
그리고 그들만의 창의적인 스킬의 노하우를 익혀보세요.

Chapter 01
Defringing Hair

머리카락 경계선 정리하기

머리카락이 없는 모델이 있을까? 이런 경우에 정확하게 머리카락을 일일이 선택하는 일은 고도의 기술을 필요로 한다. 이 같은 복잡한 객체를 정확하게 선택하는 방법과 노하우를 배워보겠습니다.

Keypoint
경계선 정리하기, 레이어 마스크 씌우기, 알파채널 사용하기

포토샵에서 모델의 머리카락과 배경을 정확하게 분리해 내는 일은 디자이너들에게 가장 신경을 곤두세우고 장시간을 씨름하게 하는 작업입니다. 자연스럽고 디테일한 셀렉션을 원할 경우에는 때로 좌절감 속에서 심장이 두근거리는 상태로 작업을 하게 될 수도 있습니다.

물론 펜툴을 사용해서 선택을 하면 때로는 충분한 결과를 가져다 주기도 하지만, 날리는 머리카락의 가닥들을 전부 펜 툴로 선택하려면 실질적으로 거의 불가능합니다. 마술봉 Magic Wand 나 마그네틱 라쏘 MagneticLasso 셀렉션 툴을 사용해도 비슷한 효과를 나타낼 수는 없습니다. 대부분의 이미지들은 보편적인 톨러런스 수치가 적용되지 않기 때문에 원하지 않는 백그라운드를 빼고 선택하는 것은 힘듭니다.

그렇다고 걱정하기엔 이릅니다. 수평적으로 생각해 보면 비교적 간단한 솔루션이 나타납니다. 이 작업의 요점은 이미지에 채널을 사용하여 디테일한 알파 마스크를 만드는 데 있습니다. 복잡한 객체를 정확하게 선택하는 것이 보다 용이하게 될 것입니다. 레이어 매팅 Layer Matting 작업도 마찬가지로 마지막 부분을 적출해서 정리하는 특징이 있습니다.

여기에서는 본래의 사진 이미지가 갖는 잠재적 가치를 최대한으로 끌어내어 이를 다듬고 편집하는 방법에 대한 노하우를 보여 주고자 합니다. 이와 함께 편집 과정에서 본래의 이미지를 다시 만질 때, 채널을 사용하는 방법과 레이어를 조정하여 조금은 재미있게 이미지의 밸런스를 잡아주는 방법도 탐구해 보도록 하겠습니다.

Technique

01 이 작업에서 직접 사진을 촬영하여 사용하고자 한다면, 가능한 평평한 단색을 배경으로 하여 모델 사진을 촬영하길 권합니다. 그래야 이후의 작업을 보다 쉽게 진행할 수 있기 때문입니다. 제공된 예제의 사진은 심플한 흰색 시트를 배경으로 하여 모델을 촬영한 것입니다.

02 이제부터 작업을 시작합니다. 먼저, 제공되는 model.jpg 이미지를 찾아 불러옵니다. 보여지는 것처럼 머리카락이 마구 헝클어져 있습니다. 때문에 펜 툴 Pen tool 이나 매직완드 MagicWand 툴을 활용해서는 이 머리카락 만을 정확하게 선택해 낼 수가 없습니다.

03 다른 방법으로, 채널 Channels 팔레트를 열고, 모델 이미지와 배경 사이에 콘트라스트 레벨 현상이 가장 두드러지는 채널을 찾아봅니다. 다시 말해 블랙&화이트가 명확하게 구분되는 이미지를 선택하는 것입니다. 이것이 머리카락 만을 가장 쉽게 선택할 수 있는 방법입니다. 여기에서는 블루채널 Blue channel 이 머리카락의 짙은 덩어리 감을 가장 잘 표현해 주고 있습니다. 따라서 블루 채널을 선택합니다.

04 블루 채널을 우 클릭하여 듀플리게이트 채널 Duplicate channel 을 눌러 레이어를 복사하면 블루 카피 Blue copy 라는 채널이 복사됩니다. 그런 다음, 좀 더 손쉽게 작업하기 위해 '알파 마스크 AlphaMask' 로 이름을 바꿉니다. 레이어를 더블 클릭하여 새로운 이름을 생성합니다. 여기에서의 목적은 이미지의 머리카락 부분을 검게 하고, 배경 부분을 하얗게 마스크를 만드는데 있습니다.

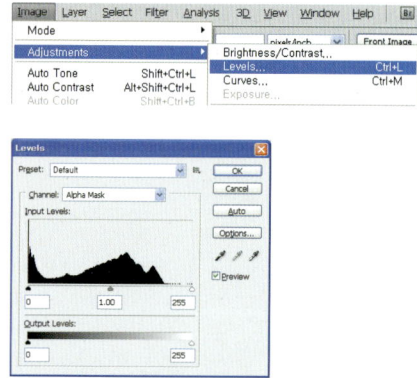

05 다음으로, 레벨 창을 열어(Image ⇒ Adjustments ⇒ Levels), 레벨을 적용합니다. 그 이유는 배경을 최대한 하얗게 만들고, 머리카락 가장자리 부분을 가능한 정확하게 검정색이 되도록 만들기 위해서입니다. 그런 다음, 그림자 부분을 조금 위로 드래그하여 하이라이트 부분이 중앙에 가까워지도록 위치시킵니다. 여기에서는 얼굴과 몸에 대해서 신경 쓰지 말고, 머리카락 부분에 집중하도록 합니다.

머리카락 경계선 정리하기 015

06 다음 단계로, 모델의 나머지 부분인 몸을 선택합니다. 이 때, 가장 정확한 방법은 펜 툴을 사용하는 것입니다. 기본적인 모양을 가장 정확하게 따주기 때문입니다. 돋보기로 화면을 줌 인하고, 펜 툴로 따는 작업을 시작합니다.

Tip: 이 때, 사람의 팔이나 몸의 라인에서 안쪽으로 따는 것이 좋습니다. 그리고 머리카락부분은 레벨조정으로 검게 되었기에, 충분히 매직 완드를 겸해서 빠른 시간 내에 딸 수 있습니다

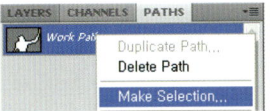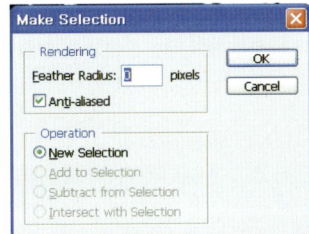

07 펜 툴로 가장자리를 모두 따낸 다음, 패스의 중앙에서 우 클릭하여 메뉴에서 메이크 셀렉션〈Make Selection〉을 선택합니다. 여기에서 Feather-Radius 값을 0 pixel로 맞추고, Anti-aliases에 체크 표시를 합니다. 그리고 OK를 클릭하여, 선택된 부분이 활성화되도록 만들어 놓습니다.

08 다음으로, 선택한 부분에 검정색을 입힙니다. 여기에서 100% 블랙 컬러로 완전하게 채우는 것이 중요합니다. 그런 다음 블랙으로 채워지고 셀렉트된 상태에서, 셀렉션 부분을 반전시켜 줍니다. 단축키는 〈Ctrl+Shift+I〉.

09 다음으로, 반전된 상태에서 하드한 중간 사이즈 크기의 브러시 툴(약 100px)을 이용하여 배경을 흰색으로 칠해 줍니다. 이 때 머리카락 부분을 특별히 주의해서 칠해야 합니다. 무엇보다 정확성이 중요하므로, 경계를 지어주는 머리카락 가닥들을 대충 칠해서는 안됩니다. 머리카락을 한 가닥씩 모두 살려내기 위한 작업이므로, 심혈을 기울여야 합니다.

Tip: 머리카락 채널을 그대로 두고, 채널을 하나 더 만들어서 몸통 부분만 따로 만듭니다. 그 이후에 레이어로 옮겨와 합쳐주는 방법도 있습니다. 이렇게 할 경우, 시간이 단축되고 좀 더 쉽게 작업될 수도 있습니다.

Technique

10 이제, 마스크 한 부분이 진짜 화면에서 어떻게 보여지는지 확인해 보겠습니다. 채널 팔레트의 모든 채널들을 활성화시킵니다. 그런 다음, 알파 마스크 채널로 다시 돌아옵니다. 여기에서 마스크가 필요한 부분을 다시 정리해 줍니다. 이 시점에서 매우 정확하게 작업해야 합니다.

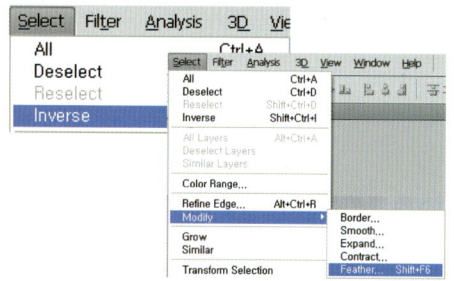

11 마스크 처리 한 부분이 만족스럽다면 알파 마스크 채널을 안 보이도록 숨겨 놓습니다. 그런 다음, 컨트롤을 누르고 다시 채널을 클릭하여 셀렉트합니다. 모델이 선택되도록 하기 위해서는 선택된 부분을 인버스 Inverse 시켜 주어야 합니다. 약간 부드러운 결과를 위해서 단축키 〈Ctrl+Alt+D〉 또는 〈Shift+F6〉로 셀렉션에 패더 값을 1px 줍니다. 부드럽게 만들어 주는 다른 방법으로, Select ⇒ Modify ⇒ Smooth 으로 이동하여 1px 만큼 스무스 값을 줍니다.

12 셀렉션을 활성화해 놓은 상태에서, 다시 레이어 팔레트로 돌아와서 백그라운드 Background 를 일반 레이어 속성으로 바꾸어 줍니다. 레이어 우 클릭하여 Layer From Background를 선택합니다. 그렇게 하면 레이어 이름이 Layer0으로 바뀌는 것을 보실 수 있습니다.

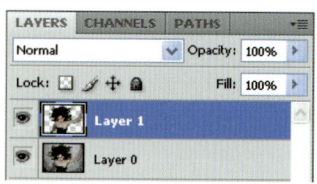 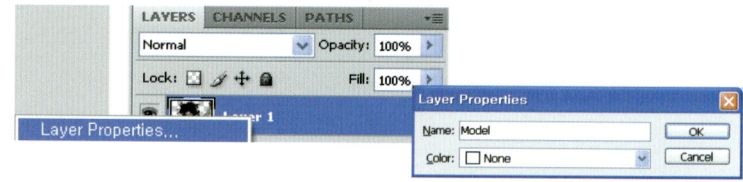

그런 다음, 〈Ctrl+J〉를 눌러서 선택영역만 독립적으로 카피합니다. 복사된 레이어의 이름을 편의상 Model로 바꿉니다. 새로 복사된 레이어 우 클릭하여 레이어 프로퍼티스 Layer Properties 를 선택합니다. 이를 새로운 레이어에 붙여 넣습니다. 그리고 새로운 레이어 이름을 'Model'로 합니다. 마스크를 씌운 부분을 정확하게 보기 위해서는 새로운 레이어를 만든 다음에 바탕을 하얀색으로 입힙니다. 이 레이어를 '모델 Model' 레이어 뒤로 가져오면, 정확하게 셀렉트 된 부분을 볼 수 있습니다. 만약 결과가 만족스럽지 않다면, 4번째 스텝으로 돌아가서 다시 레벨 값을 조정해 봅니다.

 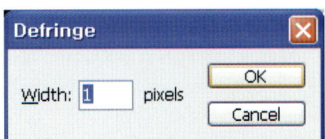

13 이제부터 셀렉션을 조금 더 정교하게 만들어 보겠습니다. 먼저 디프린지Defringe 대화창을 엽니다(Layer ⇒ Matting ⇒ Defringe). 경계 면을 약간 정리해 주기 위해서 디프린지 값을 1.0px로 설정합니다. 여기에서 블랙 앤 화이트 옵션을 선택하고 싶겠지만, 그럴 경우는 경계 면이 거칠게 표현됩니다.

14 이렇게 하여, 모델 이미지를 성공적으로 분리시키고, 경계선을 주었습니다. 여기에서 약간 더 재미를 더하는 작업을 해보겠습니다. 모델의 피부색에 가장 높은 대비 효과를 줄 수 있는 채널 팔레트로 돌아갑니다. 이 때는 레드 채널Redchannel을 선택합니다. 복사를 하고, 레이어 이름을 'High_Lights'로 바꾸어 줍니다.

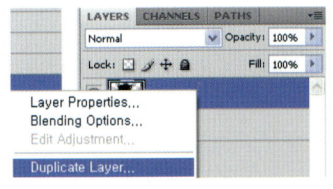 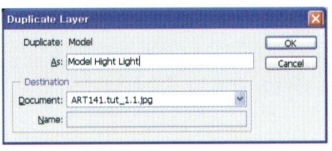

15 다시 레이어 팔레트로 돌아갑니다. 그리고 'Model' 레이어를 복사합니다. 여기에서 작업의 편의를 위해 레이어 이름을 Model High Light로 바꾸어 줍니다.

16 다음으로, Model High Light 레이어 모드를 스크린Screen으로 하고, 오퍼시티Opacity 값을 100으로(기본값) 유지합니다. 이렇게 함으로써, 퀄리티를 유지하면서도 동시에 부드럽고 높은 대비 효과를 얻을 수 있습니다. 이는 모델의 피부색을 만져주는 효과적인 방법입니다.

Technique

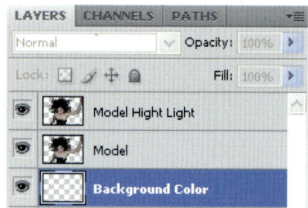

17 다음으로, 배경색을 작업하기 위한 빈 레이어를 만듭니다.
그리고 레이어 이름을 'Background Color'로 바꾸어 줍니다.

그런 다음, Yellow와 pink 계열의 컬러를 선택하여 원형 그래디언트 Gradient 효과로 배경화면을 채워줍니다.

이렇게 하면 밋밋한 블랙이나 화이트보다 어떤 배경색이라도 더 좋게 보여질 것입니다. 배경색은 개인의 취향에 따라 선택할 수 있는데, 광고 작업이라면 그 성격에 맞는 컬러를 선택합니다. 여기에서는 전체적인 톤을 유지하기 위해 모델의 메이크업에 사용된 컬러에서 찾아 사용했습니다.

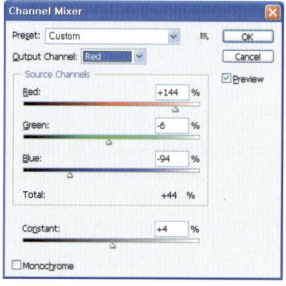

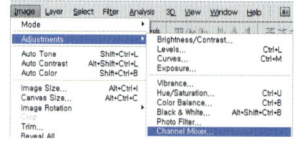

다음으로, Model High Light 레이어를 선택한 후, 채널 믹서 Channel Mixer 조정 레이어를 사용해서 전체적인 색감이나 분위기를 어울리도록 만들어 줍니다.

머리카락 경계선 정리하기   019

18   다음으로, 제공되는 object.psd 파일을 찾아 불러옵니다. 그리고 각각의 오브젝트를 새로운 레이어에 가져 옵니다. 아름다운 한 송이 꽃 같은 느낌으로, 배열을 해볼 수 있습니다.

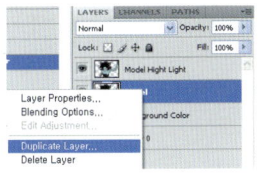 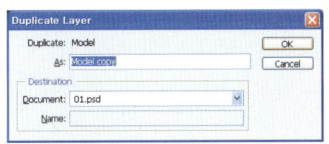

19   다음으로, Model 레이어를 복사하여 이름을 Model copy로 정합니다.

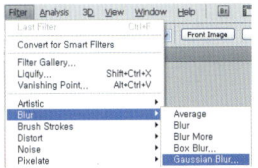 

그런 다음, Model copy 레이어에 가우시안 블러 Gaussian Blur 를 적용하고, Radius를 5pixels로 설정합니다. 그림의 해상도가 아주 높다면 20~30pixels로 설정합니다.

20   그런 다음, Model copy 레이어의 모드를 Overay로 바꿉니다.

이제, 제공되는 object.psd 이미지를 찾아 불러옵니다. 그리고 Model 레이어 아래에 위치시킵니다. 그런 다음 불러온 Graphics 레이어의 크기를 Edit〉FreeTransform으로 각자의 느낌에 따라 줄입니다.

Technique

21 다음으로, Graphics 레이어를 카피하여, 마치 나비의 날개가 연상되듯 인물의 느낌에 맞도록 배치시킵니다.

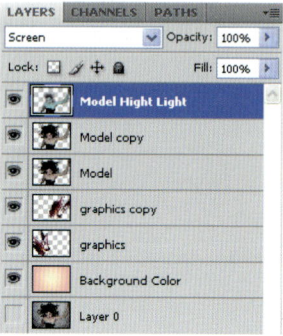

22 여기에서 자세히 보면, 머리카락의 끝이 하얀색으로 지저분하게 보이는 것들이 있을 것입니다. 그 원인은 레이어에 합성 모드를 적용하면서 생긴 것입니다. 따라서 이런 것들은 제거해 주어야 합니다. Model High Light 레이어를 선택하여 지우개 브러시로(적당한 사이즈로)지저분해 보이는 머리끝 부분을 지워 줍니다.

23 물론 배경인 graphics 레이어를 개인적인 취향에 맞도록 몇 개 더 복사하여 배치해도 좋습니다. 여기에서도 확인해 보실 수 있을 것입니다.

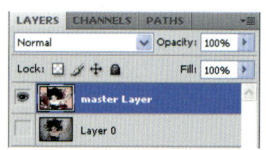

24 이제 작업한 모든 레이어을 선택한 후 마우스 우 클릭하여 Merge Layers시켜 하나의 레이어로 만든 다음 이름을 master Layer로 바꿉니다.

[25] 그런 다음 master 레이어에 Image ⇒ Adjustments ⇒ Levels을 선택합니다. Level 값을 RGB(기본)로 설정하고, 그래프처럼 보이는 파형 아래에 세 종류의 삼각형들을 드래그하여 느낌을 조정합니다. 여기에서는 중간 값을 약간 내려서 중간 톤을 밝게 살렸고, 하이라이트는 좀 더 내려서 밝게 조정하였으며, 블랙을 약간 높여서 머리카락부분이 더욱 검게 보이도록 하였습니다. 그런 다음 RGB에서 Red 채널로 바꾸고 맨 오른쪽의 삼각형 부분을 아래로 내려 하이라이트 부분의 Red 색상이 더욱 부각되도록 하였습니다.

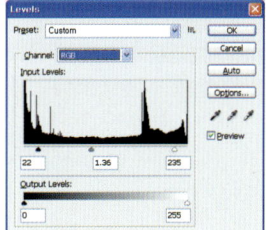

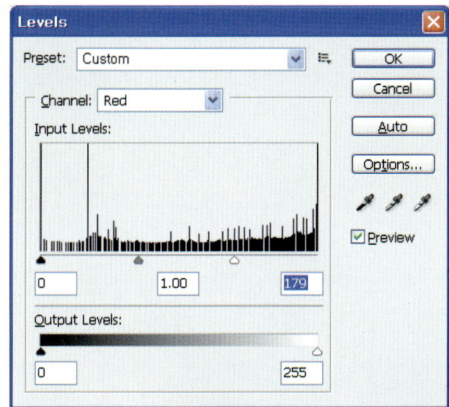

이렇게 하여 모든 작업이 끝났습니다. 시간을 갖고, 정교한 수정작업을 하면서 좀 더 디테일하게 마무리를 해보시길 바랍니다.

Chapter 02
Learn 3d Shading Techniques

3D 텍스처를 이용한 3D 효과

다재 다능한 포토샵의 기능에 직접 제작한 3D 텍스처를 결합시키면 완벽한 오리지널 3D 효과를 만들어 낼 수 있습니다. 도비라 이미지에서 볼 수 있는 사실적인 텍스처의 비밀을 배워보겠습니다.

Keypoint
브러시와 텍스처의 활용

누군가 내 옆을 지나가다 멈추어서 "어! 이 이미지 어떻게 만든 거죠?"라고 물어 온다면? 그 물음에 대해 "포토샵으로 만들었어요"라고 대답할 때, "와!" 하는 감탄의 말이 나온다면. 달콤한 주말을 이미지와 싸우느라 고생해 본 사람이라면, 이런 종류의 반응이 정말 기다려질 것입니다.

이 튜토리얼에서는 단순한 스케치에서 시작하여 완벽한 세부 디테일을 갖춘 3D 이펙트를 창조하는 테크닉에 대해서 알게 될 것입니다. 필터 드롭다운 메뉴의 다양한 도구들과 툴 박스 팔레트를 이용해서 깊이와 입체감, 그리고 개성이 살아 있는 이미지를 만들 수 있습니다.

스타일에 상관 없이 스캐닝 한 옛 사진이나 사물들, 그리고 새로 촬영한 디지털 사진들은 당신의 이미지에 놀라운 3D 느낌을 더해 줄 수 있는 훌륭한 요소가 될 수 있습니다. 천, 단추, 솜, 베이컨, 털, 가죽, 얼굴, 피부, 벽지, 종이 등 스캐너에 얹을 수 있는 것은 무엇이든 스캐닝 해서 이미지에 딱 맞는 텍스처로 활용해 보도록 하세요. 여기에서 정해진 규칙이란 따로 없습니다.

마음을 열고, 당신이 좋아하는 어떤 텍스처나 패턴을 스캐닝 해 두면 언젠가는 적절한 용도로 사용할 수 있을 것입니다. 이 같은 풍부한 텍스처들은 이미지 조작으로는 얻기 힘든 독특한 깊이 감을 이미지에 더해 줄 수 있습니다. 시작해 보겠습니다.

Technique

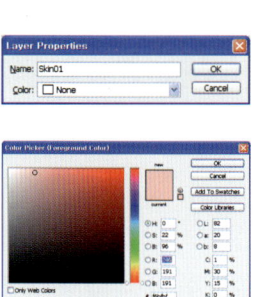

01 먼저 기본이 되는 스케치를 완성하거나, 제공되는 sketch.jpg 이미지를 찾아 준비합니다. 스캐닝 한 스케치는 최종 작품을 위한 바탕 이미지로 이용되기 때문에 세부적인 크기나 구도를 신중하게 결정해야 합니다. 작업이 끝난 스케치를 스캐닝 하여 포토샵에서 엽니다. 단축키 〈Ctrl+O〉

02 빈 레이어를 하나 만들고, 'Skin01'으로 이름을 붙입니다. 피부색을 정하기 위해 포어그라운드 칼라(Foreground Color)를 적당한 스킨 색상으로 선택합니다. Skin01 레이어의 Opacity를 70%로 설정하고, 브러시를 이용하여 외곽선 밖에 살짝 걸치도록 칠합니다. 이 때 브러시의 크기를 조절해 가며 채색합니다. Opacity를 낮춘 것은 밑그림을 볼 수 있도록 하기 위한 것입니다. 빠져 나간 부분들은 내부 영역을 채색한 다음에 말끔하게 정리할 수 있습니다.

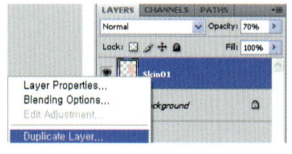
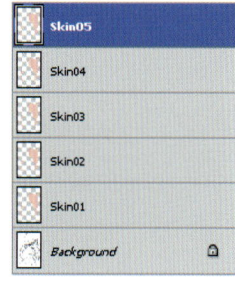

03 피부 레이어를 선택해서 여러 개를 복사한 후 이름을 Skin01~05로 바꿉니다.

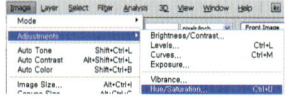
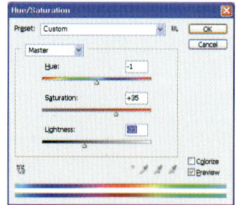

각 Skin 레이어의 Hue/Saturation 값을 조정하여 피부의 명암 등을 다르게 합니다.

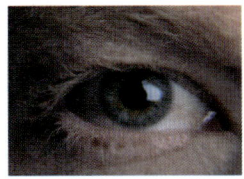 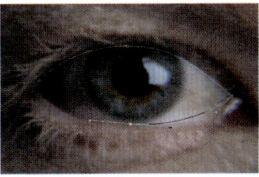

04 제공되는 눈동자 이미지(02_source01.psd)를 불러옵니다. 그리고 펜 툴을 이용하여 눈동자 부분을 선택합니다.

 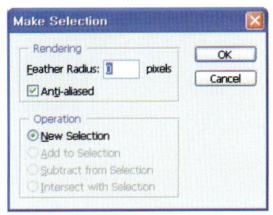

패스Paths 팔레트에서 우 클릭하여 Make Selection을 선택합니다. 그리고 Feather Radius 값은 기본값 0으로 합니다.

〈Ctrl+J〉를 눌러서 선택한 부분만을 새로운 레이어로 생성한 후, 레이어의 이름을 eye01로 바꿉니다. 그런 다음, 프리 트랜스폼Free Transform으로 스케치의 눈 부분에 eye01 레이어를 적당히 배치시킵니다. eye01 레이어를 복사하여 'eye02'로 이름을 바꾸고, 반대쪽 눈동자에 적당히 배치시킵니다. 예제 이미지를 차례로 따라 해보세요.

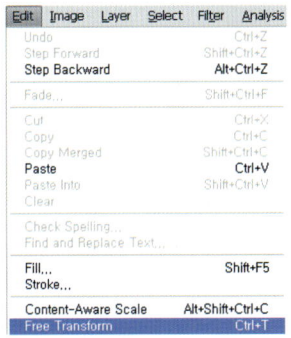  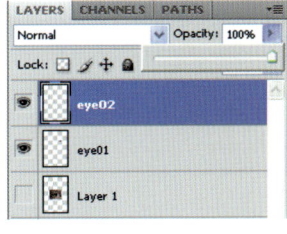

 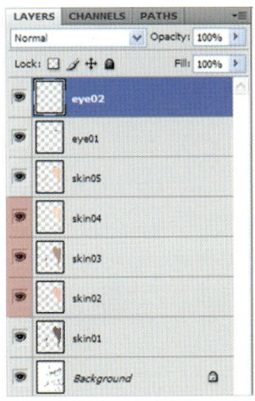

05 그런 다음, 2~4번 피부 레이어를 감추고, 5번 레이어를 지워 나갑니다. 지우개 툴Eraser Tool의 불투명도를 25%로 설정하고 브러시를 선택해서, 각 레이어의 위에서부터 아래쪽을 향해 얼굴 윤곽에서 돌출된 부분을 지워 나갑니다. 그러면 가장 밝은 영역은 그대로 통과되어 보이게 됩니다.

Technique

06 특히 5번 레이어는 가장 어두운 영역이기 때문에 가능한 많이 지워나갑니다. 작업이 끝나면 이 레이어의 대부분은 제거되고, 주름살과 콧구멍 그리고 가는 선들만 남아 있어야 합니다.

07 작업이 끝난 05번 레이어는 잠시 꺼두고, 04번 레이어를 켭니다. 04번 레이어는 색조 화장 효과를 위해 만든 레이어라서 볼터치나 눈 위 부분을 남기고 조금 전과 같은 방법으로 지워 나갑니다.

08 모든 스킨 레이어들을 같은 방법으로 지워 나갑니다. 일단 불필요한 영역을 모두 제거하고 나면 이미지가 상당히 만족스럽게 보일 것입니다. 모든 피부 레이어를 합친 다음 필요한 만큼 보정을 합니다. 원하는 톤과 밝은 영역, 색조를 추가하거나 코나 볼, 눈의 형태를 조정해도 좋습니다.

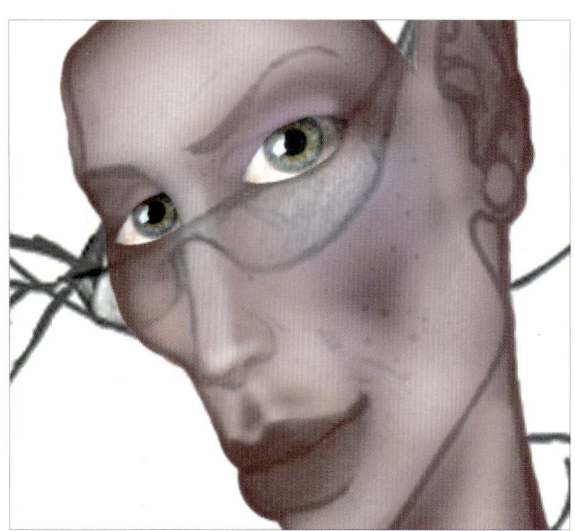

09 이제 eye01, eye02 레이어를 켜두고, Levels을 적용하여 눈동자를 선명하게 조정합니다. 여기에서는 밝은 영역을 넓히고 어두운 영역을 약간 더 어둡게 보일 수 있도록 하였습니다. 그런 다음, 외국인의 자연스러운 피부 느낌을 주기 위해 얼굴에 기미나 점들을 넣을 것입니다. 새로운 레이어를 추가하고 레이어 이름을 skin add 01로 하였습니다. 그리고 브러시 툴을 이용하여 점들을 적당히 찍어 놓습니다. 그런 다음 레이어 모드에 오버레이Overlay를 적용시킵니다. 예제 이미지를 차례로 따라 해보세요.

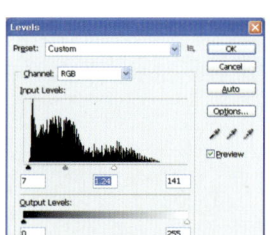 

3D 텍스처를 이용한 3D 효과   027

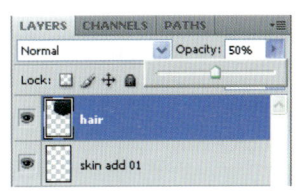

10 다음으로, 제공되는 02_source02.psd 이미지를 불러들여 머리 부분에 해당하는 영역에 적당히 배치시킵니다. 그런 다음, Hair 레이어의 Opacity를 50%로 설정합니다. 이것은 얼굴에 해당하는 부분을 쉽게 지워내기 위한 것입니다.

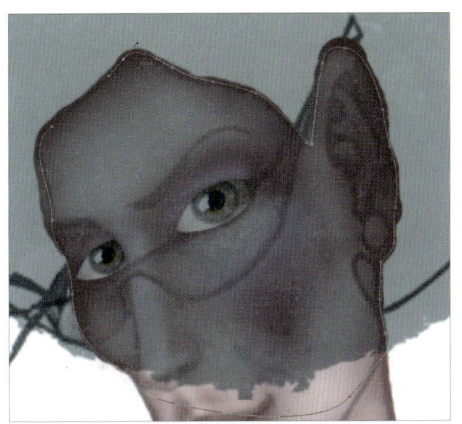

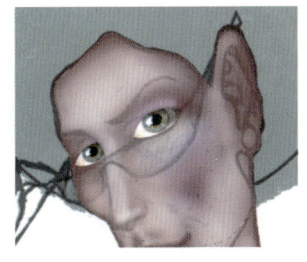

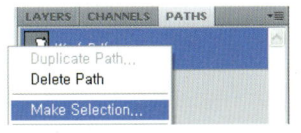

다음으로, 펜 툴로 얼굴 윤곽을 따라 페스를 땁니다. 그리고 패스 Paths 팔레트에서 우 클릭하여 Make Selection을 적용합니다. Feather Radius는 기본값인 0으로 설정합니다. 그리고 선택된 부분을 Delete 합니다. 그런 다음, Hair레이어의 Opacity를 100%로 하여 기본적인 얼굴의 느낌을 완성합니다. 예제 이미지를 차례로 따라 해보세요.

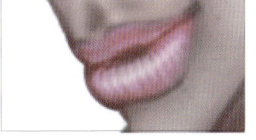

11 입술 부분을 다듬기 위해 skin05 레이어를 선택합니다. 지우개 툴을 선택하고 브러시 사이즈를 5로 합니다. 이는 입술의 주름을 정교하게 지우기 위한 것입니다. 지우개 툴로 입술의 느낌이 나도록 주름이 되는 부분을 지워나갑니다. 그리고 새로운 레이어를 생성하고, 레이어 이름을 'lip color'로 합니다. 그런 다음, 브러시 툴로 입술의 영역에 색을 칠하고, 'lip color' 레이어의 모드를 Overlay로 합니다. 이 때 입술을 반짝거리게 만들어 풍만한 느낌을 연출합니다. 원하는 색깔을 선택하는 것은 각자의 몫이지만, 자연스러운 느낌을 잃지 말아야 한다는 것이 중요합니다. 예제 이미지를 차례로 따라 해보세요.

Technique

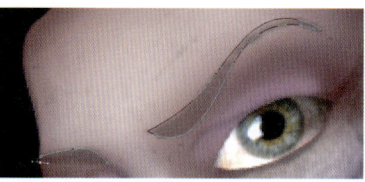

12   눈썹을 그릴 새로운 레이어를 만들고, 이름을 'eye line 01'로 붙입니다. 패스 툴을 선택하고, 스케치한 눈썹을 따라 패스작업을 합니다.

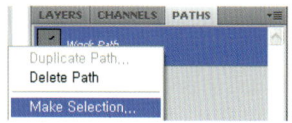

패스 작업을 마치고 PATHS 팔레트를 열고 우 클릭하여 Make Selection을 적용합니다. Feather Radius는 0으로 설정합니다. 선택 영역이 생성되면 브러시 툴이나 페인트 툴을 이용하여 눈썹 부분을 어두운 계열의 색으로 채워 넣습니다.

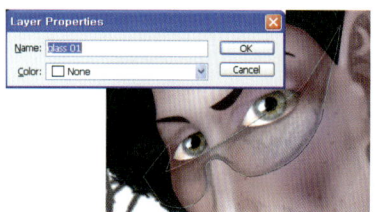

13   안경을 작업할 새로운 레이어를 만들고, 이름을 glass 01로 합니다. 그리고 펜 툴로 안경의 윤곽을 따라 만듭니다. 그리고 Make Selection을 적용하여 선택 영역을 활성화 합니다. 페인트 툴로 안경에 어두운 계열의 색상을 채워 넣습니다. 여기에서는 검은색으로 작업했지만 각자 느낌에 맞게 선택하면 됩니다. 예제 이미지를 차례로 따라 해보세요.

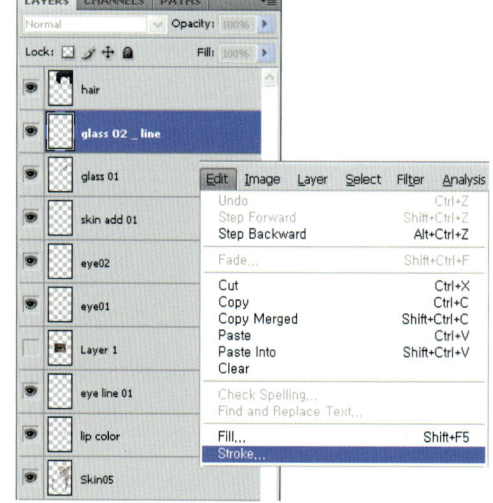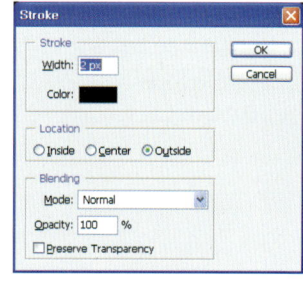

14   이어서 지우개 툴을 사용하여 안경의 하단 부분을 Opacity 50%로 지워 냅니다. 이렇게 하여 안경의 투명한 재질을 표현합니다. 이어서 취향에 따라 red 계열의 색상을 덧칠해도 좋은 효과를 낼 수 있습니다. 선택 영역을 해제하지 않은 상태에서 새로운 레이어를 만들고, 이름을 'glass 02_line'으로 붙입니다. 그런 다음, Edit ⇒ Stroke를 적용합니다. Width 2px로 설정하고, Location:Outside로 설정한 후 OK 합니다.

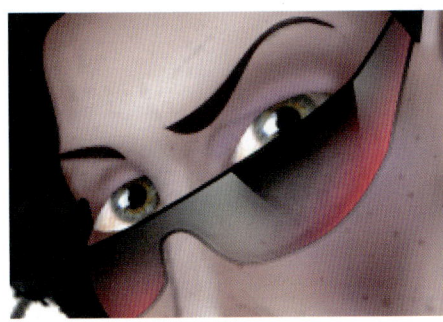

마찬가지로 테두리의 하단 부분도 지우개 툴로 지워 줍니다. 취향에 따라 여기에서처럼 렌즈에 반사된 느낌을 만들어 주어도 좋습니다.

15 이제 옷을 입혀 보도록 하겠습니다. 새로운 레이어를 만들고, 이름을 'body 01' 로 합니다. 옷에 해당하는 부분을 패스 툴로 선택하고, Make Selection을 적용합니다. 그리고 페인트 툴을 사용하여 어두운 계열로 색을 채웁니다.

다음으로, 처음 얼굴의 명암을 작업하듯이 옷의 명암을 작업합니다. 밝은 부분부터 지우개로 지워주도록 합니다.

16 이제 옷의 텍스처로 사용할, 제공되는 02_source03.jpg 이미지를 찾아 엽니다. 이 텍스처는 부직포를 스캐닝 한 것입니다. 여러분은 평범한 검정과 흰색 셔츠를 그린 다음, 밝기/명암 모드로 이것을 어둡게 함으로써 간단하게 셔츠를 완성시킬 수 있습니다. 가져온 텍스처를 Hard Light의 블렌딩 모드로 얹습니다. 이렇게 하면 저절로 보라색이 만들어집니다.

Technique

17 다음으로, 여기에서 텍스처의 굴곡을 표현해 주면 훌륭한 3D효과를 낼 수 있습니다. Filter ⇒ Liquify로 굴곡을 만들어 줍니다. 그리고 패스 툴을 이용하여 필요 없는 외곽들은 지워버립니다. 텍스처를 왜곡시켰기 때문에 더욱 실감나는 3D 느낌으로 표현된 것을 확인할 수 있습니다.

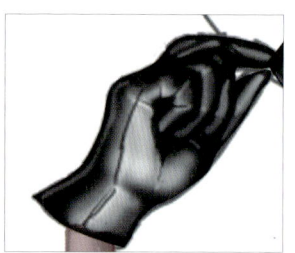 

18 이제 손 부분을 작업하기 위해 새로운 레이어를 추가하고, 이름을 'hand'라고 붙입니다. 처음 얼굴에 작업했던 방법으로 색을 채워 넣고, 지우개 툴로 지우는 방식으로 손의 명암을 표현합니다.

 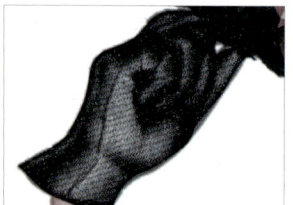

여기에서, 제공되는 02_source04.jpg 이미지를 열어 장갑의 텍스처를 입히는 작업을 시작합니다. 옷에서 했던 방법과 마찬가지로 적당한 위치에 놓은 후 Hard Light의 블렌딩 모드로 바꿉니다. 그런 다음, 라인 외곽을 정리합니다.

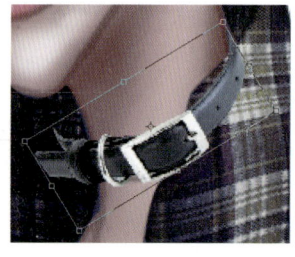 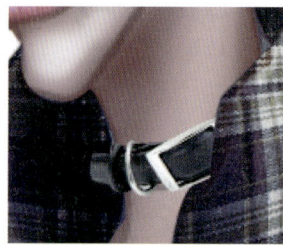

19 이제, 제공되는 02_source05.psd 이미지를 찾아 불러 옵니다. 예제 이미지와 같이 적당한 위치로 트랜스폼 Transform 합니다. 그리고 필요 없는 부분을 지우개 툴로 지우거나, Filter ⇒ Liquify로 변형시켜 목에 걸려 있는 모습을 표현합니다.

[20] 마지막으로, 배경 처리를 위해 인물을 제외한 배경을 모두 지워 버립니다. 그런 다음, 제공되는 02_source06.jpg 이미지를 찾아 불러 옵니다. 그리고 가장 하단에 레이어를 끌어다 놓습니다. 여기에서는 벽돌 담장을 촬영한 사진을 배경으로 놓았지만, 각자의 취향에 맞게 배경을 만들어 넣으면 좋습니다.

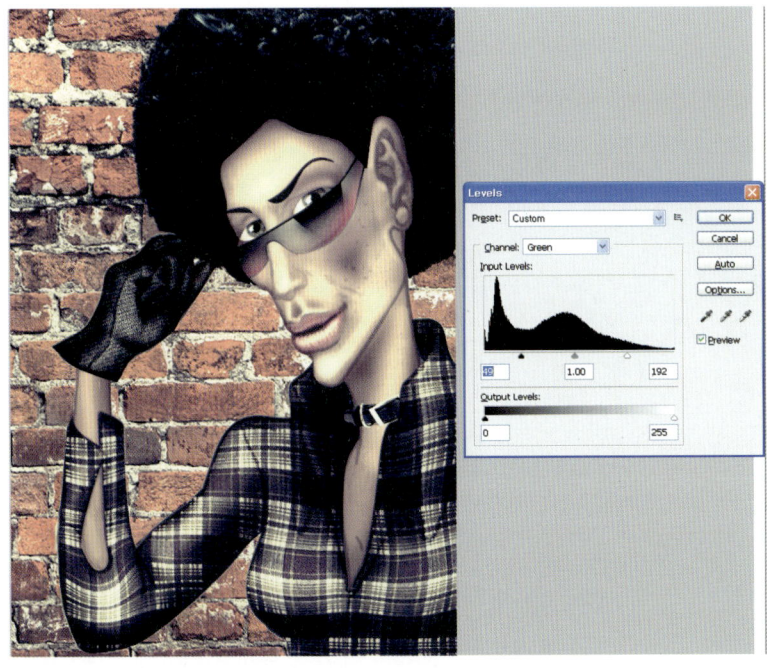

끝으로 완성된 이미지를 보다 빈티지한 느낌으로 표현하기 위해 모든 레이어를 Merge시키고, Level을 이용해 색 보정을 하였습니다. 이미지의 세부 요소가 마음에 들 때까지 작업을 계속한다면, 큰 만족감을 얻을 수 있을 것입니다.

Chapter 03
Convert To Bitmap

드라마틱한 비트맵 모드로 변환하기

포토샵에서 그레이 스케일Grey scale 파일을 비트맵 모드로 변환하면, 강렬한 대비효과와 쿨한 중간 톤의 효과를 얻을 수 있습니다. 여기에서는 비트맵 모드로 손쉽게 변환하는 방법을 알아보겠습니다.

Keypoint
MODE의 이해

비트맵 모드는 가장 제한된 컬러만을 사용합니다. 블랙과 화이트 두 가지 픽셀만을 허용하며, 그림자 음영이나 색상을 이미지 명암의 차이로 처리합니다. 비트맵 모드로 변환하려면 그레이 스케일 파일로 작업하여야 합니다. RGB나 CMYK 컬러 모드로 작업하는 중이라면 그레이 스케일로 전환해야 합니다.

비트맵 모드로 가기 위해서는 메뉴 표시줄에서 Image ⇒ Mode ⇒ Bitmap 옵션을 선택합니다. 이 때, Image ⇒ Grayscale 변환 후 Bitmap이 가능합니다. 비트맵으로 전환되면 메소드Methods 기능으로 다양한 변화를 줄 수 있습니다.

하프톤 메소드Halftone Method 기법은 여러 가지 회색의 음영을 컨트롤할 수 있게 해줍니다. 물론 특색이 없는 일반적인 사진으로도 드라마틱한 이미지를 만들어낼 수 있게 해줍니다.

Technique

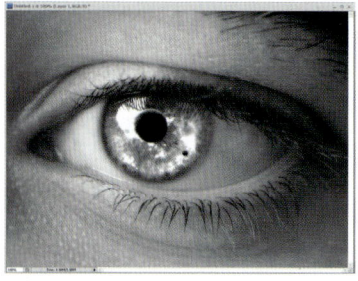
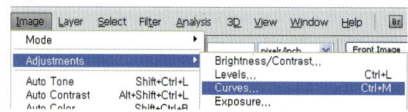

01 먼저 이미지를 비트맵 모드로 바꾸기 전에 콘트라스트의 수치를 높여 주면 좋습니다. 왜냐하면 콘트라스트가 강할 수록 최종 작업 후에 보다 명확한 이미지를 얻을 수 있기 때문입니다. Images ⇒ adjustments ⇒ curves를 활용하여 예제 이미지와 같이 이미지의 컨트라스트를 높여주도록 합니다.

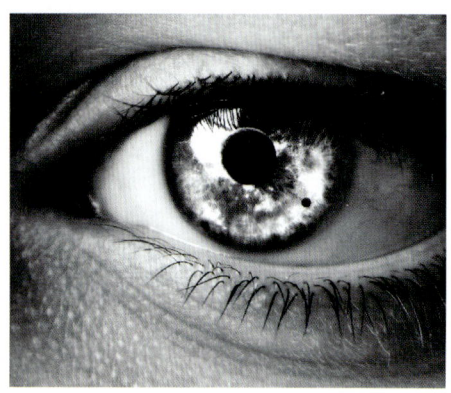
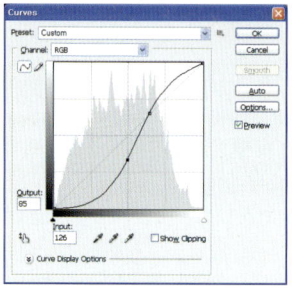

비트맵으로 전환하면 본래 이미지 톤의 수정이 어렵기 때문에 모드 전환 전에 톤의 변화를 조절해 줍니다. 커브^{Curve} 툴을 사용하여 최대한 조절을 해 보도록 하겠습니다. 어떤 툴을 사용하더라도 톤의 변화를 감지할 수 있을 것입니다.

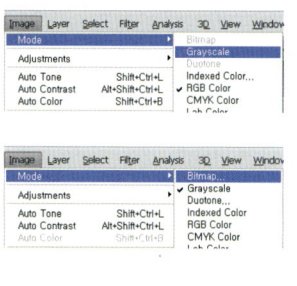
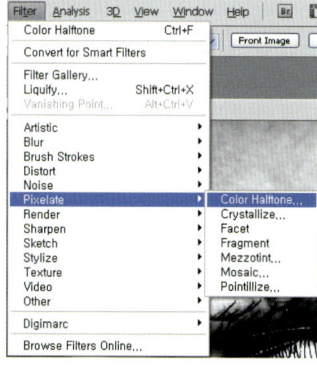

02 이미지의 콘트라스트 수치를 높였다면, 비트맵 모드로 변환하기 위해 우선 그레이 스케일로 변환합니다. 그리고 Image ⇒ Mode ⇒ Bitmap을 선택하여 비트맵 모드로 전환합니다. 그런 다음, 필터를 적용시켜야 하므로 다시 그레이 스케일 모드로 전환합니다. Filter ⇒ Pixelate ⇒ color Halftone을 적용합니다. 그러면 Dot로 된 이미지로 변환할 수 있게 됩니다. 예제 이미지를 차례로 따라 해보세요.

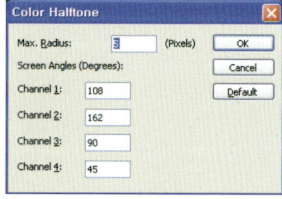
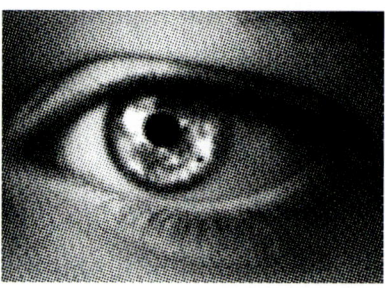

이 때 Max Radius의 값을 작게 할 수록 Dot의 크기가 작아지는 걸 확인할 수 있습니다.

Radius 값을 크게 작업한다면 예제 이미지와 같은 이미지가 될 것입니다.

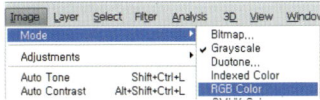

03 　이 작업까지 완료가 되었다면 이것을 기초로 많은 작업들의 응용이 가능하게 됩니다. 팝 아트 같은 느낌을 내기 위해 Dot에 칼라그라데이션을 해주어도 좋습니다. 현재 그레이 스케일로 되어 있기 때문에 RGB 모드로 변환합니다.

04 　새로운 레이어를 만들고, 이름을 'gradiant'라고 붙입니다. 그런 다음, Gradiant 툴을 선택하고, 예제 이미지와 같이 그라데이션을 넣습니다. 예제 이미지를 차례로 따라 해보세요.

그리고 gradiant 레이어의 모드를 Screen으로 변환하면, Dot의 어두운 영역에 컬러링이 된 것을 확인할 수 있습니다.

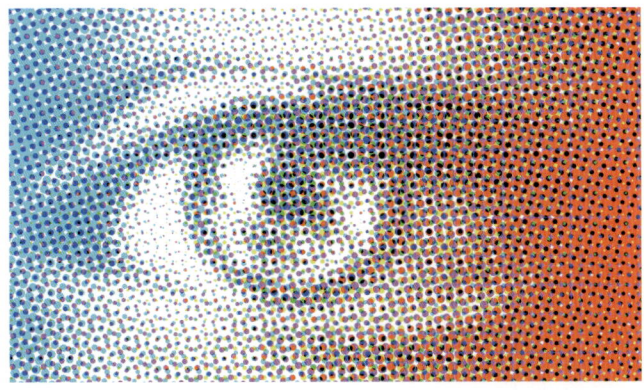

[05] 　모든 레이어를 Merge시키고, 이제 다시 한번 Filter ⇒ Pixelate ⇒ color Halftone을 적용해 봅니다. 조금 전에 주었던 필터의 옵션 그대로 적용하려면 〈Ctrl+F〉를 눌러 줍니다. 마치 color offset 된 듯한 느낌의 이미지가 된 것을 확인할 수 있을 것입니다.

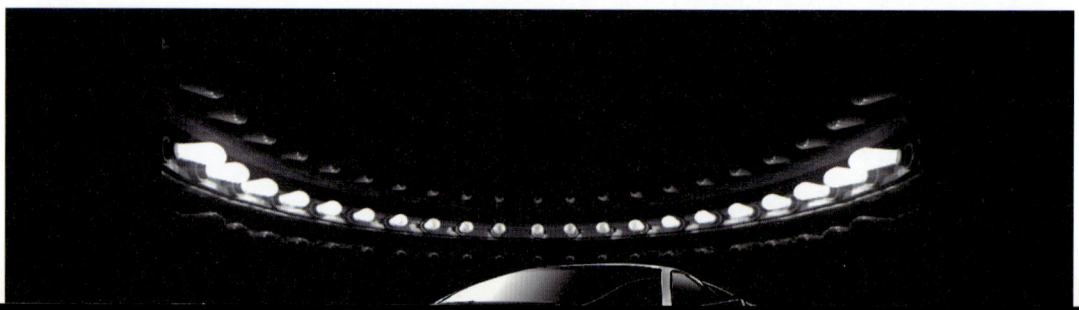

Chapter 04
Layout Design 1/2

광고 컨셉 레이아웃 만들기

반사된 그림자 이미지는 보이지 않는 공간의 느낌을 보다 사실적으로 전달하여 사물에 생동감을 더해 줍니다. 클라이언트에게 설득력을 높여줄 반사 이미지 효과를 배워보겠습니다.

Keypoint
Warp 기능을 활용한 반사된 이미지 만들기

여기에서는 스케치와 사진, 그리고 3D 디자이너가 만든 작품을 기초해서 레이아웃을 만들어 이용하는 방법을 배워 보겠습니다. 당신이 그린 스케치는 최종 작업의 기본적인 느낌을 클라이언트에게 알려주게 될 것입니다. 또한 프로젝트의 초기 단계에서 여러 사람들에게 그 내용을 간단히 설명해 주기에 좋습니다. 필요한 모든 것들이 준비되었고, 클라이언트가 당신의 시각적인 의도에 동의하였다면, 이제 최종 레이아웃을 만들어야 할 것입니다.

당연히 최종 레이아웃은 초기에 스케치로 보여준 것과 매우 유사한 분위기여야 합니다. 왜냐하면 그것이 당신과 당신의 클라이언트가 애초에 의도한 것이기 때문입니다.

미리부터 부담스러워할 필요는 없습니다. 당신이 스케치에서 바탕을 잘 닦아 놓았다면 전혀 문제될 일이 아닙니다. 그렇다면 모든 일이 매우 순조로워질 것입니다. 이제부터는 레이아웃이 어떻게 보여질 것인가에 대해 보다 분명한 이미지를 가져야만 합니다. 그리고 대부분의 자료를 레이아웃의 어디에 두어야 할 것인지 알고 있어야 합니다.

이제부터 해야 할 일은 모든 것을 종합하면서, 가장 좋은 결과물을 만들 수 있도록 세밀하게 조정하는 일입니다. 자, 시작해 보겠습니다.

Technique

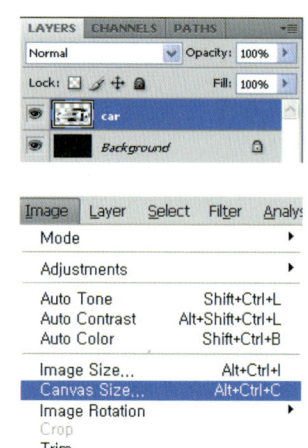

01 먼저, 제공된 '04_source01.psd' 이미지를 찾아 멋진 자동차 사진을 불러옵니다. 검정 백그라운드의 한 가운데 스포츠카가 놓여 있는 사진입니다. 그리고 레이아웃을 만들기 위해 캔버스의 크기를 늘립니다. 이 때 backgroung color는 Black으로 설정해 놓습니다.

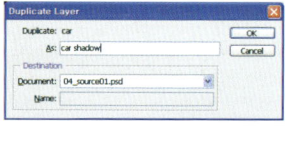

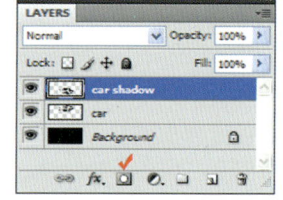

02 이제부터 바닥에 반사된 그림자를 만들 것입니다. 우선 car 레이어를 복제하고, 레이어 이름을 'car shadow'라고 붙입니다. 그런 다음, car shadow 레이어를 car 레이어 아래에 위치시키고, Edit⇒Transform⇒FlipVertical를 이용해서 레이어를 뒤집습니다. 다음으로, 그 결과를 자동차 밑으로 이동시키면 간단히 끝납니다. 이것이 바닥의 반사 역할을 하게 됩니다. 물론 아직은 어색하지만, 좀 더 변형시켜 보면 훨씬 좋은 결과를 얻을 수 있을 것입니다. Layer Mask에서 우 클릭하여 Apply Layer Mask를 선택합니다. 그리고 레이어 창 아래에 Add Layer Mask 아이콘이 보일 것입니다. Car shadow를 클릭하시고 아래 빨간색으로 체크되어 있는 곳을 클릭하면 add Layer Mask가 적용됩니다.

03 예제 이미지를 보면, 자동차의 뒷부분이 잘 맞지 않는 것을 알 수 있습니다. 이 문제를 해결하기 위해 그림자의 모양에 변형을 주어야 합니다. 먼저, Edit⇒Transform⇒Warp를 선택합니다. 그리고 각 모서리를 끌어다 예제 이미지와 같이 변형을 줍니다. 먼저, 바퀴 부분을 서로 마주보도록 조정합니다. 실제로 물체가 반사되는 현상을 상상하면서 작업하면 더 좋은 효과를 얻을 수 있을 것입니다.

광고 컨셉 레이아웃 만들기 039

04   뒷바퀴 부분은 생각보다 작업이 쉽지 않습니다. 이 문제를 해결하기 위해 뒷부분을 따로 선택하여 와프Warp 작업을 합니다. 여기에서는 완벽하게 3D 느낌을 표현하는 것이 아닙니다. 디자인이나 광고 컨셉에 필요한 시안 작업을 하는 것이기 때문에 완벽한 반사 효과를 만들 필요는 없습니다. 느낌을 표현하는 정도이기 때문에 설령 반사된 이미지가 왜곡이 심하더라고 크게 신경 쓰지 않아도 됩니다.

05   이제 car shadow 레이어의 Opacity를 30%으로 낮춥니다. 그런 다음 지우개 툴로 그림자 부분의 바퀴를 제외한 나머지 부분을 제거해 줍니다. 이때 브러시는 300 이상의 큰 것으로 선택하는 것이 좋습니다. 또한 뿌연 브러시를 선택합니다. 좀 더 자연스럽게 지워줄 수 있기 때문입니다.

06   여기에서 그림자를 하나 더 첨가해 보겠습니다. Car 레이어를 하나 더 복제하고 이름을 'light shadow'라고 붙입니다. 그리고 Image ⇒ Adjustments ⇒ Brightness/Contrast를 최고값으로 합니다.

Technique

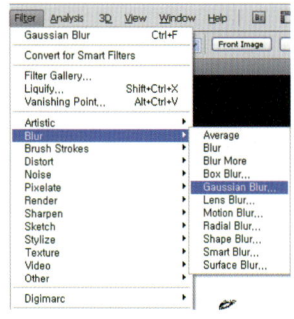

이제 필터의 가우시안 블러Gaussian Blur를 적용합니다. Radius는 50으로 설정하여 완전히 뭉개지도록 합니다.

07 여기에서 잠시 꺼둔 다음 car 레이어를 다시 켜보도록 합니다. 그러면 자동차 주위로 밝은 빛이 나오는 듯한 느낌을 확인할 수 있습니다. 여기에서는 바닥에 비춰진 그림자를 만들 것이기 때문에 지우개 브러시로 윗부분은 모두 지워줍니다. 이 때도 브러시 사이즈를 300이상으로 선택하여 지워 줍니다. 그러면 매끄러운 바닥에 비추어진 멋진 컨셉 이미지가 완성될 것입니다.

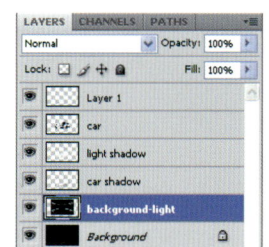

Tip: 제공되는 04_source02.psd 이미지가 흑백의 이미지이므로, 채널에서 조명만 따로 분리할 수 있습니다. 그러면 색조명을 입히거나 이미지를 변형하는데, 좀 더 수월하게 작업할 수 있습니다.

08 다음으로 배경처리를 해볼 것입니다. 제공된 '04_source02.psd' 이미지를 열고, 레이어 팔레트 하단에 위치시킵니다. 배경 이미지는 컨셉에 따라 자신이 원하는 이미지로 바꾸면 됩니다. 여기에서는 보다 미래적인 컨셉으로 작업하기 위해 예제 이미지와 같은 것을 사용하였습니다.

광고 컨셉 레이아웃 만들기   041

09   다음으로, 모노톤으로 작업된 현재의 이미지에 포인트가 되는 컬러를 입혀볼 것입니다. 우선 새로운 레이어를 생성하고 이름을 'Color Light'라고 붙입니다. 그런 다음, Color Light 레이어의 모드를 Overlay로 바꾸고 블루 계열의 색상을 선택하고, 브러시는 300 정도로 합니다. 자동차 하단부터 브러시로 그려보면 예제 이미지와 같이 블루 계열의 빛이 감도는 느낌으로 표현됩니다.

[10]   이렇게 하여 컨셉 이미지 작업을 모두 끝마쳤습니다. 필요에 따라 제품의 모델명이나 혹은 카피 문구 등을 넣을 수 있습니다. 광고에서의 컨셉 이미지는 디테일보다 전체적인 분위기를 연출하는데 그 목적이 있습니다. 따라서 지나치게 디테일이 의존하다 보면 시간이 생명인 광고 분야에서 일을 하는데 무리가 따르게 마련입니다. 하지만 지금은 연습 단계이므로, 시간을 갖고 디테일을 높여본다면 더 좋은 결과물을 얻으실 수 있습니다.

Chapter 05
Layout Design 2/2

역동적인 광고 레이아웃 디자인

광고는 무엇보다 주제를 극적으로 시각화시켜야 합니다. 그러기 위해서 레이아웃 디자인은 매우 중요합니다. 극적인 효과를 주는 광고 레이아웃 디자인 방법을 알아보겠습니다.

Keypoint
광고적인 느낌의 배치를 해보자

실전의 광고에서 가장 중요한 것은 무엇일까? 소스도 중요하고 디자인도 중요하지만 그 보다 더욱 중요한 것은 레이아웃 디자인입니다. 레이아웃을 바꾸는 것 만으로도 광고적인 효과가 확 달라질 수 있습니다. 마치 가구배치를 다시 하는 것 만으로도 집안 분위기가 바뀌는 것과 같습니다.

광고적인 느낌을 만들기 위해선 무엇보다 주제를 극적으로 시각화시키는 것이 중요합니다. 일반적인 사진작업에서도 요즘엔 과하다 싶을 정도의 리터칭을 많이 하고 있습니다. 지금처럼 그래픽이나 CG가 주 작업인 경우는 두말할 나위가 없겠습니다.

이번엔 X-SPORTS 느낌을 다뤄볼 것입니다. 다양한 보조라인이나 기타 디자인 엘리먼트 등을 활용하여 보다 익사이팅한 광고 느낌 혹은 컨셉 디자인을 만들어 보도록 하겠습니다.

Technique

01 제공되는 05_source02.jpg 이미지를 찾아 불어옵니다. 눈으로 온통 뒤덮인 겨울 산의 풍경 이미지입니다. 이 설경 이미지 위에 제공되는 05_source01.psd 이미지를 불어와 올려 놓고, 레이어 이름을 'Boarder'라고 붙입니다. 그리고 프리 트랜스폼Free Transform를 이용하여 사이즈를 약간 줄입니다. 이 때 여백을 넉넉하게 남겨 두는 것이 좋습니다.

여기에서 잠깐 화면 구도를 살펴봅니다. 여기 이미지에서는 보더와 배경 이미지가 많이 엉켜 보이는 것을 느낄 수 있습니다. 이 같은 작업에서는 디자인도 중요하지만 기본적인 레이아웃이 더욱 중요합니다. 여기에서는 배경 Background을 Flip Horizontal 하여 좌우를 반전시켰습니다. 전보다 훨씬 나아진 것을 느낄 수 있습니다. 이 때, 좌우로 반전시키기 전에 Background를 레이어 속성으로 바꿔줍니다. Edit ⇒ Transform ⇒ Flip Horizontal을 누르면 좌우가 반전되는 효과를 얻을 수 있습니다.

02 다음으로, 제공된 '05_source03.psd' 파일을 열고, Free Transform으로 사이즈를 조절해 가면서 햇살 느낌을 만듭니다.

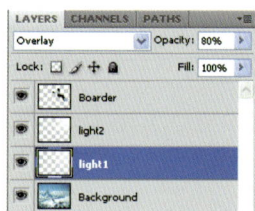

Tip: 이른바 '그래픽 소스'라고 불리는 디자인 레이어 소스 등은 실제 그래픽 작업시 상당한 작업 효율을 기대할 수 있습니다. '소스를 사용하는 것은 디자이너로서 할 짓이 아니다. 직접 만들어 써야 된다'라는 의견도 있지만, 현재는 엄청난 양의 소프트웨어와 플러그인 디자인 소스 등을 이용할 수 있는 환경이 제공되고 있습니다. 누릴 수 있는 것들을 신속하게 활용하는 것도 때에 따라선 필요한 일입니다.

역동적인 광고 레이아웃 디자인   045

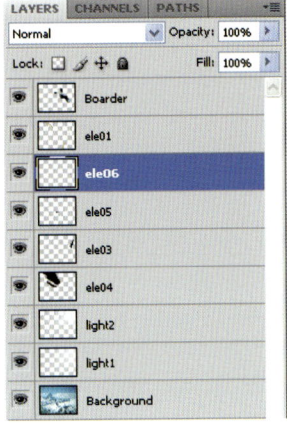

03 이제부터 본격적으로 그래픽 엘리먼트 등을 넣어보도록 하겠습니다. 제공되는 05_source04.psd 이미지를 찾아 열면, 미리 제작해 놓은 디자인 레이어들이 있습니다. 각기 다른 모양의 도형들입니다. 이런 디자인 레이들은 혼자서도 충분이 만들 수 있는 것입니다. 이것들을 적당히 배치하는 것만으로도 훌륭한 시안을 만들 수 있습니다. 이제 이 레이어들을 배치해 보겠습니다. 여기에서는 그림과 같이 배치하였습니다.

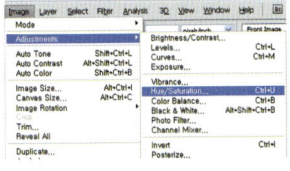

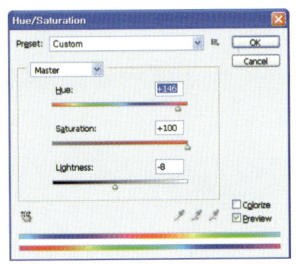

04 앞서 배치한 엘리먼트 등의 톤을 전체적인 느낌과 잘 어울리도록 바꾸어 볼 것입니다. 먼저 Hue/Saturation을 엽니다. 톤을 바꾸기 위해서입니다. Ele01의 레이어는 Hue/Saturation 값을 예제 이미지와 같이 블루계열이 되도록 조정합니다. 나머지 레이어들도 Hue/Saturation 값을 조정해 볼 수 있습니다. 여기에서는 화면과 같이 조정하였습니다. 레이어 팔레트의 Light1, Light2 레이어를 Boarder 레이어 바로 아래에 위치시켜 햇살이 그래픽 소스를 약간 덮는 느낌으로 만든 것입니다.

Technique

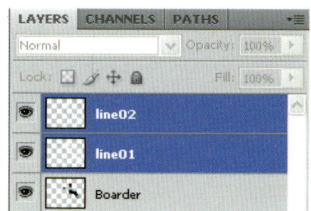

05 다음으로, 라인 이미지를 넣을 것입니다. 제공되는 05_source05.psd 이미지를 찾아 불러옵니다. 역동적인 느낌의 라인들을 확인할 것입니다. 이 레이어들을 Boarder 레이어 위에 위치시킵니다.

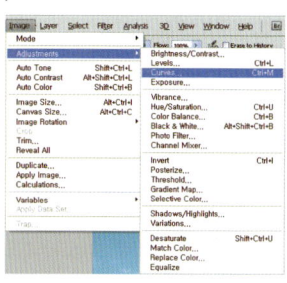 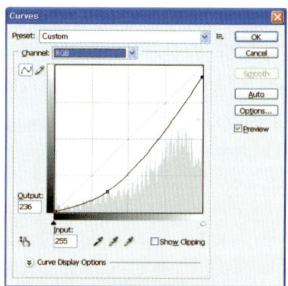

이제 주제를 좀 더 부각시키기 위해 배경 이미지의 Brightness를 조정할 것입니다. 먼저, Image ⇒ Adjustments ⇒ Curves를 엽니다. 그리고 밝은 부분의 값을 약간 어둡게 조정하여 디자인 엘리먼트 등이 잘 드러나도록 합니다. 전반적으로 어둡게 조정하였습니다.

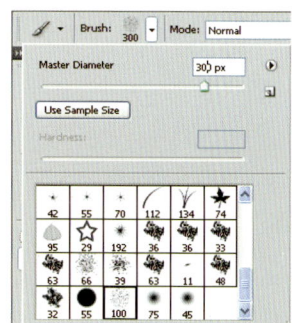 

06 다음으로, 카피 텍스트가 들어갈 공간을 만들 것입니다. 간단한 방법으로, 우선 브러시를 예제 이미지와 같이 선택하고, 브러시 사이즈를 200~300 정도로 선택합니다. 그런 다음, 새로운 레이어를 생성하고, 이름을 'WHITE'라고 붙입니다.

07 이제 브러시를 이용해서 상단과 하단을 칠할 것입니다. 기왕이면 스노우보더가 비탈길을 타고 내려오는 것처럼 칠해 주는 것이 좋겠죠.

08   마무리 단계로, 간단한 카피 텍스트를 넣을 것입니다. 예제 이미지와 같이 적당한 곳에 카피를 넣어 보았습니다. 간단한 방법이므로 따로 설명하지 않겠습니다. 카피를 넣을 때는 폰트의 사용에 매우 신경을 써야 합니다. 같은 내용이라도 폰트에 따라 전혀 다른 느낌을 줄 수 있습니다. 거듭 말하지만, 폰트 사용에 신중해야 합니다.

09   그런 다음, 보조 텍스트들로 데코레이션을 넣어보는 것도 좋습니다. 시안에 필요한 보조 텍스트들을 미리 만들어 놓고 사용하는 것도 좋은 방법입니다. 여기에서는 시안용임을 전제로 적당한 모양으로 만들어 넣었습니다. 예제 이미지의 느낌으로 사용하면 좋겠습니다.

[10]   만약, 리조트 광고의 컨셉 시안이라면 이 정도로 마무리해도 될 것입니다. 하지만 제품 광고라면 제품 사진이 하나 더 들어가야 할 것입니다. 제공되는 05_source06.psd 이미지를 불러옵니다. 헬맷 사진인데, 이것을 하단에 작게 배치해 보는 것으로 마무리 하겠습니다.

Chapter 06
Monster EFX

괴기스런 몬스터 이미지 효과

맵핑 효과는 자주 쓰이는 기법이다. 이렇듯 높은 효용성을 인정받고 있는 만큼 배워둘 필요가 있습니다. 포토샵의 합성모드를 이용해서 간단한 맵핑 효과를 연출해 보도록 하겠습니다.

Keypoint
합성모드를 활용한 맵핑효과

이번 튜토리얼에서는 컬러 보정과 이미지에 텍스처를 활용하고 리퀴파이Liquify 필터를 활용하여 손쉽게 몬스터 이미지를 만들어 보겠습니다. 최근 들어 해외 바이럴 광고에서 특히 몬스터 이미지를 활용한 아트웍이 눈길을 끌었습니다. 그런 의미에서 장난스럽기도한 작업이지만 한번쯤 짚고 넘어가보도록 하겠습니다.

여기에서 배워볼 제작방식은 실제로 해외 디자이너들이 작업하는 방식과 상당히 유사합니다. 특히 이번 튜토리얼에서 사용될 맵핑 소스와 같이 일상 주변에서 맵핑 소스를 활용하는 경우가 상당히 많습니다.

이번에 사용될 이미지 역시 일상에서 촬영된 맵핑 소스입니다. 그리고 재미를 위해 필자의 실제 얼굴 사진을 사용하였습니다. 여러분도 자신의 얼굴로 작업해 보면 더욱 재미가 있을 겁니다. 몬스터 만들기를 해봅시다.

Technique

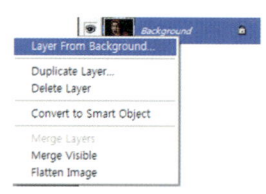

01 제공되는 06_source01.jpg 파일을 엽니다. 미리 말했듯이 필자의 얼굴입니다. 이 작업을 위해 훈남의 이미지를 한껏 구긴 표정으로 촬영하였습니다. 레이어창에서 Background를 레이어 속성으로 바꿔주며, 이름을 Jackson으로 바꾸어 줍니다. 우 클릭하여 Layer From Back ground를 클릭합니다.

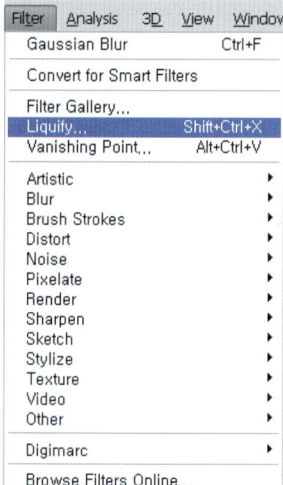

02 이제, Filter ⇒ Liquify를 적용합니다. 리퀴파이는 물체를 문질러서 왜곡시키는 기능을 합니다. (단축키 〈Shift+Ctrl+x〉) 그런 다음, Forward warp Tool을 선택하고 브러시 사이즈를 130px 정도로 설정합니다. 예제 이미지와 같이 이미지를 문질러서 변형해 봅니다. 눈 부위는 눈꼬리를 올리고, 입을 과장되게 하였습니다. 밑그림을 그리는 셈입니다.

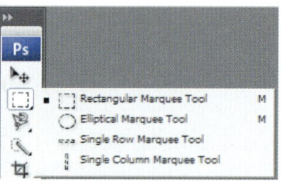

03 다음으로, 마퀴 툴Marquee Tool을 선택하고, 얼굴 부위를 선택합니다. Select ⇒ Modify ⇒ Feather를 선택하고, Radius는 30 정도로 설정합니다. 마퀴 툴을 누르면 오른쪽으로 창이 표시됩니다. 예제 이미지를 차례로 따라 해보세요.

괴기스런 몬스터 이미지 효과   051

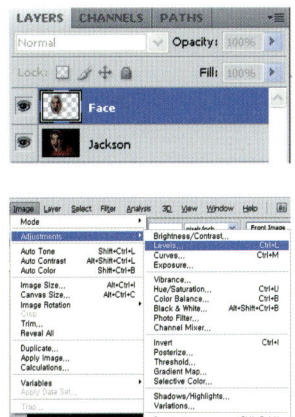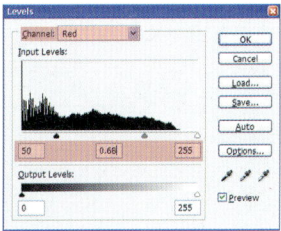

04   선택된 부분만을 〈Ctrl+J〉해서 레이어화 합니다. 그리고 레이어 이름을 Face라고 붙입니다. 그런 다음, Image ⇒ Adjustmens ⇒ Levels을 적용합니다. Red 채널 값을 50,0.68,255로 설정합니다. 얼굴 부분이 푸르스름하게 변한 것을 볼 수 있습니다. 예제 이미지를 차례로 따라 해보세요.

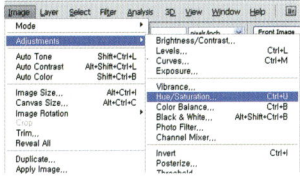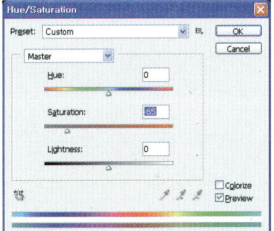

05   다음으로, Image ⇒ Adjustments ⇒ Hue ⇒ Saturation을 실행합니다. 몬스터처럼 핏기 없는 느낌을 만들기 위해서 Saturation 값을 -65 정도로 감소시킵니다. 이제 어느 정도 느낌이 살아나기 시작할 것입니다.

06   이제 번^{Burn} 툴을 사용해 보겠습니다. 먼저, 번 툴을 선택합니다. 그리고 번 툴을 이용해서 눈 주위를 칠해 봅니다. 예제 이미지와 같이 눈 주위가 어두워질 때까지 칠합니다. 핏기가 없어 보일 때까지 적용합니다. 상단 Exposure 값은 100 퍼센트로 합니다.

Technique

07   제공되는 06_source02.jpg 이미지를 찾아 엽니다. 땅이 갈라진 사진이며, 이것을 텍스처로 활용할 것입니다. 〈Ctrl+T〉를 눌러 FreeTransform으로 약간 회전시켜 얼굴을 덮습니다. 그런 다음, 레이어 모드를 Overlay로 하고, 이름을 Skin으로 붙입니다. 예제 이미지를 차례로 따라 해보세요.

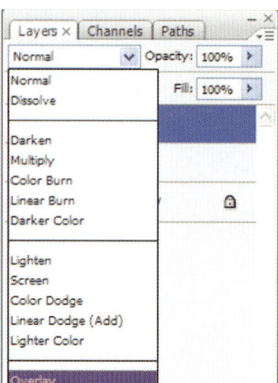

08   지우개 툴로 얼굴 이외의 여백 부분을 지워 줍니다. 현재는 텍스처로 사용한 Skin 레이어를 약간 다듬어 주도록 하겠습니다. 물론 마스크 툴로 지우는 것도 한 방법입니다.

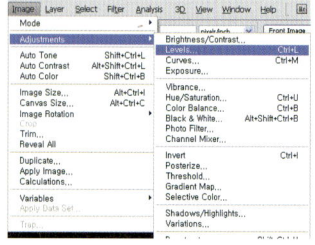
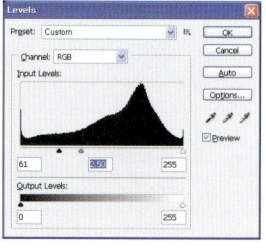

09   다음으로, Image ⇒ Adjustmens ⇒ Levels을 적용합니다. RGB 채널의 값을 61,2.50,255로 하여 갈라진 부분만을 더 강조합니다.

 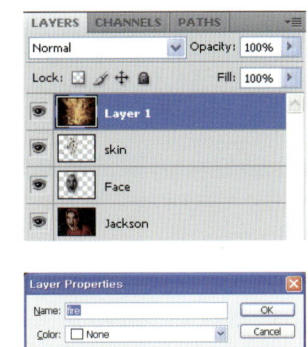

10 　내친김에 배경도 한번 넣어보겠습니다. 제공되는 06_source03.jpg 이미지를 찾아 엽니다. 그런 다음, 배경을 〈Ctrl+T〉를 눌러 FreeTransform하여 사이즈를 키웁니다. 레이어 이름을 Fire라고 붙입니다.

11 　레이어 팔레트의 Fire 레이어를 가장 하위로 옮기고, Jackson 레이어를 선택합니다. 그리고 펜^Pen 툴과 패스^Paths 툴로 인물을 따라 라인을 그립니다.

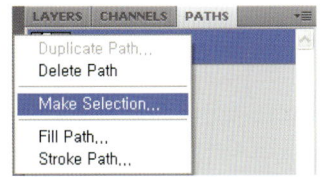 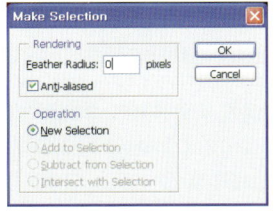

12 　다음으로, 패스 팔레트로 이동하여 우 클릭하여 Make Seletion을 실행합니다. Radius는 0으로 설정합니다.

Technique

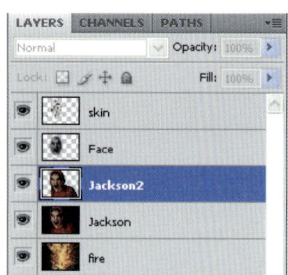

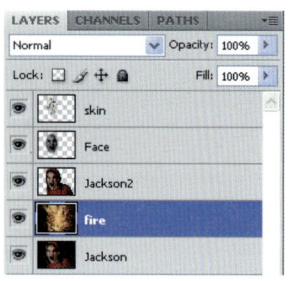

13   인물이 선택되었다면 〈Ctrl+J〉를 눌러 복사하고, 이름을 Jackson2라고 붙입니다. Fire 레이어를 Jackson2 레이어 아래에 위치시킵니다. 그리고 플립 호리즌틀Flip Horizontal을 적용하여 좌우를 바꿉니다. 좌우를 바꾸는 이유는 인물과의 동선을 일치시키기 위해서입니다.

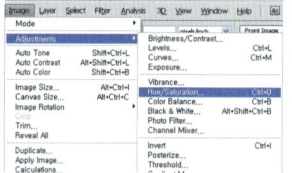

14   다음으로, Fire 레이어에 Image ⇒ Adjustments ⇒ Hue ⇒ Saturation을 실행합니다. 그리고 Saturation 값을 -75로 하여 채도를 감소시킵니다.

15   다음으로, Fire 레이어 위에 새로운 레이어를 만들고, 이름을 RED COLOR라고 붙입니다. 페인트 툴을 선택해서 칼라는 옷에서 선택한 RED로 합니다. 레이어 팔레트에서 RED COLOR 레이어의 모드를 Overlay로 하면 채도가 높은 화염의 느낌을 나타낼 수 있습니다. 예제 이미지를 차례로 따라 해보세요.

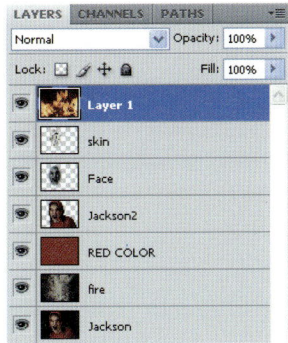
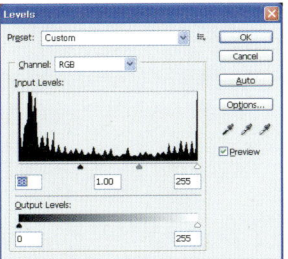

16 　제공되는 06_source04.jpg 이미지를 열고, 레이어 팔레트의 가장 상단에 위치시키고, 사이즈를 키웁니다. 그리고 Image ⇒ Adjustments ⇒ Levels을 적용합니다. 그리고 값을 88,1.0,255로 합니다. 마지막으로 레이어 보드를 Screen으로 합니다.

[17] 　이제 모든 작업이 완료되었습니다. 스킨톤이나 혹은 리퀴파이Liquify를 좀 더 작업함으로써, 완성도를 높이면 좋을 것입니다. 앞으로 이러한 맵핑 기법은 많은 작업에서 응용될 것입니다.

Chapter 07
Street Graffiti EFX

스트릿 그래피티 아트웍

포토샵 브러시를 활용하여 도시의 예술적인 낙서와도 같은 스트릿 그래피티 효과를 연출해 봅시다.

Keypoint
이미지를 덧칠하는 기법으로 그래피티 연출하기

상업 디자인에서 트렌드는 무시할 수 없는 중요한 요소입니다. 이와 관련하여 최신의 그래픽 디자인 트렌드 중 하나로써 '스트릿 아트'를 빼놓을 수는 없을 것입니다. 길거리 예술(낙서) 등을 촬영하여 소스로 활용하거나, 혹은 그같은 스타일의 기법이 또 하나의 장르로 발전하고 있습니다.

이러한 기법들의 장점은 이미 그 존재가 우리에게 친숙하여 보는 이로 하여금 거부감없이 받아들여질 수 있다는 것입니다. 또한 이러한 기법의 특성으로 유머러스한 면도 크게 작용합니다.

스크릿 아트 기법은 생각보다 쉽게 배울 수 있습니다. 별도의 타블렛이 필요하지도 않을 뿐더러 드로잉에 자신이 없는 경우라도 크게 어려움없이 표현할 수 있는 작업입니다. 다만 레이어를 많이 활용해야 하고, 수작업이 많은 만큼 작업시간이 상당히 길어질 수도 있다는 점은 감안해야 합니다.

이번 튜토리얼은 이 책에서 소개하는 다른 다양한 기법들 중에서 반드시 따라해 보기를 권하는 내용입니다. 이 기법을 통해서 포토샵 작업의 또 다른 매력을 충분히 느낄 수 있을 것이기 때문입니다. 자, 그럼 간단하고 손쉽게 스트릿 그래픽을 만들어 보도록 하겠습니다.

Technique

01 제공되는 07_source01.jpg 파일을 찾아 엽니다. 상당히 패셔너블한 공사장의 인부 사진이 있습니다. 이 배경이 되는 부분에 낙서를 하듯이 그림을 그려 넣을 것입니다.

02 제공되는 07_source02.jpg 이미지에서 07_source11.jpg까지 이미지들을 불러와 그림과 같이 적당한 곳에 배치시킵니다. 되도록이면 스케치로 그려졌을 때 예쁜 이미지들로 선택하는 것이 좋습니다. 전자제품이라든가 혹은 로봇트 류의 장난감 이미지가 적당합니다.

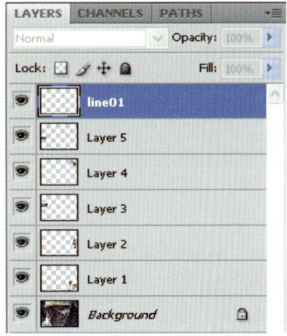

03 그리고 새로운 레이어를 추가하고, 이름을 line01로 붙입니다. 새로운 레이어에는 우리가 작업할 브러시가 들어갈 것입니다.

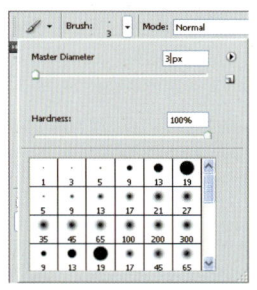

04 브러시를 선택하고, 브러시 사이즈를 3 정도로 선택합니다. 색상은 비비드한 컬러가 좋습니다. 왜냐하면 컬러풀하며, 비비드한 느낌의 라인이 전체적인 톤을 아트웍적인 느낌으로 보여지도록 할 것이기 때문입니다.

05 그런 다음 zoom으로 조금 확대하고, 인물을 따라 브러시로 라인을 그립니다. 이 때 깔끔하게 하지 않아도 됩니다. 왜냐하면 그것이 스트릿 그래픽의 또 다른 매력이기 때문입니다.

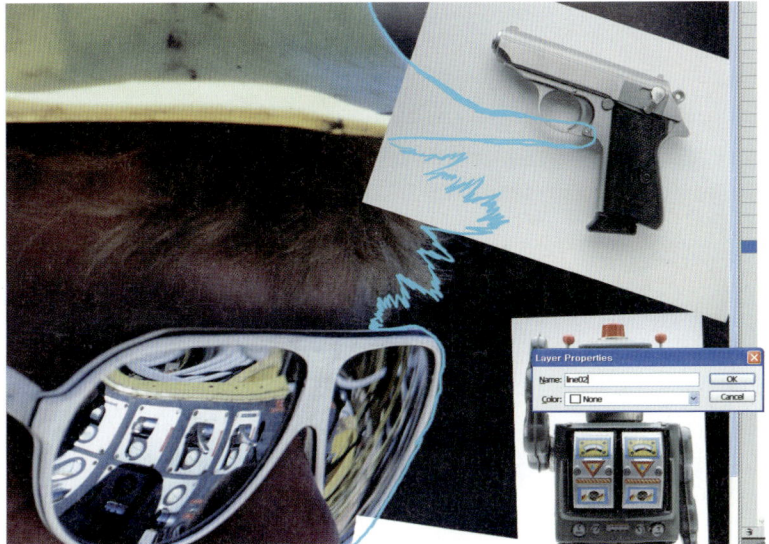

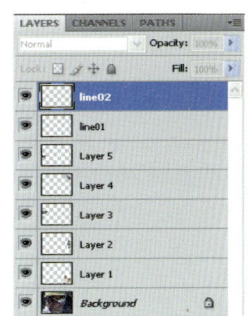

06 새로운 레이어를 추가하고, 이름을 line02로 붙입니다. 이 레이어에는 나머지 객체들의 라인을 만들어 줄 것입니다. 따라서 레이어의 이름을 붙일 땐 구별하기 쉽도록 선택하여야 합니다.

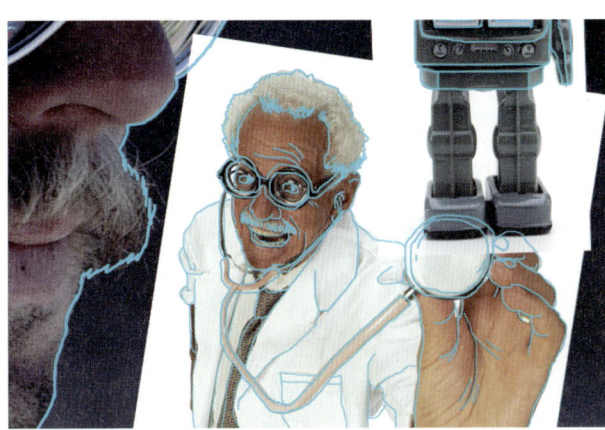

07 다시 브러시를 선택하고, 나머지 객체들의 라인을 따라 그려 봅니다. 최대한 원래의 이미지가 잘 표현되도록 디테일하게 그립니다.

08 라인을 모두 그렸다면 배경에 사용된 이미지 레이어들을 잠시 꺼둡니다. 그러면 라인들만 남고 예제 이미지와 같이 작업이 되었을 것입니다. 확인 후 느낌이 살지 않는다면 추가 작업을 합니다.

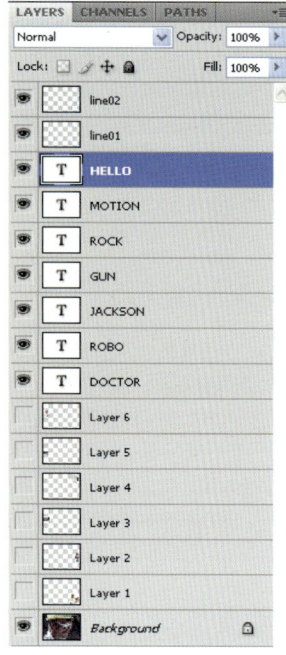

09   그리고 타입Type 툴을 선택하고, 폰트를 바꾸어 가며 빈 공간을 채워 넣습니다. 이 작업도 폰트 모양을 따라 쉽게 작업하기 위한 것입니다. 그래서 각기 다른 느낌의 폰트를 사용하여 다양한 볼거리를 제공하는 것이 좋습니다.

10   이제 타이포에도 라인 작업을 시작합니다. 새로운 레이어를 만들고, 이름은 line03으로 붙입니다. 이 레이어에는 폰트의 라인을 따라 그릴 레이어입니다.

11   타이포의 라인을 따라 브러시 작업을 합니다. 선을 따라 그릴 때 두께를 달리해 가며 작업하면 좋은 결과를 얻을 수 있습니다.

12   모든 작업이 끝나면 예제 이미지와 같이 보여질 것입니다.

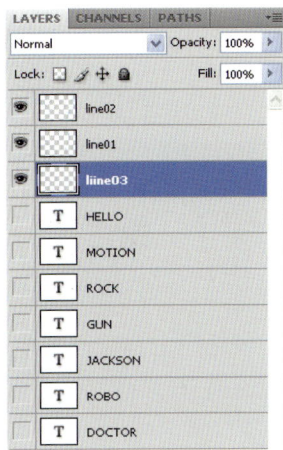 

13 이제 타이포레이어(T)를 모두 꺼줍니다. 대략의 결과를 확인하기 위해서입니다.

14 결과를 보고 부족한 부분을 보완하도록 하겠습니다. line03 레이어를 선택하고, 그림과 같이 브러시를 사용해서 색을 덧칠해주거나 그림자 효과 등을 그려넣습니다.

15 다음으로, line02 레이어를 선택하고, 밑그림의 빈 곳을 채워 넣습니다. 반드시 선의 맛이 살아나게 칠해 주는 것이 중요합니다. 마치 칠판에 분필로 색칠을 하듯 칠하여 줍니다. 이것은 나중에 서로 다른 객체가 되어 덩어리감을 갖게 할 것입니다.

16 모든 작업이 끝나면 라인 일부분들을 복사하여 빈곳을 채워 봅니다. Line03 레이어를 선택합니다. 그리고 레이어의 일부분을 마큐Marquee 툴을 이용하여 선택합니다.

17 다음으로, 〈Ctrl+J〉를 눌러서 부분 복제합니다. 복제된 레이어 이름은 TYPE01로 합니다.

18 다음으로, TYPE01 레이어를 선택하고 〈Ctrl+T〉 하여 FreeTransform을 적용합니다. 이런 부분을 복제하여 부분부분에 배치하도록 할 것입니다.

19 원하는 만큼 사이즈 등을 변형하여 빈 곳에 배치합니다. 최대한 중복되는 느낌이 없도록 합니다. 물론 제일 좋은 방법은 각기 다른 글자를 그려 넣는 것입니다.

20 위와 같은 방법으로 나머지 레이어들도 복사하여 채워 넣습니다.

21 이제는 작은 여백들을 라인들로 데코레이션해서 마무리를 합니다. 새로운 레이어를 만들고, 이름을 Back Line으로 붙입니다.

22 지금부터는 자신이 원하는 느낌으로 배경을 꾸며보도록 해보세요. 여기에서는 예제 이미지와 같이 작업하였습니다.

[23] 좀 더 시간을 갖고 컬러링 작업이나 몽타주 작업을 해본다면 더욱 좋은 결과물이 나올 것입니다. 여기에서는 타이틀을 넣고 약간의 색보정으로 마무리하겠습니다.

Chapter 08
Montage EFX 1/2

몽타주 효과를 이용한 그래픽

해외 디자인 작품에서 가장 많이 볼 수 있는 것이 몽타주 기법입니다. 그만큼 활용도가 높다는 것을 의미합니다. 많은 시간을 들여 학습해야 하는 기능이지만 그 값어치는 훨씬 높습니다. 이 튜토리얼에서는 몽타주기법을 이용한 이미지연출 방법을 배워보도록 하겠습니다.

Keypoint
객체들의 조합으로 새로운 형태의 이미지를 만들어 보자

해외 디자이너들의 아트웍 중 가장 많이 볼 수 있는 형태가 바로 몽타주 기법을 이용한 디자인입니다. 또한 국내에서도 요즘 TV 광고를 보면, 특히 IT 분야의 광고들을 보면 다양한 오브젝트를 표현한 영상들이 부쩍 많이 늘어난 것을 볼 수 있습니다. 그 이유로는 제품의 다양한 기능들을 비주얼 아이콘으로 형상화 하기 위한 것일 수도 있겠다 싶습니다.

이런 영상물의 영향으로 인한 것인지, 일간지 전면 광고나 그 외의 유사한 인쇄물에서도 그러한 기법을 차용하여 제작되는 사례가 점점 늘어나고 있습니다. 하지만 이같은 작업들에는 조심해야 할 부분이 있습니다. 영상의 느낌을 한 프레임에 담아내야 하기 때문에 오브젝트를 그냥 올려 놓고 섞으면 안됩니다. 만약 그렇게 생각하고 작업했다가는 고객으로부터 다시는 어떠한 의뢰 전화도 못 받을 수 있습니다. 따라서 확실한 기본기가 필요한 기법입니다.

다시 본론으로 돌아가서, 몽타주기법은 활용도가 상당히 높다는 것을 먼저 강조합니다. 그래서 몽타주 기법에 관한 튜토리얼은 1, 2 부로 나누어서 진행하도록 하겠습니다. 이번 튜토리얼은 몽타주 기법의 기본기를 익힌다는 마음으로 작업해 보도록 하겠습니다.

Technique

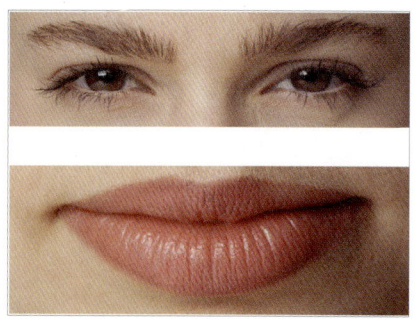

01 작업창을 만들고(단축키 〈Ctrl+N〉) 제공되는 08_source01.jpg와 08_source02.jpg 이미지를 찾아 끌어다 놓습니다. 한 사람의 얼굴 부분이 아니라 각기 다른 인물의 부분입니다.

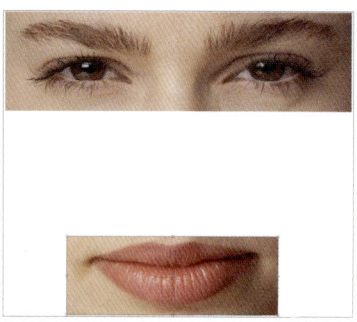

02 각각 레이어 이름을 eyes, mouth라고 붙이고, 〈Ctrl+T〉 하여 적당한 위치로 FreeTransform 합니다. 여기에서 얼굴의 비례를 지키는 것이 중요합니다.

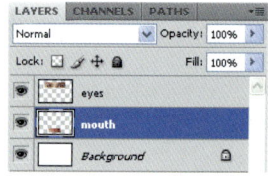

03 다음으로, eyes 레이어를 선택하고, Image ⇒ Adjustments ⇒ Levels 적용합니다. 단축키는 〈Ctrl+L〉. 명암의 대비를 강하게 조절해 보도록 하겠습니다.

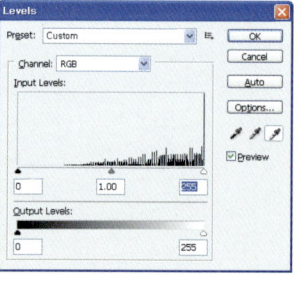

04 다음으로, Levels 옵션창에서 3개의 스포이드 중 오른쪽 스포이드를 클릭하고, 눈 주위를 클릭합니다. 스포이드로 클릭한 곳이 화이트로 바뀌게 됩니다.

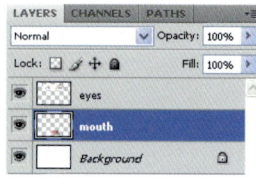

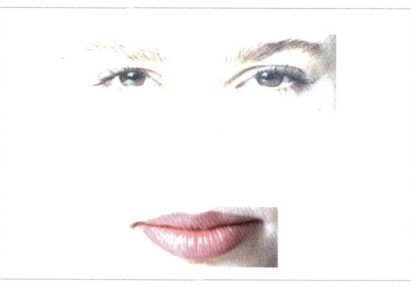

05 마찬가지로 mouth 레이어를 선택하고, Levels을 적용하여 eyes 레이어와 같이 명암을 강하게 만듭니다.

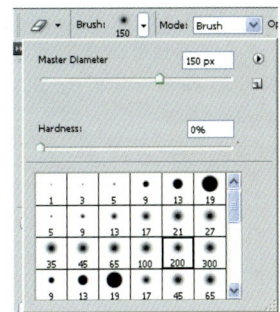

06 그런 다음, Background 레이어를 잠깐 꺼두고, 지우개 브러시를 선택하고, 브러시 사이즈는 150px로 합니다.

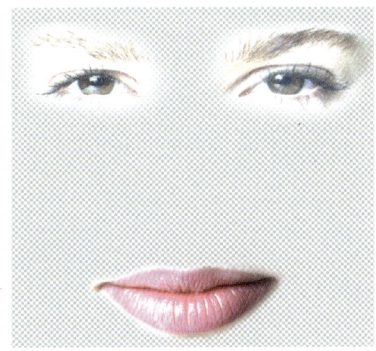

07 이제 레이어마다 외곽 부분을 살짝 지워줍니다. 이 때 최대한 부드럽게 지우도록 합니다. 펜 툴을 이용하여 패스 작업을 해도 되지만, 정교한 작업을 하려는 것이 아니기 때문에 무방합니다.

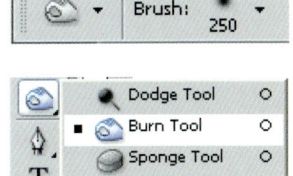

08 다음으로, 툴 팔레트에서 번^{Burn} 툴을 선택하고, 브러시 사이즈를 250px로 합니다. 번 툴은 이미지의 어두운 영역을 더욱 선명하고 진하면서 어둡게 만들어 줍니다.

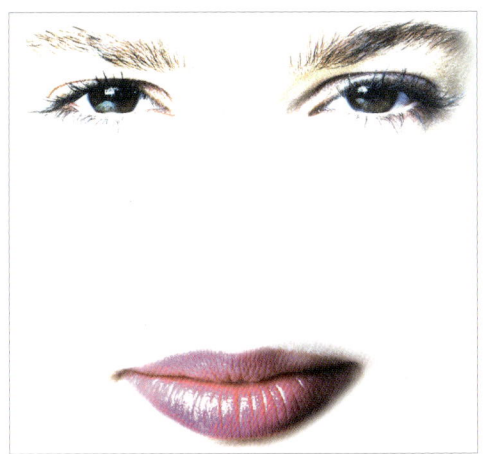

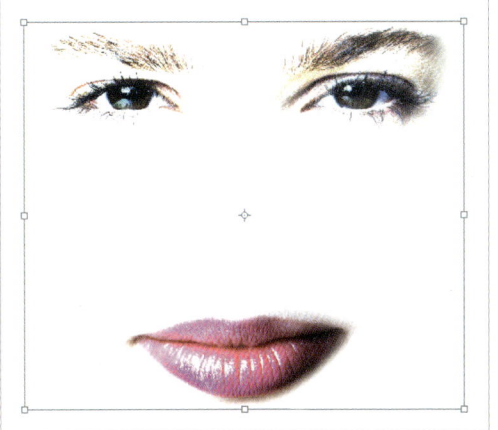

09 눈과 입을 번 툴로 어둡게 만들어 줍니다. 번 툴이 아닌 Levels 값으로 조정해도 무방하지만 다양한 툴 활용법을 다루기 위해 여기에서는 번 툴을 사용해 보겠습니다.

10 다음으로, eyes 레이어와 mouth 레이어를 〈Ctrl+T〉 하여 크기를 줄입니다. 외곽 부분에 다른 객체들이 들어갈 공간을 마련하기 위한 것입니다.

Technique

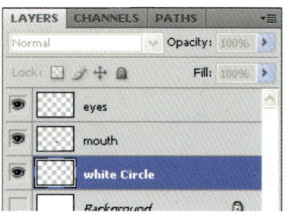

12 다음으로, 일립티컬 마퀴 Elliptical Marquee 툴로 원을 그리고, 흰색으로 채웁니다. 크기는 그림과 같이 너무 크지도 작지도 않은 사이즈로 하는 것이 좋습니다.

11 다음으로, Background 레이어를 잠시 꺼두고, 새로운 레이어를 만듭니다. 이름은 white Circle로 붙입니다.

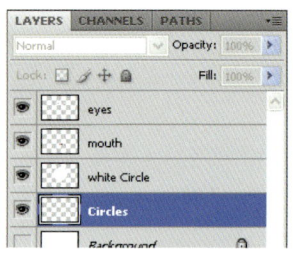

14 다음으로, 일립티컬 마큐 툴로 여러 개의 원들을 그리며 추가합니다. Shift 키를 누른 상태에서 진행합니다. 마치 거품이나 물방울이 겹쳐 있는 듯한 느낌을 연상하면서 작업합니다.

13 새로운 레이어를 추가하고, 이름을 Circles라고 붙입니다. 이제 배경이 되는 이미지를 만들어 보도록 하겠습니다.

15 다음으로, 그래디언트 Gradient 툴을 선택합니다. 방금 작업한 영역에 그라디언트를 입혀 보겠습니다.

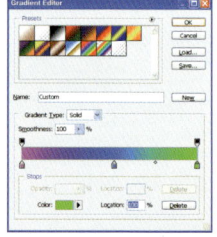

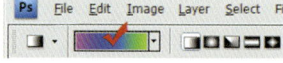

16 다음으로, Gradiant 색상은 Green 계열에서 Violet 계열로 변하도록 예제 이미지와 같이 선택합니다. 혹은 취향에 따라 다른 칼라로 작업해도 무방하지만, 되도록 비비드한 계열의 칼라로 선택합니다.

17 예제 이미지와 같이 칼라를 입힙니다. 이 때 좌에서 우로 드래그하여 칼라를 입힙니다. 지금 사용한 칼라는 전체적인 톤을 결정 짓기 때문에 이 부분에서의 칼라 결정이 매우 중요합니다.

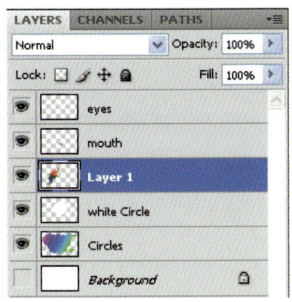 

18   다음으로, 제공되는 08_source04.psd 이미지를 찾아 열고, 앵무새를 작업창으로 끌어 옵니다. 앵무새의 이미지는 눈동자의 아이라인이 연상되도록 작업할 것입니다.

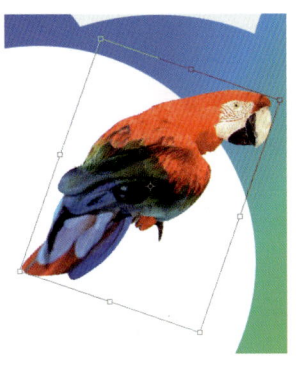 

19   다음으로, bird 레이어를 〈Ctrl+T〉하여 눈동자 위에 위치시킵니다. 눈의 메이크업을 한다고 가정하고 기울기를 결정합니다.

 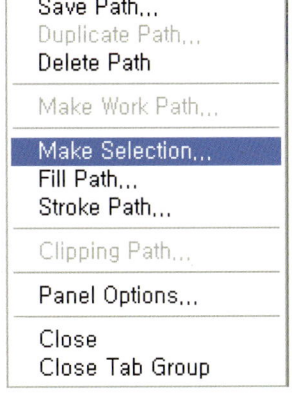

21   다음으로, 패스 팔레트에서 Make Selection을 적용합니다. 이제 Radius는 0으로 합니다.

20   레이어 팔레트에서 Eyes 레이어를 선택하고, 펜Pen 툴을 선택합니다. 그리고 눈동자의 라인을 따라 패스를 그립니다.

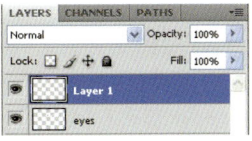 

22   눈동자의 영역이 선택되었다면 〈Ctrl+J〉를 눌러서 새로운 레이어로 복제합니다. 새로 생성된 레이어 이름을 eyes2로 붙입니다.

Technique

23   다음으로, 제공되는 08_source05.psd 이미지를 열면 또 한 마리의 새 이미지가 있습니다. 위와 같은 방법으로 다시 한번 작업합니다.

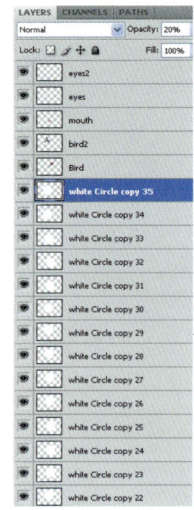

24   다음으로, white circle 레이어를 복제하고, Opacity는 20%로 합니다. 〈Ctrl+T〉를 눌러 크기를 약간 키웁니다. 원의 테두리를 만들어 주려고 합니다.

25   다음으로, white copy 레이어를 몇 개 더 복사하여 위치를 약간씩 바꿔 가며 예제 이미지와 같이 배치합니다. Alt 키를 누른 상태에서 드래그하면 편하게 작업할 수 있습니다. 마치 여러 개의 원들이 겹쳐지면서 얼굴이 드러나는 형상이 됩니다. 물론 부분 선택한 후 페더를 이용해서 흰색을 채워도 됩니다.

26   다음으로, 제공되는 08_source06.jpg 이미지를 열고, 레이어 팔레트의 가장 하단에 위치시킵니다(Circle 레이어 위). 강렬한 느낌의 배경처리를 위해 선택한 이미지이기 때문에 이 부분에서도 각자 취향에 맞도록 다른 이미지를 사용하여도 무방합니다.

27   레이어 팔레트의 Circles 레이어 모드를 Multiply로 바꾸어 줍니다. 그러면 배경과 자연스럽게 합성이 되는 것을 볼 수 있습니다.

몽타주 효과를 이용한 그래픽　071

28 자, 이제부터는 자신이 좋아하는 소품 등의 이미지나 주제와 관련된 이미지를 올려 놓습니다. 여기에서는 필자가 좋아하는 소품 이미지를 올려 보겠습니다. 이미지를 올려놓고 가능한 레이어 모드는 Multiply 모드로 합니다. 1차적으로 여기에서는 예제 이미지와 같이 작업을 하였습니다.

29 어느 정도 오브젝트들이 들어 갔다면 라인 느낌으로 마무리를 하면서 레이아웃을 한번 정도 정리해 주는 것이 좋습니다. 제공되는 08_source03.psd 이미지를 찾아 열고, 작업창으로 드래그합니다.

30 다음으로, 〈Ctrl+T〉하여 FreeTrasform을 적용하고, 크기와 위치를 변형해 가며 레이아웃을 잡아 줍니다. 메인 이미지는 사람의 얼굴이기 때문에 메인 이미지가 돋보일 수 있도록 배치하는 것이 좋습니다.

[31] 여기에서는 예제 이미지와 같이 마무리하였습니다. 타이포나 그 밖의 이펙트를 추가하여 마무리 하였습니다. 자, 이제부터는 시간과 레이아웃의 싸움입니다. 몽타주 디자인은 특히나 레이아웃에 대한 기본기가 요구되기 때문에 많은 시간을 투자하여 공부해야 합니다.

Chapter 09
Montage EFX 2/2

여러 오브젝트를 활용한 몽타주 기법

포토샵을 쓸 때, 현업 실무에서 가장 많이 사용하는 것이 몽타주 기법입니다. 이번 튜토리얼에서는 서로 다른 오브젝트를 동일한 공간 속에 적절히 어우러지도록 몽타주 효과를 활용한 디자인을 학습합니다.

Keypoint
공간을 고려한 레이아웃 배치능력과 컬러 컬렉션을 배워보자

이전 튜토리얼 '몽타주 기법'에서 다 소개하지 못한 것에 대해 그 일부라도 '몽타주기법 2'를 통해 소개하고자 합니다. 여기에서는 거리 이미지를 다루어 볼 것입니다.

이렇듯 몽타주기법을 2회에 걸쳐 다루어야 하는 이유는 간단합니다. 한 마디로, 그만큼 현업 실무에서 많이 쓰이는 기법이기 때문입니다. 특히 광고나 웹디자인 등에서 오브젝트들을 배치하면서 컨셉을 잡을 경우에 가장 많이 쓰이지 않을까 합니다. 하지만 결코 쉽지만은 않은 것이 바로 몽타주 기법이기도 합니다.

몽타주 기법은 디자인적인 감각뿐만 아니라 공간의 지각능력이나 컬러 컬렉션 능력 등이 동시에 요구됩니다. 즉 디자이너의 여러 가지 기본적인 능력에 따라 결과에 대해 많은 차이가 있습니다. 많은 시간을 들여서 작업했음에도 불구하고 작업자에 따라 매우 엉성한 디자인이 나올 수 있는가 하면 반대로 매우 짧은 시간에도 뛰어난 몽타주 디자인이 나올 수도 있습니다.

톤앤매너는 실제 작업자에 의해 수많은 이미지로 바뀔 수 있기 때문에 이번 튜토리얼을 바탕으로 자신의 색깔을 만들어보는 것은 반드시 필요합니다.

Technique

01 작업창에 제공되는 09_source01.jpg 이미지를 찾아 엽니다. 집 한 채가 보이는 이미지가 있습니다.

02 이제 하늘과 건물들을 모두 레이어로 분리할 것입니다. 먼저 Background 레이어를 복제하여 Background copy를 만듭니다.

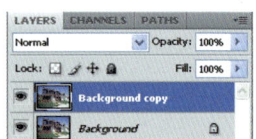

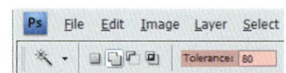

03 다음으로, Tool 팔레트의 마술봉 Magic Wand 툴을 선택한 다음, 톨러런스 Tolerance 값을 80으로 설정합니다. 여기에서는 하늘 부분만을 선택할 것입니다.

04 다음으로, Background 레이어를 잠시 꺼둔 다음, 마술봉 툴을 선택하여 하늘에 대고 클릭합니다. 하늘 부분이 선택될 것입니다.

05 그런 다음, Delete 키를 눌러 하늘을 지웁니다. 비록 깨끗하게 지워지지는 않지만, 여기에서는 그 빈티지한 맛을 살리는 것이 중요합니다. 따라서 크게 신경 쓰지 않아도 됩니다. 전체적인 느낌을 살리는데 비중을 두도록 하겠습니다.

여러 오브젝트를 활용한 몽타주 기법   075

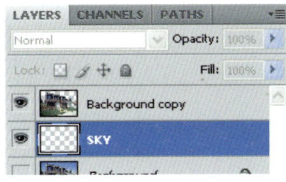

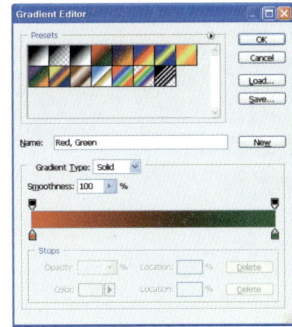

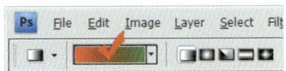

06   이제 빈 하늘에 새로운 느낌의 하늘을 만들 것입니다. 새로운 레이어를 만들고, 이름을 SKY로 붙입니다.

07   다음으로, 툴 팔레트에서 그래디언트 툴을 선택한 다음, 칼라를 (상단 옵션에서) 레드에서 그린으로 변하도록 설정합니다. 칼라는 디자이너의 선택에 따라 달라지지만, 여기에서는 블루계열의 느낌을 피하고자 레드 계열로 선택하였습니다.

08   좌에서 우로 그라데이션을 합니다. 이 때 레이어 팔레트에선 SKY 레이어로 선택되어 있어야 합니다.

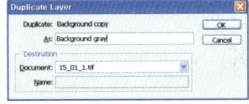

09   다음으로, Background copy 레이어를 복제하고, 이름을 Background gray로 붙입니다.

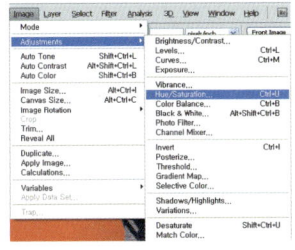

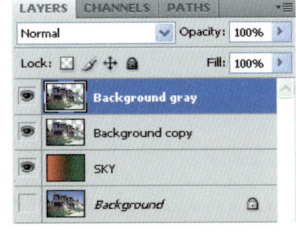

10   다음으로, Background gray 레이어를 클릭하고, Image ⇒ Adjustments ⇒ Hue/Saturation을 적용합니다.

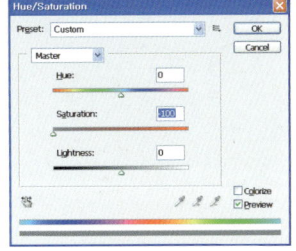

11   그런 다음, Saturation을 -100으로 하여 건물의 색을 회색으로 바꾸어서 하늘의 색감이 돋보이게 합니다.

Technique

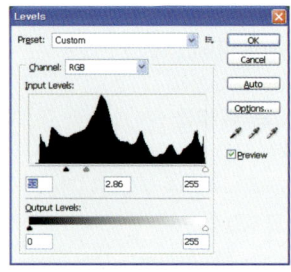 

12 그런 다음, Image ⇒ Adjustments ⇒ Levels 를 적용하여 RGB 값을 53, 2.86, 255로 합니다. 중간 명도의 부분을 더욱 밝게 한 것입니다.

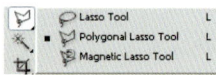

13 이제 건물 중 일부분을 지워 보겠습니다. TOOL 팔레트에서 Polygonal Lasso 툴을 선택합니다.

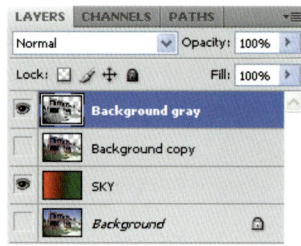

14 그런 다음, Background copy 레이어를 잠시 꺼두고, Background gray 레이어를 선택합니다.

15 다음엔 다각형 올가미 툴Polygonal Lasso Tool로 예제 이미지와 같이 건물을 선택합니다. 건물의 모양을 따라 클릭하여 그리면 됩니다. 그러고 나서 Delete를 눌러 지워줍니다. 다각형 올가미 툴은 라인이 복잡하지 않은 객체에 쓰기 편하게 사용할 수 있습니다.

16 다음으로, 제공되는 09_source 02.psd 파일을 열고, 작업창으로 끌어다 놓습니다.

17 끌어다 놓은 레이어의 이름이 하단 레이어와 동일하므로 이름을 바꾸어 줍니다. 이름을 Background 2로 붙입니다.

18 다음으로 Background2 레이어를 〈Ctrl+T〉 하여 FreeTransform하고, 크기를 줄입니다. 이 때 역시 공간적인 원근감이 살아나도록 배치하는 것이 중요합니다. 이것이 지켜지지 않으면 매우 어설픈 레이아웃이 되기 때문에 이런 부분에 특히 신경을 써야 합니다.

19 레이어 팔레트에서 Background2 레이어를 Background gray 레이어 아래로 위치시킵니다.

20 조금 전과 마찬가지로 Background2 레이어에 Image ⇒ Adjustments ⇒ Hue/Saturation을 적용하여 회색으로 바꿉니다.

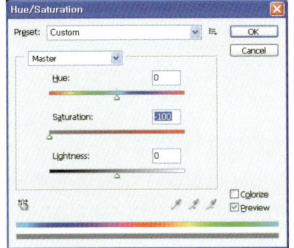

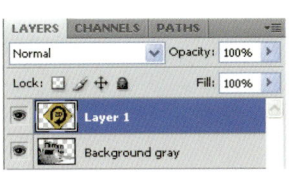 

21 다음으로, 제공된 09_source03.psd 파일을 열고, 작업창으로 끌어다 놓습니다. 이런 오브젝트는 근경에 배치함으로써, 공간감을 더욱 살릴 수 있습니다.

22 다음으로, Layer1 레이어를 〈Ctrl+T〉 하여 FreeTransform하고 크기를 줄입니다. 이 때부터 배경 이미지를 고려하여 잘 어우러지도록 레이아웃을 배치합니다. 이것이 웹디자인 컨셉이라면 메뉴나 버튼이 될 수도 있기 때문입니다.

Technique

23   다음으로, 제공되는 09_source04.psd 이미지를 열고, 위의 작업을 반복합니다. Layer2 레이어를 〈Ctrl+T〉하여 FreeTransform하고, 크기를 줄입니다. 좀 더 사실적인 이미지 퀄리티를 위해서 광원을 고려한 후 그림자도 만들어 주면 좋습니다. 이제 건물에 맵핑을 할 것입니다. 이전 튜토리얼 '몬스터얼굴 만들기'에서 사용했던 갈라진 땅의 이미지를 다시 사용해 보도록 하겠습니다.

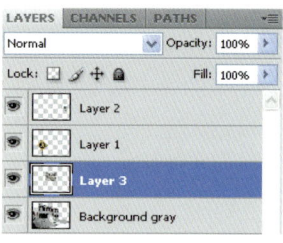

24   다음으로, 제고되는 09_source06.jpg 이미지를 열고, 작업창에 끌어다 놓습니다. 현재 레이어 이름이 Layer3인데, 그대로 사용해도 됩니다. 레이어의 위치는 Background gray 레이어 위에 위치시킵니다.

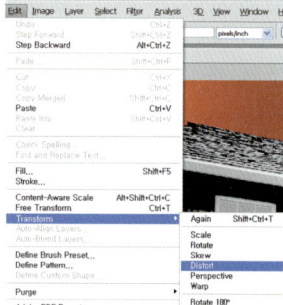

25   다음으로, Edit ⇒ Trasform ⇒ Distort를 적용합니다. 이것은 객체의 모양을 자유롭게 변형할 수 있기 때문에 이런 류의 합성에 자주 이용되는 툴입니다. 〈Ctrl+T〉를 눌려서 트랜스 폼을 활성화시킨 후 컨트롤을 누른 채 각 모서리를 이용하면 디스톨트를 적용한 것과 똑같습니다.

26   그리고 각 모서리들을 끌어당겨 건물의 모서리와 일치시킵니다.

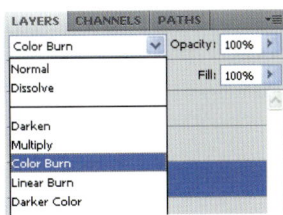

27 레이어 팔레트에서 Layer3의 모드를 Color Burn으로 적용합니다. 그러면 아래 레이어와 합성되면서 마치 건물에 금이 간 것처럼 보일 것입니다.

28 다음으로, 툴 팔레트에서 다각형 올가미 툴을 선택하고, 맵핑으로 사용된 이미지의 일부를 지워보겠습니다. Layer3 레이어를 선택하고 건물의 문 모양을 따라 라인을 선택합니다.

29 다음으로, Delete를 눌러 선택된 영역을 지웁니다. 그러면 출입구 쪽은 맵핑된 이미지가 사라지면서 전보다 더욱 그럴 듯해 보입니다.

30 다음으로, 제공되는 09_source05.psd 이미지를 열고, 위의 〈Ctrl+T〉 하여 FreeTransform 을 적용하고, 적당한 곳에 인물을 배치시킵니다. 그리고 좀 더 사실적인 이미지 퀄리티를 위해서 광원을 고려한 후 그림자도 만들어 주면 좋습니다.

Technique

31 사람 이미지가 담긴 레이어의 이름은 man으로 붙입니다. 특히 몽타주 기법을 작업할 때는 레이어의 개수가 많아지기 때문에 레이어의 이름을 잘 정돈하는 것이 효과적입니다.

32 이렇게 하여 전경의 틀이 어느 정도 잡혔습니다. 그렇다면 이제 뒤 배경의 하늘 부분을 소스 이미지를 활용하여 정리해 볼 차례입니다.

33 먼저 배경을 제외한 모든 레이어를 작업창에 끌어다 놓습니다. 이를 레이어 팔레트에서 SKY 레이어 위에 위치시킵니다.

34 여기까지의 작업에서 활용된 구름 이미지는 작업한 하늘색에 잘 어울리지 않습니다. 따라서 하늘의 색감을 잘 어울리도록 수정해 보겠습니다. 새로운 레이어를 만들고, 이름을 SKY2로 붙입니다.

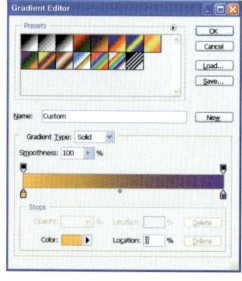

35 그리고 툴 팔레트에서 그래디언트(Gradient) 툴을 선택한 다음 컬러를 (상단 옵션에서) 노랑(Yellow)에서 보라(Violet)로 변하도록 설정합니다.

36 그리고 중앙에서 상단 방향으로 그라데이션을 적용합니다. 이 때 노랑 부분이 조금 더 많은 영역을 차지하도록 합니다.

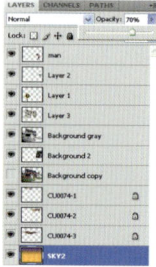

37 처음 만들었던 SKY 레이어와 잘 어우러지도록 SKY2 레이어의 Opacity를 70%로 합니다. 그러면 처음 작업했던 레드 계열의 하늘색과 섞이면서 자연스러워집니다. 레이어 블랜딩 모드를 이용해서 합성해도 좋습니다. 예제 이미지에서 빨간색 사각형으로 포인트된 곳이 Opacity(불투명도)를 조절하는 곳입니다. 수치를 입력하거나 바를 조절해 주면 됩니다.

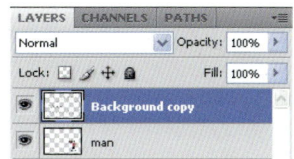 

38 마지막으로 가장 앞쪽에 오브젝트를 위치시켜서 좀더 깊이감 있는 이미지로 연출해보겠습니다. 09_source08.psd를 열어 작업창으로 끌어다 놓습니다.

 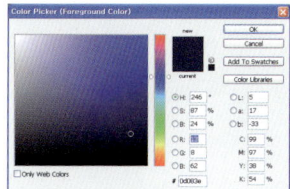 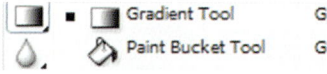

39 이제 전체적인 색감을 약간만 수정하면 어느 정도 통일된 느낌을 연출할 수 있습니다. 새로운 레이어를 만들고, 이름을 color tone으로 붙입니다.

40 다음으로, 툴 팔레트에서 페인트 툴을 선택하고, 칼라는 R:13 G:8 B:62로 설정합니다. 적용한 값은 절대적인 값이 아니므로 다른 값으로 선택해도 무방합니다.

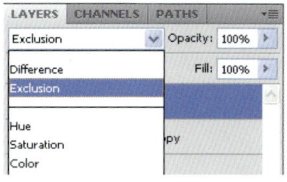

41 페인트를 붓고 color tone 레이어의 모드를 Exclusion으로 합니다. 그러면 빛바랜 느낌의 이미지로 보입니다. 아니면 페인트를 부을 때 색상을 다른 색으로 부은 후 디퍼런스로 해도 빛 바랜 결과물을 얻을 수 있습니다. 이 작업까지 마무리되면 모든 객체들이 하나의 공간에 더욱 어우러져 보이게 됩니다.

[42] 여기에서는 이 정도로 마무리를 짓도록 하겠습니다. 어느 정도 레이아웃이 되어 있기 때문에 각자 디테일하게 작업하도록 해봅니다.

Chapter 10
Heavy Graphics EFX

파격적인 분위기를 연출하는 헤비 그래픽스

좀 더 파격적인 분위기를 연출할 수 없을까? 헤비 그래픽이 대안으로 떠오르고 있습니다. 이번 튜토리얼에서 다양한 그래픽 앨리먼트들을 오브젝트에 배치함으로써, 파워풀한 느낌의 이미지를 연출해 보는 방법을 배워보겠습니다.

Keypoint
다양한 그래픽 소스를 적절히 활용해 보자

헤비 그래픽스 Heavy Graphics 라는 그래픽 아트는 몇 년 전 영국의 아티스트들에 의해 생겨났습니다. 당시 상당히 파격적인 그래픽이었고, 여전히 해외에선 많이 사용되고 있습니다. 아직 국내에서는 이러한 표현을 근간으로 하는 광고 작업들이 드물지만, 곧 국내에도 이러한 기법들이 도입되어 많이 사용될 것으로 보입니다.

    헤비 그래픽에 사용되는 그래픽 라이브러리들도 많이 수입되고 있습니다. 그래서 이전에 비해 작업하기가 수월해 졌고, 다양한 조합으로 수백 수천만 가지의 표현들이 가능합니다. 사실 이런 그래픽 소스가 없다고 하더라도 작업하는 데 어려움은 없습니다. 소스라는 것은 작업하기 쉽도록 미리 만들어 놓은 약간의 도형들에 지나지 않습니다.

    이번 튜토리얼에서 사용될 소스도 막상 열어보면 각기 다른 모양의 도형들일 뿐입니다. 여기에서는 그것을 어떻게 활용하고 응용하는가에 대한 것을 알려드리고자 합니다. 물론 이번 튜토리얼에서의 방법이 전부는 아닙니다. 레이아웃 디자인에 대한 약간의 지식이 있다면 인쇄 디자인 뿐만이 아니라 웹디자인, 영상디자인에서도 다양하게 활용할 수 있을 것입니다. 이번 튜토리얼에서는 그런 작업들의 기본이 되는 예를 보여주고자 합니다.

Technique

01   제공되는 10_source 01.jpg 파일을 엽니다. 펜 툴을 이용해 인물의 라인을 따라 패스 Paths 작업을 합니다.

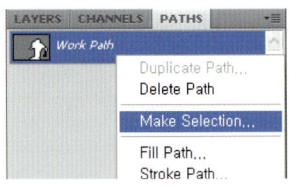  

02   다음으로, 패스 팔레트로 가서 우 클릭하여 Make Selection을 선택하고, Radius는 0으로 합니다. 〈Ctrl+J〉를 눌러 선택된 부분만을 레이어화 합니다. 레이어 이름은 man1로 붙입니다.

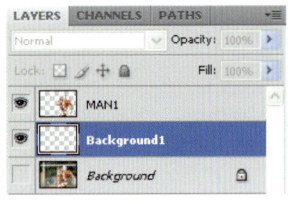 

03   새로운 레이어를 만들고, 이름을 Background1로 붙입니다. 작업의 편의를 위해 Background1에 배경색을 흰색으로 채웁니다.

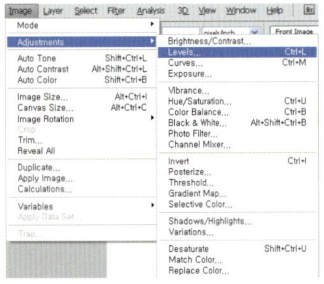 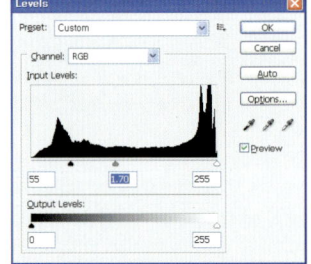 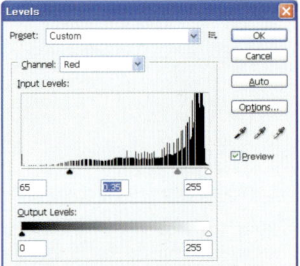

04   다음으로, Image ⇒ Adjustments ⇒ Levels을 적용합니다. 단축키는 〈Ctrl+L〉입니다. RGB 채널 값은 55, 1.7, 255 로 하여 콘트라스트를 높이고, RED 채널 값은 65, 0.35, 255로 하여 어두운 영역의 RED는 BLUE 빛으로 바꿉니다. 이것은 인물의 콘트라스트를 높이기 위한 작업입니다.

파격적인 분위기를 연출하는 헤비 그래픽스   085

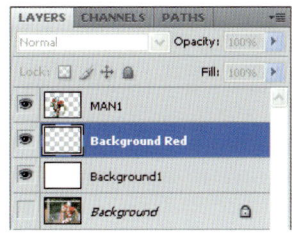

05　새로운 레이어를 만들고, 이름을 Background Red로 붙입니다. 그리고 배경색을 인물의 유니폼 색과 같은 색으로 채워줍니다.

06　제공된 10_source03.psd 파일을 찾아 엽니다. 이것은 그동안 필자가 그래픽 작업을 하면서 모아 놓은 라이브러리입니다. 독자들을 위해 처음으로 공개합니다. 작업하면서 용이했던 것을 이처럼 모아 놓으면 추후 작업에 편리하게 사용할 수 있습니다.

07　제공되는 10_source03.psd 이미지의 white06 레이어를 작업창에 끌어다가 놓습니다. 〈Ctrl+T〉하여 FreeTransform하고 헬멧 날개처럼 보이도록 합니다.

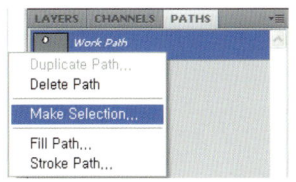
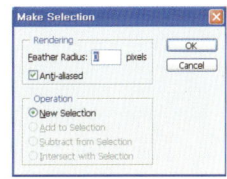

08　다음으로, Man1 레이어를 선택하고, 팬 툴로 인물의 얼굴 부분을 Path로 땁니다. 패스 팔레트에서 우 클릭하여 Make Selection합니다. Radius는 0으로 합니다.

Technique

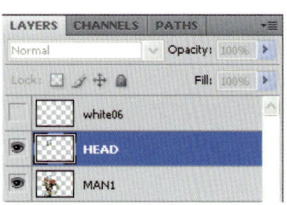 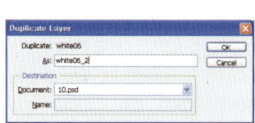 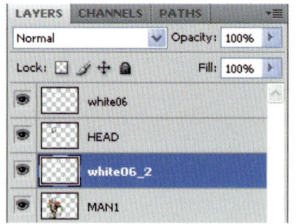

09 다음으로, 〈Ctrl+J〉하여 새로운 레이어로 복제하고, 이름을 HEAD라고 붙입니다.

10 다음으로, white06 레이어를 복제하고, 이름을 white06_2로 붙입니다. 레이어의 위치는 Head 레이어 아래에 위치시킵니다.

11 그리고 〈Ctrl+T〉하여 예제 이미지와 같이 얼굴의 반대편 쪽에 FreeTransform 합니다. 그래서 마치 날개가 헬멧에 달려 있는 듯한 느낌으로 표현합니다.

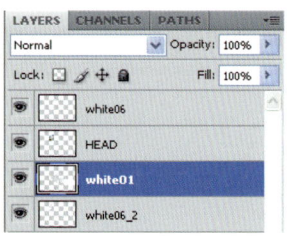 

12 자, 다시 제공되는 10_source03.psd 이미지의 white01 레이어를 끌어다가 놓습니다. 마찬가지로 〈Ctrl+T〉하여 예제 이미지와 같이 인물의 뒤쪽에 FreeTransform 합니다. 이것은 원근감을 주기 위한 오프젝트 배치입니다.

13 다음으로, 제공되는 10_source03.psd 이미지의 black08,09 레이어를 선택합니다. 작업창에 끌어다가 놓습니다. 이 때 레이어 위치는 인물 뒤쪽으로 합니다.

14   그리고 〈Ctrl+T〉하여 예제 이미지와 같이 원근감이 느껴지는 각도로 FreeTransform 합니다. 이렇게 되면 인물에 움직임이 생깁니다.

15   자, 이제 지금까지의 작업을 반복하면서 배경을 넣어 봅니다. 여기에서는 예제 이미지와 같이 작업하였습니다. 이 작업은 작업자의 느낌에 따라 진행해도 무방합니다.

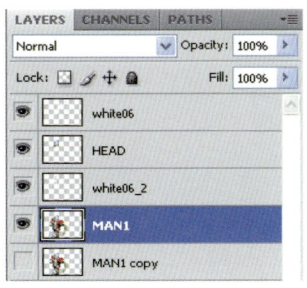
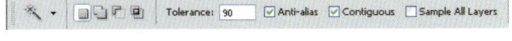

16   그리고 MAN1 레이어를 선택합니다. 인물의 신체 일부를 제거하고, 배경의 그래픽들이 보여지게 할 것입니다. 마술봉Magic Wand 툴을 선택하고, 상단의 Tolerance는 90으로 합니다.

17   인물의 어깨 부분을 선택합니다. Delete하여 삭제합니다. 그러면 어깨 부분은 뒤쪽 그래픽 소스들이 보여질 것입니다.

Technique

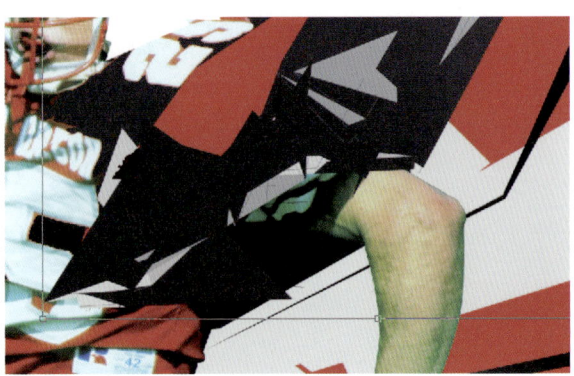

18 같은 방법으로 다른 부분들도 지워 보도록 하겠습니다. 다른 쪽 어깨 부분과 그 밖의 다리와 같은 다른 부위의 red 부분을 선택해서 지웁니다.

19 그리고 어색한 부분들은 그래픽을 덮어서 보완 수정합니다. 제공되는 10_source03.psd 이미지의 black04 레이어를 예제 이미지와 같이 가슴 쪽에 가려줍니다.

20 이제 공간감을 주기 위해서 원경에 다른 인물을 놓아 보도록 하겠습니다. 제공되는 10_source02.jpg 이미지를 찾아 엽니다. 펜 툴로 인물의 패스 작업합니다. 이 과정은 앞에서 숙지했으므로 생략합니다. 다른 인물의 레이어 이름을 Man2로 바꾸어 줍니다.

21 그리고 작업창으로 끌어와 black08 레이어 아래에 위치시킵니다. 이 때도 공간감이 느껴지도록 인물의 크기를 적당히 작게 배치합니다.

파격적인 분위기를 연출하는 헤비 그래픽스 089

22   앞서 작업했듯이 Man2 레이어도 그래픽 소스로 간략하게 꾸며줍니다. 과정은 생략하도록 하겠습니다.

23   여기에서는 타이포그래피를 좀 더 추가하여 예제 이미지와 같이 마무리하였습니다. 이렇게 하여 모든 작업이 완료되었습니다. 타이포그래피나 그 밖의 엘리먼트 등은 이것저것 넣어 보면서 느낌이 나오도록 해보는 것이 좋습니다.

[24]   시간을 갖고 디테일한 작업을 해보면 보다 완성도 높은 작업이 될 것입니다.

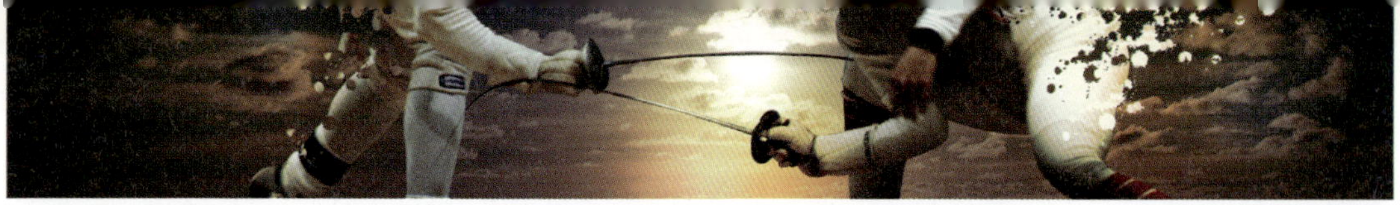
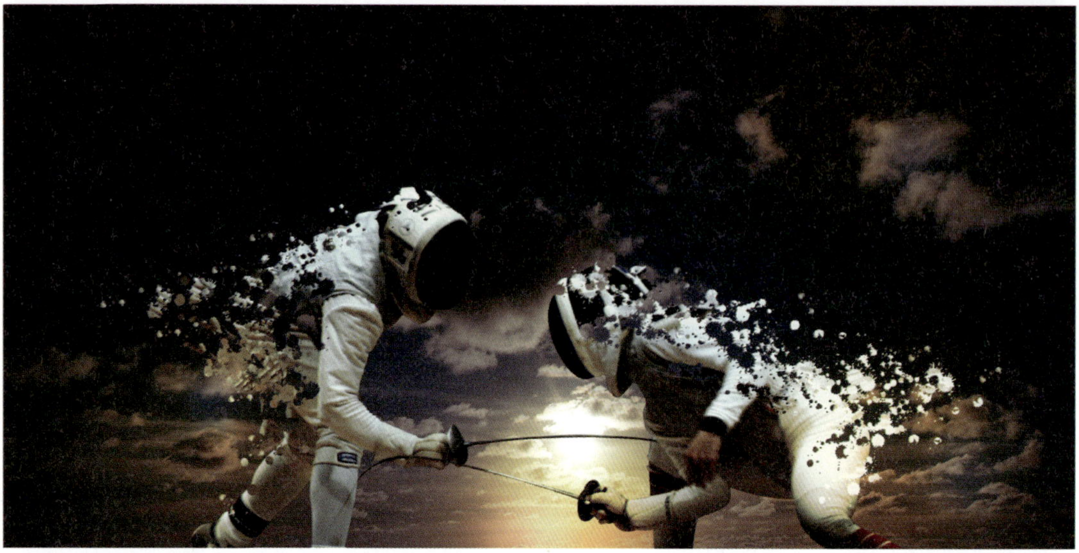
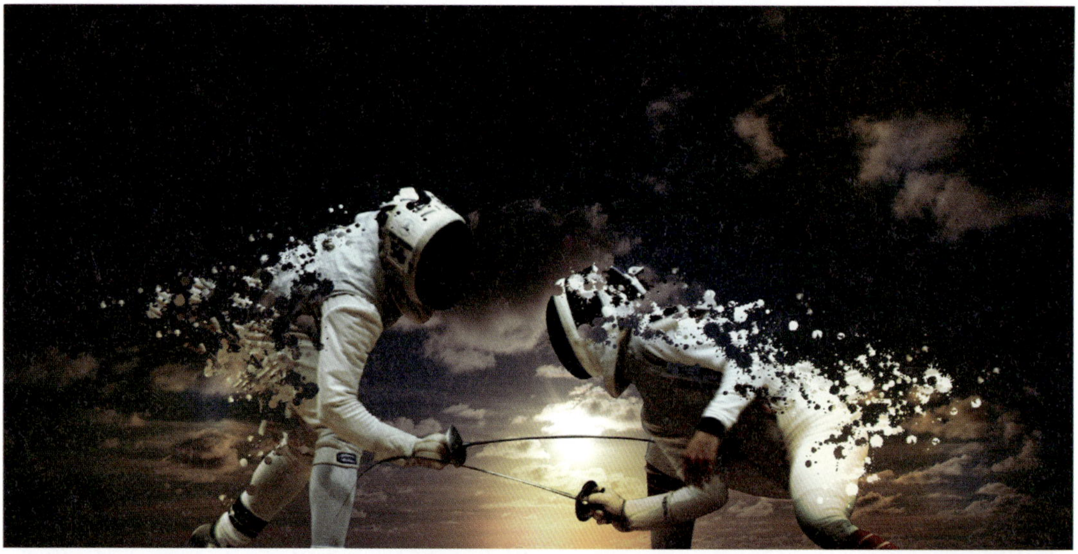
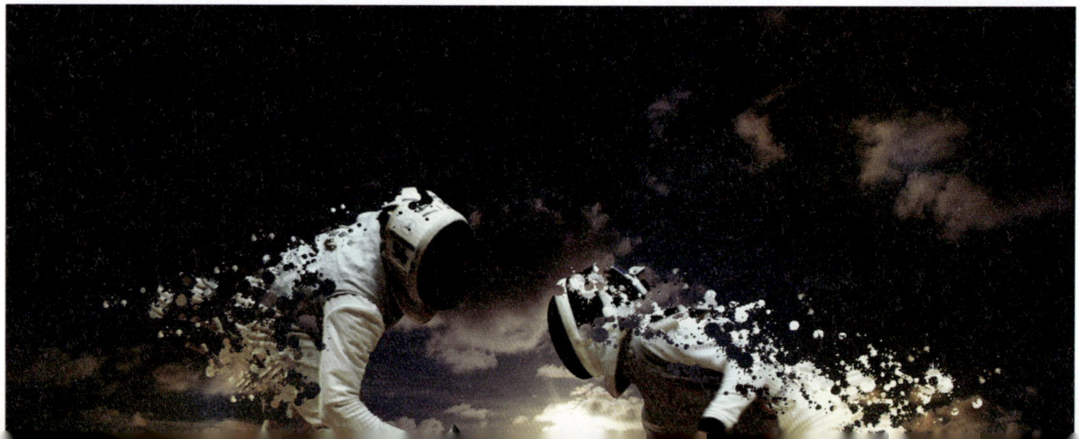

Chapter 11
Distortion EFX

다이내믹한 디스토션 효과

물체나 인물의 일부분이 분해되는 느낌의 효과는 다양한 작업에서 매우 유용하게 사용됩니다. 특히 강력한 스피드와 다이내믹한 효과를 연출하고자 할 경우에 유용합니다. 이것이 디스토션 효과입니다.

Keypoint
Marquee 툴을 자유형태로 만들어 분리시키자

이 튜토리얼에서는 강력한 스피드와 다이내믹한 효과 등을 연출하는 데 탁월한 기능을 발휘하는 디스토션 효과를 배워볼 것입니다. 이같은 효과는 광고를 제작하는 경우에 흔히 사용하는 기법이기도 합니다. 이런 기법은 정적인 이미지를 강력하고 역동적인 이미지로 바꾸어 줄 수 있습니다. 또한 아티스트와 디자이너들의 상상력을 그대로 표현하기에 더없이 좋은 기법입니다. 습작으로 해보기에도 부담이 없는 작업입니다.

디스토션 효과는 이미지를 분해하고 다시 조립하는 과정에서 크리에이티브가 탄생합니다. 꼭 배워야 하는 유용한 기법임은 물론 이 책의 다른 튜토리얼을 공부하기 위해서도 꼭 필요한 연습과정입니다. 이 책에서 소개하는 몽타주 기법이나 블러 기법 등은 사실 이러한 분해와 조립이라는 맥락이기 때문에 다양하게 응용하여 활용하실 수 있습니다.

자, 이제부터 이 방법을 마스터하고 각자 자신만의 디스토션 효과를 만들어 보도록 하겠습니다. 여기에서 필요한 이미지는 스포츠 관련 이미지처럼 역동적인 동작이 표현된 것이라면 더욱 좋습니다. 그렇지 않더라도 정적인 이미지를 역동적인 느낌으로 표현하는 과정을 눈으로 직접 확인하실 수도 있습니다.

Technique

01   제공되는 11_source01.jpg 이미지를 찾아 엽니다. 물론 자신이 갖고 있는 다른 이미지를 사용해도 좋습니다. 가능한 역동적인 이미지를 사용하면 시각효과가 커지게 됩니다. 주로 스포츠 관련 이미지라면 적당합니다.

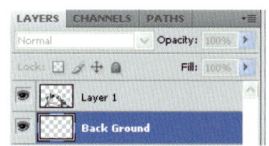

02   이제 펜Pen 툴로 인물만 패스Paths로 분리해서 배경을 지웁니다. 이에 대한 구체적인 방법은 앞서의 튜토리얼(06_몬스터 만들기)에서 했으니 여기에서는 생략하겠습니다. 배경을 Dark Gray로 입혀 보도록 하겠습니다. 개인에 따라 약간의 그라데이션을 주어도 좋습니다. 새로운 레이어를 만들고, 이름을 Background 라고 붙입니다. 그런 다음, 페인트Paint 툴을 선택하고, 배경을 입힙니다.

03   브러시 효과를 위해, 제공되는 11_source02.psd 이미지를 엽니다. 이러한 그래픽 소스들은 사전에 미리 제작해 놓으면 여러 작업에서 유용하게 사용할 수 있습니다. 직접 잉크나 페인트 등을 떨어 뜨려 스캔을 하거나, 디지털 카메라로 촬영하여 만드는 것도 좋은 방법입니다.

다이내믹한 디스토션 효과　　093

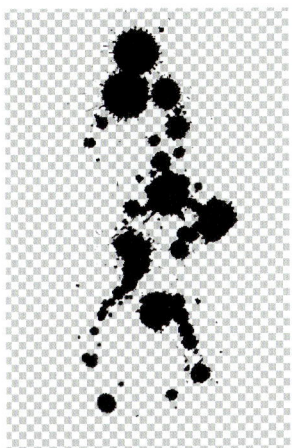

04　　다음으로, 마술봉(Magic Wand) 툴을 선택하고, 잉크의 모양을 그대로 선택합니다. 잉크 모양의 영역에 대고 클릭하면 선택이 됩니다. Marquee 툴로 바꾸고, 선택 영역을 드래그하여 원래의 작업창으로 끌어옵니다.

05　　다음으로, 〈Ctrl+T〉 하여 Free Transform을 적용하고 회전시킵니다. 그러면 마치 인물에서 잉크가 흘러나온 듯한 효과가 만들어 집니다. Layer 1에 적용시킵니다.

06　　같은 방법을 인물의 역동적인 동선을 따라 반복하여 수행합니다. 여기에서는 머리 부분에 적용하였습니다. 같은 효과를 너무 많이 반복하면 오히려 이미지가 뭉개져 보이기 때문에 적당한 작업이 필요합니다. 주로 인물의 앵글에 적용하면 좋습니다.

Technique

07 마찬가지로, 팔과 다리 부분 그리고 다른 인물에서도 그대로 적용해 보기로 하겠습니다. 방법은 앞의 사례와 동일합니다. 여기에서는 이 작업을 20번 정도 반복하여 효과를 주었습니다. 실은 이 부분이 가장 중요한 작업입니다. 시간을 갖고 디테일한 작업을 하면 할 수록 완성도가 높아집니다.

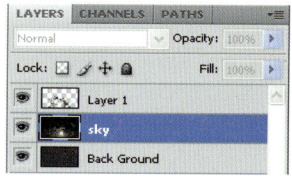

08 어느 정도 작업이 진행된 것을 확인하실 수 있습니다. 다음으로, 간단한 배경처리를 하겠습니다. 제공되는 11_source.jpg 파일을 엽니다. 하늘 이미지를 레이어 팔레트의 BackGorund 레이어 위에 위치시키고, 이름을 Sky로 붙입니다.

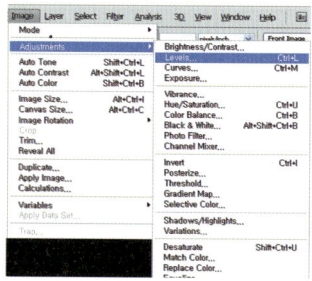

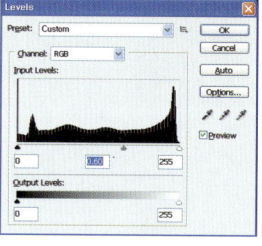

09 주 작업을 한 layer1번의 칼라 보정을 위해 image ⇒ Adjustments ⇒ Levels을 엽니다. 값을 0, 0.6, 255로 설정하여 중간 톤을 어둡게 만들었습니다.

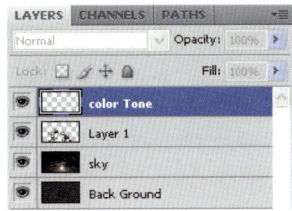
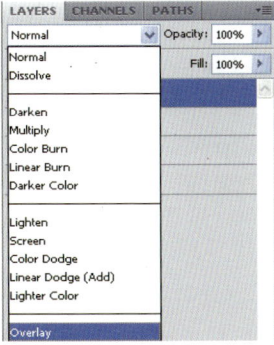

10   전체적인 칼라 톤을 만들기 위해 새로운 레이어를 생성하고, 레이어 이름을 color Tone으로 붙입니다. 레이어 모드는 Overlay로 설정합니다.

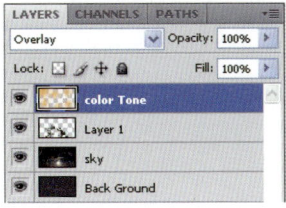

[11]   다음으로, 브러시를 선택합니다. 브러시 사이즈는 1000px로 합니다. 그리고 브러시를 칠해봅니다. 여기에서는 배경색과 맞추기 위해 yellow계열의 색상을 선택하였습니다. 이것이 디스토션 이펙트의 기본 작업입니다. 이 작업들을 기초로 해서 이루어지기 때문에 각자 응용하여 표현해 보도록 합니다.

Chapter 12
PS Brush Artwork

브러시를 이용한 아트 드로잉

일상적으로 쓰는 포토샵에서 브러시 툴은 자주 쓰지 않지만, 이를 잘만 활용하면 훌륭한 효과를 얻을 수 있습니다. 포토샵의 기본 브러시를 이용하여 느낌을 최대한 살려낸 아트웍 작업을 해보겠습니다.

Keypoint
브러시와 텍스처를 이용하여 유화적인 느낌을 낸다

디자인 작업에서 일상적으로 포토샵을 사용하지만, 그 많은 포토샵의 기능 중에서 의외로 적게 쓰는 것이 브러시 툴입니다. 보통 이미지 보정을 위한 작업이 많기 때문에 브러시에 손이 가지 않는 경우가 많습니다. 하지만 브러시 툴도 잘만 사용하면 꽤나 훌륭한 효과를 만들어 낼 수 있습니다.

여러 가지 브러시를 따로 설치해서 사용한다면 더 없이 좋겠지만, 이번 튜토리얼은 포토샵에 기본으로 설치되어 있는 브러시 만을 사용하여 브러시 이펙트를 보여줄 것입니다.

이번 작업은 평소 드로잉을 해보지 않은 작업자에게는 다소 어려울 수도 있겠습니다. 하지만 이번 튜토리얼을 마치고 나면 다른 작업에 상당한 응용이 가능하다는 것을 알게 될 것입니다. 또한 이런 브러시의 느낌을 제대로 살리기 위해 실제 유화의 텍스처를 합성 모드로 조합하여 실제보다 더욱 실제 같은 브러시 표현들이 가능하다는 것을 이번 튜토리얼을 통해 알 수 있을 것입니다.

여기서 언급된 것 이외에 포토샵 브러시 플러그 인을 따로 설치하여 작업에 사용한다면 더욱 좋은 결과물을 만들 수 있습니다. 이런 작업은 페인터로 해야 되는 것이 아닌가? 하는 생각을 한 번쯤 해본 디자이너라면 어느 정도의 갈증을 포토샵에서도 해소할 수 있을 것입니다.

Technique

01   제공되는 12_source01.jpg 이미지를 찾아 엽니다. 근사한 미녀들의 사진이 있습니다. 이것을 밑그림으로 해서 유화적으로 표현해 보도록 하겠습니다.

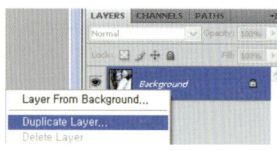

02   불러온 이미지를 Duplicate Layer로 복제합니다. 따로 이름을 바꾸는 것도 좋습니다. 복제를 하는 이유는 원본을 보존하기 위해서입니다. 작업을 하다 보면 원본의 이미지를 계속 참조해야 하기 때문에 따로 레이어를 만들어 두는 것이 좋습니다.

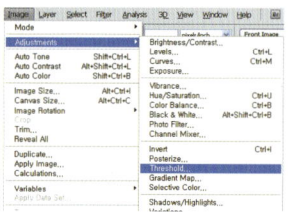

03   다음으로, Image ⇒ Adjustments ⇒ Threshold 를 적용합니다. 이는 입체적인 사진 이미지를 블랙&화이트로 만들어 단순하고 명확하게 보여지게 하기 위한 것입니다.

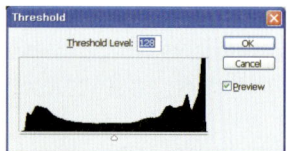

04   다음으로, 쓰레스홀드 레벨 Threshold Level 을 128 정도로 하여 눈, 코, 입 윤곽이 잘 살아나도록 합니다.

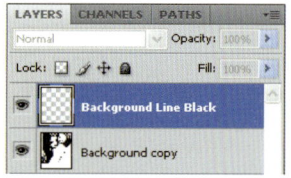

05   새로운 레이어를 만들고, 이름을 Background Line Black 으로 붙입니다. 이제부터 브러시를 적용할 레이어를 만듭니다.

브러시를 이용한 아트 드로잉　099

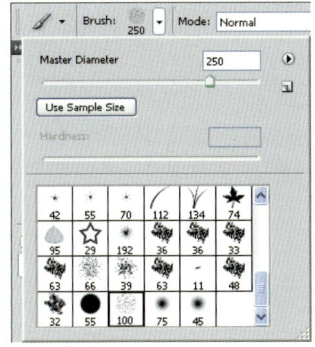

06　자, 이제 브러시를 선택합니다. 브러시는 예제 이미지와 같이 선택하고, 사이즈는 200~250px 정도로 합니다.

07　브러시의 Flow는 35%로 합니다. 작업에 따라 Flow 값은 달라질 수 있습니다.

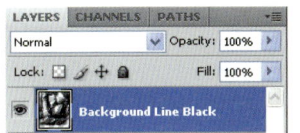

08　이제 브러시를 러프한 느낌으로 스케치 하듯 밑그림을 보며 어두운 영역을 따라 칠해줍니다. 넓게 칠한다는 느낌으로 작업하길 권합니다. 왜냐하면 이후에 밝은 톤을 입힐 것이기 때문입니다.

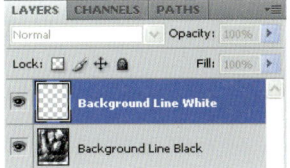

09　새로운 레이어를 만들고, 이름을 Background Line White 로 붙입니다. 이제부터 밝은 영역을 만들겠습니다.

10　다시 브러시를 선택한 다음, 칼라를 흰색으로 하고, 브러시 사이즈를 125으로 합니다.

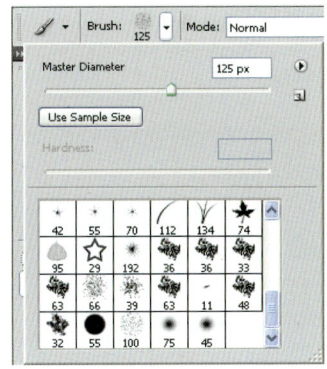

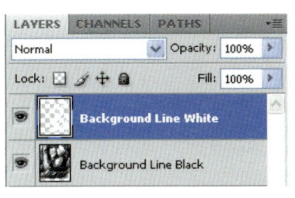

11　그리고 브러시로 밝은 영역을 러프한 느낌으로 묘사하듯 칠해줍니다. 아직까지는 디테일하게 작업하지 않아도 됩니다.

Technique

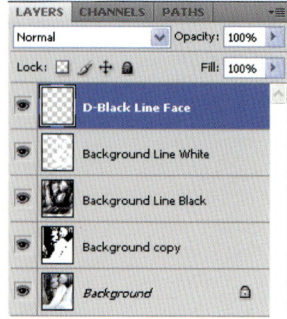

12   이제 세부적인 라인을 만들기로 하겠습니다. 새로운 레이어를 만들고, 이름을 D-Black line Face 라고 붙입니다.

13   브러시를 선택한 다음, 칼라를 블랙으로 하고, 사이즈를 10정도로 가늘게 합니다.

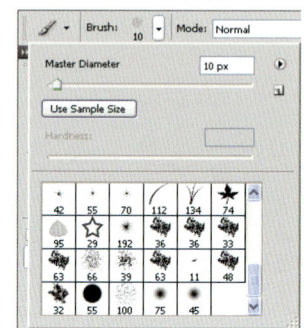

14   이제 처음보다는 덜 러프하게 묘사를 시작합니다. 선 맛이 살아나도록 낙서를 한다는 느낌으로 그려주면 효과적입니다. 윤곽을 살려주어 구체적인 이미지를 만들어 주게 됩니다. 선이 여러 번 겹쳐질 수록 좋습니다.

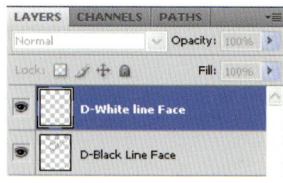

15   이젠 반대로 흰색 라인으로 묘사를 시작합니다. 새로운 레이어를 만들고, 이름을 D-White line Face 라고 붙입니다.

16   브러시를 선택한 다음 색상을 흰색으로, 브러시 사이즈를 10으로, Flow 50% 하고 방금처럼 밝은 영역을 묘사합니다. 점차 인물의 눈, 코, 입의 윤곽이 구체적으로 드러납니다.

17   새로운 레이어를 만들고, 이름을 Color Mode1로 붙입니다.

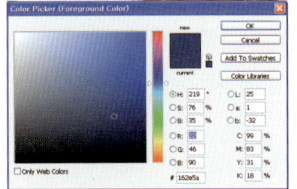

18   페인트 툴을 선택하고, 칼라를 R:22 G:46 B:90 으로 합니다. 여기에서는 블루 계열로 했지만, 브라운 계열로 해도 좋은 이미지가 나옵니다.

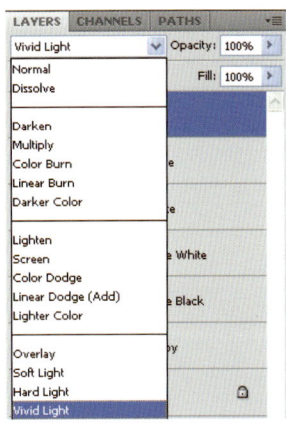

19 레이어를 칼라로 채우고, 레이어 모드를 Vivid Light로 합니다. 그러면 브러시 라인들에 블루 계열의 색감이 묻어나며 보다 깊이 있는 느낌이 됩니다.

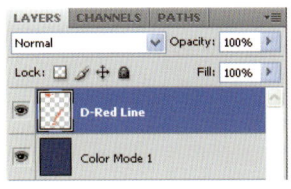

20   새로운 레이어를 만들고, 이름을 D-Red Line으로 붙입니다. 그리고 예제 이미지와 같이 낙서하듯 스크레치를 그립니다. 이 때 포인트를 나타내는 색감을 선택하는 것이 좋습니다.

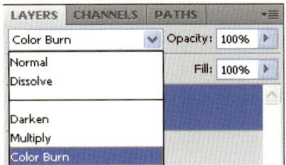

21   다음으로 D-Red Line 레이어의 모드를 Color Burn으로 바꿔서 밑그림에 착색된 느낌이 되도록 합니다.

Technique

22   다음으로 12_source02.jpg 파일을 열고, 작업창에 끌어다 놓습니다. 이 소스는 전체적인 완성도를 높이기 위해서 사용될 이미지 입니다.

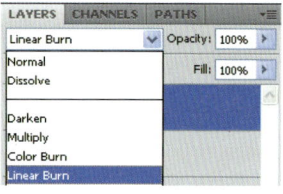

23   레이어의 모드를 라이너 번(linear burn)으로 바꾸어 소스의 텍스처가 밝은 부분에 나타나도록 합니다. 얼굴 부분에 질감이 표현되며, 좀 더 유화적인 느낌으로 변화한 것을 알 수 있습니다.

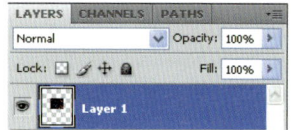
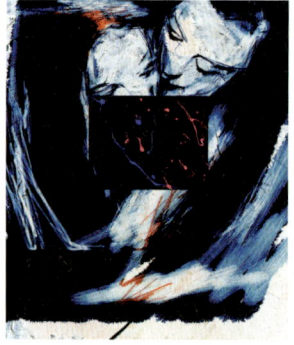

24   마지막으로, 물감이 튄 자국을 내기 위해 텍스처를 활용해서 마무리합니다. 제공되는 12_source03.jpg 이미지를 열고, 작업창에 끌어다가 놓습니다.

25   레이어 모드를 Screen으로 바꿉니다. 그러면 블랙부분이 투명해지면서 나머지 부분들이 예제 이미지처럼 자연스럽게 합성됩니다.

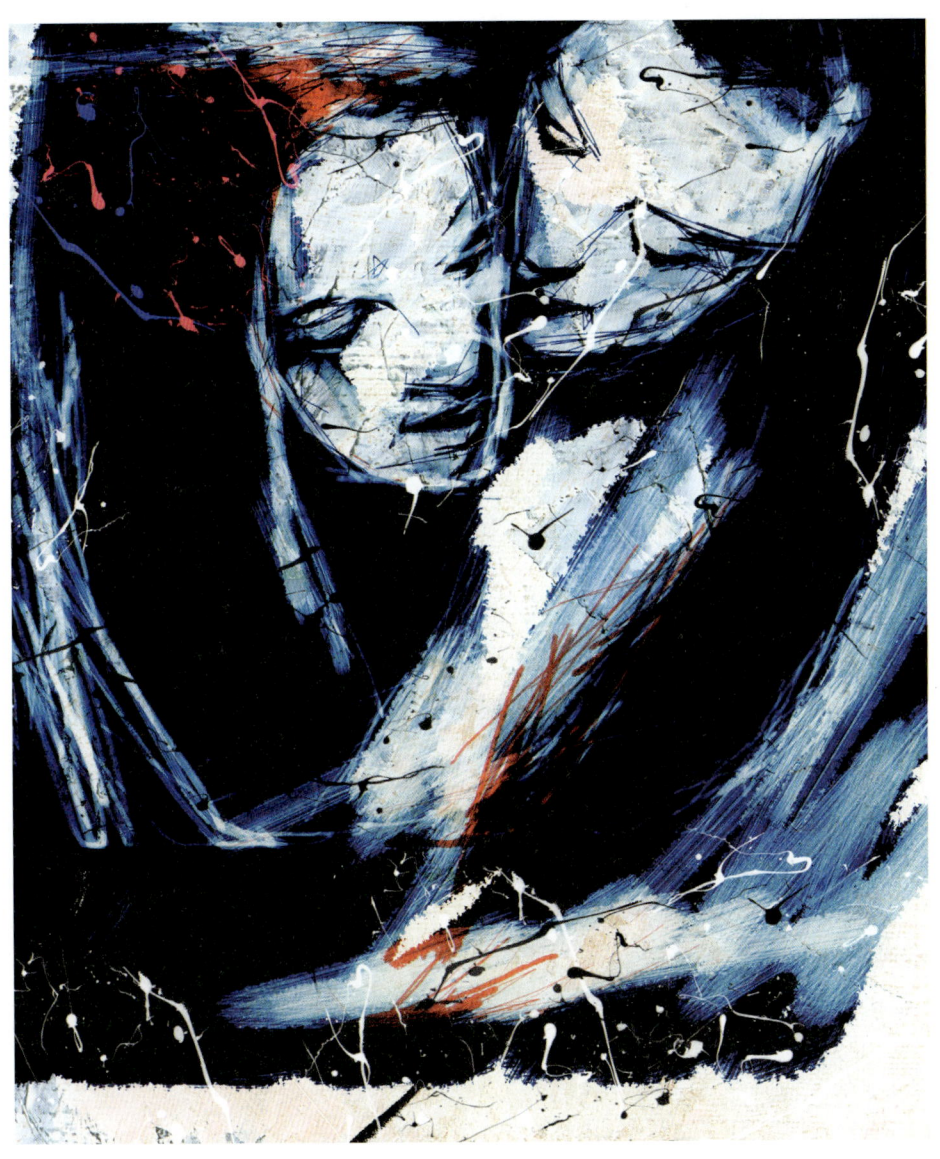

[26] 이제 마무리할 시간입니다. 덧붙인 소스 예제들을 각자 원하는 느낌으로 위치와 크기를 바꾸어 가며 정리해 보면 멋진 작품으로 마무리될 것입니다.

Chapter 13
Jazz Illustration With Brush

재즈 스타일의 일러스트 효과

포토샵에서도 빈티지하거나 고풍스러운 느낌을 얼마든지 표현할 수 있다. 포토샵 브러시를 이용해 오래된 듯한 질감을 표현한 재즈적인 일러스트 느낌을 이번 튜토리얼에서 배워보겠습니다.

Keypoint
브러시와 합성 모드의 효과적 활용

이번 튜토리얼은 앞서 작업했던 브러시를 이용한 연출의 연장선으로 생각하면 좀 더 이해가 쉬울 것입니다. 여기에서는 아주 고풍스러운 느낌의 일러스트레이션과 타입 세팅, 그리고 세심한 주의력을 필요로 합니다.

훌륭한 느낌의 연출을 원한다면 모든 일을 컴퓨터가 아닌 손으로 그리고 브러시로 장시간의 노력을 기울여야 합니다. 하지만 포토샵의 브러시를 잘 활용한다면 오히려 실제 브러시로 연출이 불가능한 이미지까지도 표현할 수 있습니다. 특히 포토샵의 합성기능과 브러시를 유기적으로 잘 활용한다면 상당히 다이내믹한 현대적인 연출까지도 가능합니다.

이전의 작업이 브러시를 이용했다면, 이번에는 브러시 텍스처를 적당히 활용하면서 재즈틱한 디자인을 만들어 볼 것입니다. 이번 튜토리얼에서 배워볼 것은 실무에서 원하는 자료나 소스들의 퀄리티가 만족스럽지 못할 때, 이런 상황들을 오히려 장점으로 활용할 수 있는 방법들입니다. 디자인에서 반드시 고화질의 이미지 소스로 작업을 해야 좋은 결과를 만들 수 있다는 고정관념이 이번 작업을 통해서 바뀔 수 있기를 바랍니다.

자, 이제 완벽하지 못한 원본 이미지를 브러시와 그 밖의 요소들을 활용하여 세련된 질감의 이미지로 연출해 보겠습니다.

Technique

01_ 작업창에 제공되어진 13_source01.jpg 파일을 찾아 엽니다. 소스를 열어보면 오래 되고 빛 바랜 사진임을 금방 알 수 있습니다. 이런 이미지로 과연 무엇을 할 수 있을까 싶을 것입니다. 지금부터 이미지의 새로운 변신을 시도해 보도록 하겠습니다.

02_ 지금부터 인물의 얼굴 부분을 전혀 다른 이미지로 채워 넣음으로써, 일러스트적인 느낌으로 바꿀 것입니다. 먼저 인물의 얼굴과 손의 디테일을 지워줄 것입니다. 펜 툴을 선택하고, 인물의 얼굴 외곽선을 따냅니다.

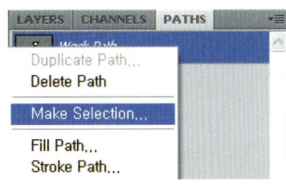 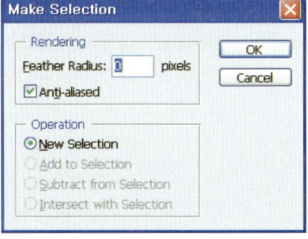

03_ 선택 부분을 선택 영역화 시키기 위해 패스 팔레트로 이동하여, 우 클릭하여 Make Selection을 선택합니다.

04_ 다음으로, Feather Radius를 0 pixels로 설정합니다. Feather 값은 일러스트적인 느낌을 주기 위해 가능한 0으로 설정하는 것이 좋습니다.

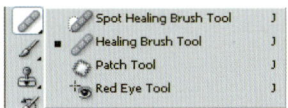

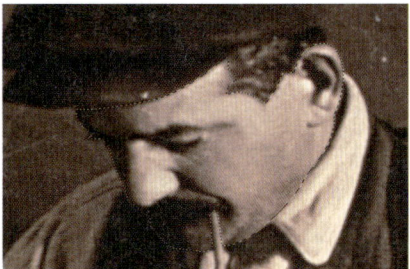

05_ 다음으로, 툴 팔레트에서 힐링 브러시 툴Healing Brush Tool을 선택합니다. 힐링 브러시 툴은 반창고 툴이라고도 하는데, 도장 툴보다 자연스러운 합성이 가능합니다.

06   다음으로, Alt 키를 누른 상태에서 인물의 볼 부분을 클릭하고, Alt를 떼고 안면부에 브러시를 칠합니다. 이 때는 명암을 고려해서 얼굴의 앞 부분을 어둡게, 볼 쪽을 약간 밝게 해주는 것이 자연스럽습니다. 올가미 툴(Lasso Tool)로 얼굴을 선택한 후 패더값 적용, 가우시안 블러를 적용해도 괜찮을 것입니다.

07   이제 인물 부분을 따로 레이어로 복제할 것입니다. 배경 처리를 위해서입니다. 펜 툴을 선택하고 인물을 따라 그립니다.

08   다음으로, 패스 팔레트로 가서 우 클릭하여 Make Selection을 선택합니다. Feather Radius는 1 pixels로 설정합니다.

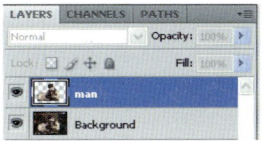

09   다음으로, 〈Ctrl+J〉 하여 선택된 부분을 레이어화 하고, 이름을 man이라고 붙입니다. 레이어를 구분하는 이유는 배경에 다른 Background를 삽입하기 위해서입니다.

Technique

10   레이어 팔레트에서 man 레이어를 선택하고, 펜 툴로 모자를 선택합니다. 모자부분은 블랙으로 단색 처리하려고 합니다. 여기에서는 어두운 계열이 적당하다고 판단했지만, 취향에 따라 비비드 vivid한 계열로 작업하는 것도 가능합니다.

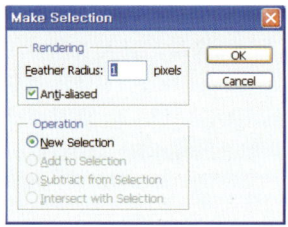

11   다음으로, PATHS 팔레트로 가서 우 클릭하여 Make Selection을 선택하고, Feather Radius는 1 pixels로 설정합니다.

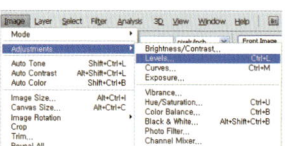

12   다음으로, Image ⇒ Adjustments ⇒ Levels을 적용합니다(Ctrl+L). 혹은 Brightness&Contrast 로 해도 무방하지만 가능한 Levels 값으로 조절하는 것이 편합니다.

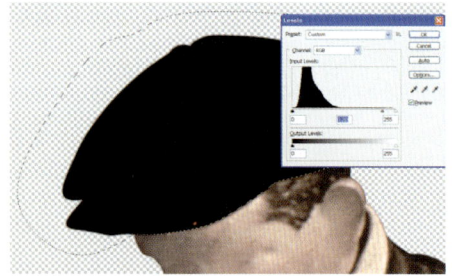

14   펜 툴로 옷의 조끼 부분을 선택합니다. 모자와 마찬가지로 이 부분의 영역을 어둡게 할 것입니다. 이 부분을 작업할 땐 인물의 손 모양이나 파이프 등 다른 오브젝트의 영역이 겹치지 않도록 합니다.

13   값을 0, 0.20, 255로 설정합니다. 그러면 모자 부분이 어둡게 변할 것입니다.

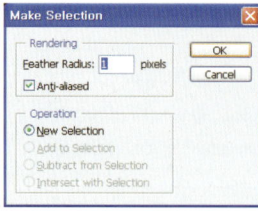

15   다음으로, 패스 팔레트로 가서 우 클릭하여 Make Selection을 선택하고, Feather Radius를 1 pixels로 설정합니다.

 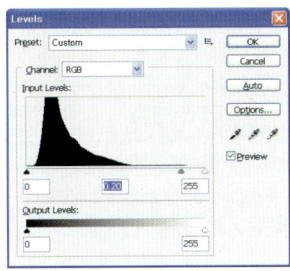

16 그런 다음, Image ⇒ Adjustments ⇒ Levels을 적용하고, 값을 0, 0.20, 255로 설정합니다. 그러면 조끼 부분도 어두워질 것입니다.

17 꺼 두었던 Background 레이어를 켜면 예제 이미지와 같이 작업이 진행되어 있을 것입니다. 어느 정도 일러스트적인 느낌이 표현된 것을 알 수 있습니다. 하지만 아직 원본이 사진이라는 느낌을 완전히 지울 수는 없습니다.

18 이제 브러시 텍스처를 배경으로 활용하겠습니다. 제공되는 13_source05.jpg 파일을 열고, 작업창으로 드래그하여 예제 이미지와 같이 위치시킵니다.

Technique

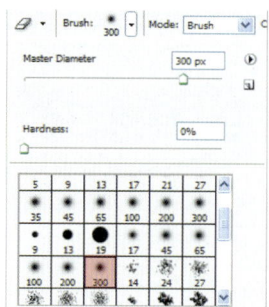

19   다음으로, 〈Ctrl+T〉 하여 작업창에 맞게 확대시키고, 예제 이미지와 같이 하단 부분을 지우개 툴로 살짝 지워 줍니다. 아직까진 어색하게 배경처리가 되었지만, 앞으로 다른 작업들이 추가될 것이기 때문에 크게 신경 쓰지 않아도 됩니다. 레이어모드를 하드라이트를 해도 괜찮습니다.

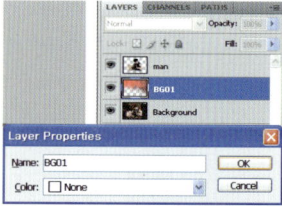

20   작업의 편의를 위해 텍스처로 사용된 레이어의 이름을 BG01로 바꿉니다.

21   이전에 사용했던 그래픽 소스들을 다시 사용해 보도록 하겠습니다. 작업 시간이 허락된다면 이러한 소스를 직접 디자인하는 것도 좋습니다. 먼저 제공되는 13_source02.psd 이미지를 엽니다.

22   그런 다음, 제공되는 13_source02.psd 이미지에서 color ink drop big를 작업 창으로 끌어다 놓고 〈Ctrl+T〉 하여 예제 이미지와 같이 적당한 크기로 키웁니다.

23   다음으로, color ink drop big 레이어를 복제하여 레이어 팔레트 상단에 위치시킵니다. 레이어의 위치를 옮긴 이유는 정확한 위치를 잡기 위해서입니다. 복제 방법은 우 클릭하여 Duplicate Layer를 누르는 것과 레이어를 체크된 곳에 드래그시킬 수 있습니다.

24   그리고 〈Ctrl+T〉 하여 크기를 키웁니다.

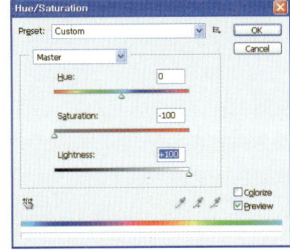 

25   그런 다음, Image ⇒ Adjustments ⇒ Hue/Saturation을 적용하고, Saturation을 −100으로 하고, Lightness를 100으로 하여 잉크 컬러를 흰색으로 바꿉니다.

Technique

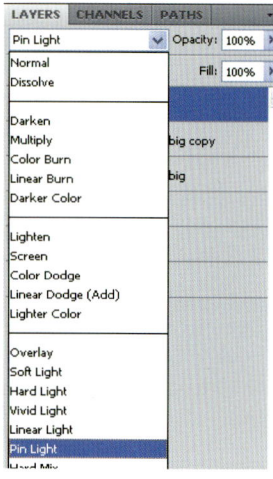

26   레이어 팔레트의 man 레이어를 상단에 위치시키고, 레이어 모드는 Pin Light로 설정합니다.

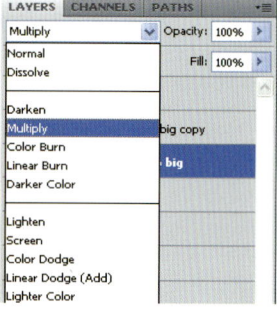

27   그리고 레이어 팔레트의 color ink drop big 레이어의 모드를 Multiply로 바꿉니다.

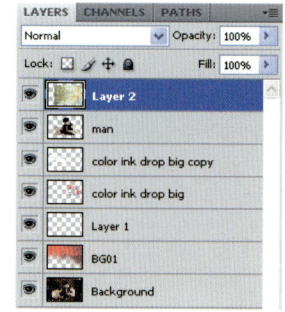

28   전체적인 질감 표현을 위해 다른 텍스처를 입혀 보겠습니다. 제공되는 13_source04.jpg 이미지를 열고, 작업창으로 끌어다 놓습니다.

29   그런 다음, 〈Ctrl+T〉하여 사이즈를 캔버스 크기로 키우고, 레이어 모드는 Multiply로 설정합니다. 이 과정을 거치는 이유는 배경과 잘 어울리도록 하는 것입니다. 이렇게 함으로써 배경에 사용된 유화 물감의 질감을 그대로 살릴 수 있습니다.

재즈 스타일의 일러스트 효과   113

30   방금 작업한 텍스처 레이어를 하나 더 복제하고, 레이어 모드를 Overlay로 설정합니다. 더욱 선명한 느낌을 위해서입니다. 다른 합성모드로 변환하면서 의도에 맞는 느낌을 골라도 됩니다.

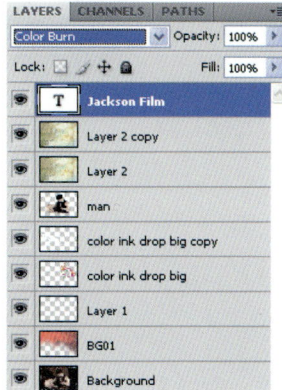

[31]   이렇게 하여 모든 작업이 끝났습니다. 이제 분위기와 어울리는 폰트로 자신의 서명을 넣고 마무리 합니다. 예제 이미지와 같이 텍스트에 블랜딩 모드를 설정해주면 더욱 더 효과가 있다.

Chapter 14
Blur Activity Images

블러를 이용한 생동감 넘치는 이미지 연출

가장 많이 사용하면서도 잘 쓰지 못하는 기능이자 미숙하게 사용할 경우 가장 큰 낭패를 불러오는 기능이 바로 블러입니다. 그만큼 쓰임의 재주가 많습니다. 여기에서는 생동감 넘치는 이미지를 만드는 방법을 배워보겠습니다.

Keypoint
Radial 블러와 History 브러시의 효과적인 사용

블러blur는 포토샵에서 가장 많이 쓰이는 기법이면서도 잘 쓰는 유저가 많지 않습니다. 모든 경우가 그렇듯이 블러는 자칫 미숙하게 사용했다가 큰 낭패를 보기 십상입니다. 보통 오브젝트에 움직임을 주기 위해 사용하는 블러 기능은 그 외에도 생명력을 불어 넣어 줄 수 있고, 카메라의 뷰 파인더로 보듯이 깊은 심도를 표현할 수도 있습니다. 이렇듯 재주가 아주 많은 기능입니다.

　　패션잡지에서 블러 효과를 넣은 사진을 자주 발견할 수 있습니다. 이는 흔들림의 효과를 넣은 재가공된 사진이지만, 경우에 따라서는 사물의 느낌을 실감나게 표현하기 위해 아예 흔들린 사진을 쓰기도 합니다. 이런 경우에 사용하는 블러는 미세하고 디테일하게 사용해야 그 진가가 더욱 발휘됨은 물론입니다.

　　모든 이미지 작업이 그렇듯이 한번에 쉽게 되는 경우는 거의 없습니다. 이번 튜토리얼에서는 효과적으로 블러를 사용하는 방법과 히스토리 브러시를 접목하여 색다르게 툴을 다루는 방법을 배워보겠습니다.

Technique

01   작업창에 제공되는 14_source01.psd 이미지를 엽니다(Ctrl+O). 레이어를 자세히 보면 각각의 인물들이 레이어화 되어 있음을 알 것입니다. 현재의 이미지는 다소 산만하게 흩어져 있습니다. 이런 이미지를 블러Blur 만을 활용하여 깔끔하게 다듬어 보겠습니다.

02   블러로 표현할 수 있는 건 다양합니다. 심도, 움직임, 미세한 카메라 흔들림 등이 있습니다. 작업은 '물체의 움직임 ⇒ 심도 ⇒ 카메라 흔들림' 순으로 하는 것이 좋습니다. people1 레이어를 복제하고(Ctrl+j), 이름을 people1_blur 라고 붙입니다.

03   다음으로, people1_blur 레이어를 선택하고, Filter ⇒ Blur ⇒ Gaussian Blur를 적용합니다. 여기에서 가우시안 블러Gaussian Blur는 단지 흐리게 적용할 때 사용합니다.

04   그런 다음, 블러 값을 13으로 합니다. 블러 값은 같은 값이라도 해상도에 따라 다르게 적용되기 때문에 적당한 값으로 설정합니다.

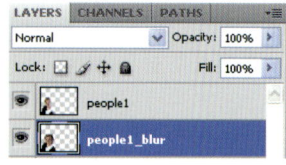

05   지우개 툴Eraser Tool로 people1의 레이어 인물의 오른쪽 부분을 지워줍니다. 그리고 레이어 팔레트 상의 people1_blur 레이어 위에 위치시킵니다.

06 다음으로, 마퀴^{Marquee} 툴을 선택하고, people1_blur 레이어 인물의 오른쪽 부분을 예제 이미지와 같이 선택합니다. 그 이유는 그 영역에만 블러를 적용하기 위해서입니다.

07 다음으로 Filter ⇒ Blur ⇒ 모션 블러^{Motion Blur}를 적용합니다. 모션 블러는 움직임을 나타내기 위해 사용합니다.

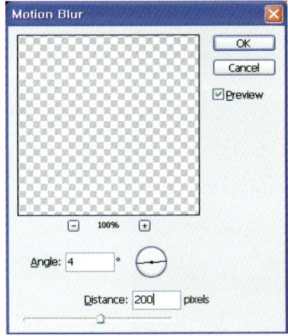

08 다음으로, Angle:4, Distance 값을 200pix로 합니다.

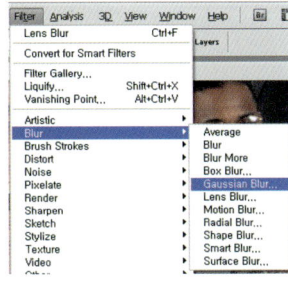 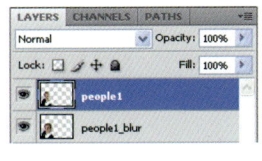

09 이제 심도를 표현하기 위해 가장 앞부분의 인물들은 포커스를 흐리게 할 것입니다. people1 레이어에도 Filter ⇒ Blur ⇒ Gaussian Blur를 적용합니다.

10 다음으로, 가우시안 블러 레디우스^{Gaussian Blur Radius} 값을 9로 설정합니다.

11 작업창을 보면 앞사람과 뒷사람 사이의 공간감이 느껴질 것입니다. 어느 정도의 움직임도 표현되었습니다.

Technique

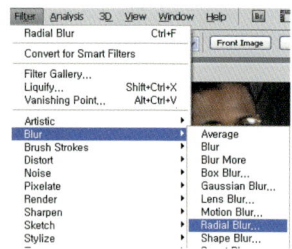 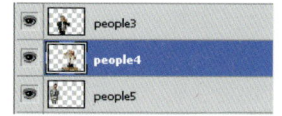

12   이제 레디얼 블러Raidal Blur를 사용해 볼 것입니다. People4 레이어를 선택하고, Filter ⇒ Blur ⇒ Radial Blur를 적용합니다.

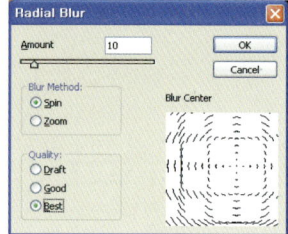

13   그런 다음, Amount를 10으로 하고, Blur Method를 Spin으로 설정합니다. Quality는 Best로 합니다. 그리고 Blur Center는 약간 오른쪽으로 이동시킵니다. 센터를 이동시키는 이유는 움직임의 중심을 인물에 맞추기 위해서입니다.

14   그럼, 예제 이미지와 같이 표현되었을 것입니다.

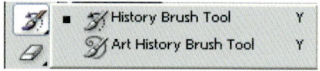

15   툴 팔레트에서 히스토리History 브러시를 선택하고, 히스토리 팔레트를 엽니다. 히스토리 브러시는 작업 진행 상황의 전 단계로 돌아갈 수 있게 됩니다.

 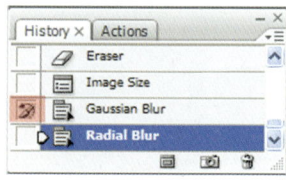

16   다음으로, 히스토리 팔레트에서 레디얼 블러를 적용하기 전에 액션을 체크합니다.

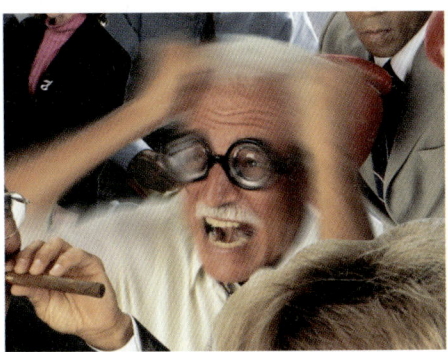

17   다음으로, 히스토리 브러시로 인물의 얼굴을 칠하면 블러가 사라질 것입니다. 레디얼 블러를 적용하기 전의 상태로 돌아가는 것입니다.

18   같은 방법을 people5 레이어에 그대로 적용합니다. People5 레이어를 선택하고, Filter⇒Blur⇒Radial Blur를 적용합니다. 필터를 적용하기 전에 레이어를 복사한 후 필터를 적용하고, 그 후 마스크를 씌워서 작업하는 방법도 있습니다.

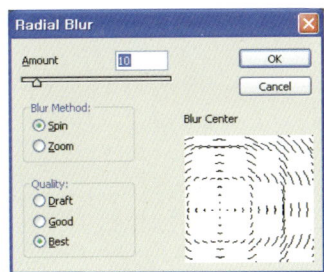

20   예제 이미지와 같이 몸 전체가 흔들리는 듯이 표현되었을 것입니다.

19   그런 다음, Amount를 10으로 하고, Blur Method를 Spin으로, Quality를 Best로 각각 설정합니다. 그리고 Blur Center를 약간 왼쪽으로 이동시킵니다.

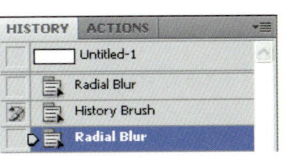

21   조금 전과 마찬가지로 히스토리 브러시를 선택하고, 히스토리 팔레트를 엽니다. 그리고 바로 전의 작업 단계에 체크를 합니다.

Technique

22 그런 다음, 히스토리 브러시의 사이즈를 800px 정도로 하고, 인물의 오른쪽 부분을 지워줍니다. 지운다고 표현했지만, 실은 히스토리 브러시로 Brushing을 하는 것입니다.

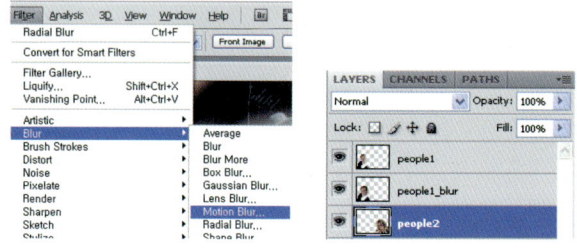

23 이제, 맨 앞의 인물에 약간의 모션 블러를 적용하겠습니다. People2 레이어를 선택하고, Filter ⇒ Blur ⇒ Motion Blur를 적용합니다.

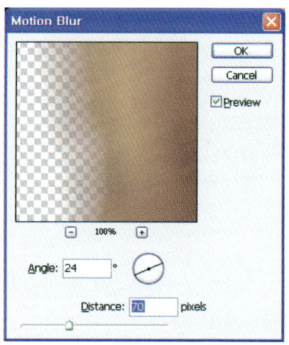 

24 그런 다음, Angle을 24도로 하고, Distance를 70 pixels로 하여 얼굴과 좌우로 움직이는 듯한 느낌을 만듭니다.

 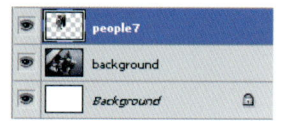

25 이제 심도를 표현하기 위해 가장 뒤쪽의 인물들에 블러를 적용하겠습니다. people7 레이어를 선택하고, Filter ⇒ Blur ⇒ Lens Blur를 적용합니다.

26 그런 다음, Iris 옵션에서 Radius를 25로 합니다. 배경을 흐릿하게 만들어줌으로써 공간감을 표현합니다.

27 레이어 팔레트의 Background 레이어를 선택한 다음, 마찬가지로 렌즈 블러를 적용하고, Radius 값을 80으로 합니다.

28 다음으로, people6 레이어도 지금까지의 방법을 응용하여 다듬어 보겠습니다. 권투 글러브의 움직임을 살리기 위해 레디얼 블러도 활용해 보고, 가우시안 블러도 적용하여 봅니다. 여기에서는 예제 이미지와 같이 적용하였습니다.

Technique

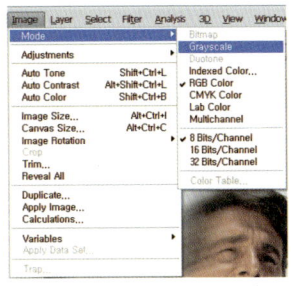
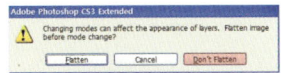

29   이제 마무리 단계입니다. 먼저 흑백사진 느낌을 나타내기 위해 그레이 모드로 바꿉니다. Image ⇒ Mode ⇒ Grayscale을 적용합니다. 옵션으로 Don't Flatten을 선택하여 레이어를 살립니다.

30   다시 Image ⇒ Mode ⇒ RGB를 적용합니다. 옵션은 Don't Flatten을 설정합니다. 여기에서는 개별적으로 채도를 낮출 수도 있겠지만, 필자는 시간 단축을 위해서 이렇게 했습니다.

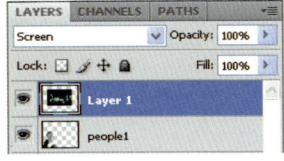

31   다음으로, 제공되는 14_source02.jpg 이미지를 열고, 창으로 끌어다 놓은 다음 레이어 팔레트의 모드를 Screen으로 설정합니다. 여기에서 스크린 모드는 블랙 영역을 투명하게 해줍니다.

32   그런 다음, 〈Ctrl+T〉 하여 FreeTrasform 하여 크기를 늘립니다. 이미지의 사이즈에 맞추는 것입니다. 물론 약간의 해상도가 떨어지겠지만, 크게 무리는 없습니다.

33 마지막으로, 새로운 레이어를 만들고 이름을 color tone으로 붙입니다. 전체적인 색감을 만들기 위한 것입니다.

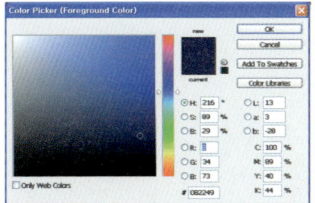

34 페인트 툴을 선택한 다음 칼라를 어두운 블루계열 R:8 G:34 B:73으로 선택합니다.

[35] 페인트를 붓고, 레이어 모드는 Exclusio을 적용하여 빛 바랜 사진 느낌으로 완성합니다.

Chapter 15
Multi Layer + Drop Shadow EFX

다중 레이어와 드롭 셰도우를 이용한 연출

드롭 셰도우는 누구나 자주 사용하는 도구지만 그 쓰임에 따라 대단히 훌륭한 아트웍을 만들 수 있습니다. 이를 이용하여 인물의 얼굴에 신비감을 나타낼 수 있는 방법을 배워 보겠습니다.

Keypoint
다중 레이어와 드롭 셰도우 기법

이번 튜토리얼의 컨셉은 얼굴이 조각난 듯한 이미지를 연출하는 것입니다. 얼굴 표면의 일부분을 선택하여 그 부분을 레이어화시키고, 여기에 드롭 셰도우를 적용하여 깊이감을 더해 주면서 점점 조각난 이미지로 변신시키는 것입니다. 이는 가장 쉽게 접근할 수 있는 방법입니다. 하지만 좋은 결과는 디자이너의 감각이 무척 많이 요구되는 작업입니다. 대부분이 경험했겠지만, 어느 작업이든 대단한 스킬이 요구되는 아트웍은 생각보다 많지 않습니다. 드롭 셰도우 기능이 그렇습니다.

포토샵을 다루면서 드롭 셰도우를 못하는 디자이너는 거의 없을 것입니다. 어쩌면 '드롭 셰도우 따위…'로 생각하는, 이런 기본 기능을 무시하는 경우도 많을 것입니다. 하지만 해외의 디자이너들이 이런 기본적인 기능만으로도 매우 멋진 아트웍을 만들어 내는 것을 보면, '정말 기가 막힌 아이디어로군!'하면서 감탄하는 경우가 많습니다. 이 튜토리얼을 통해서 포토샵의 기본 툴에 대한 마음가짐을 바꾸어 볼 수 있으면 어떨까 하는 심정으로 시작하겠습니다.

Technique

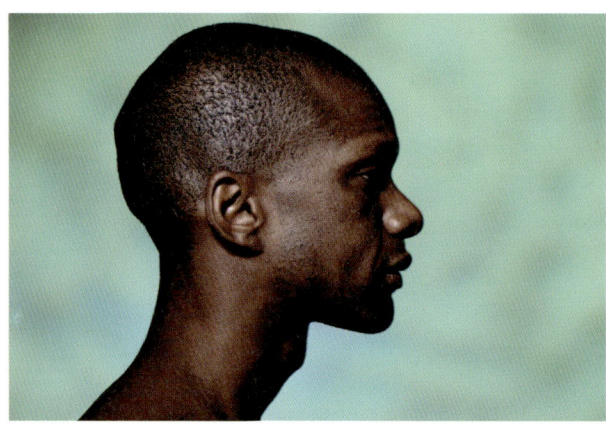

01   작업창에 제공되는 15_source01.jpg 이미지를 찾아 엽니다. 흑인 남성의 이미지입니다. 예제의 이미지처럼 측면 사진을 활용하는 것이 작업하기에 좀 더 수월합니다.

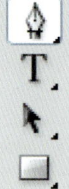

02   이제 인물의 얼굴 골격 중 가장 앞부분부터 부분적으로 레이어화시켜 보겠습니다. 우선 광대뼈부터 시작하여 코와 뒤통수 부분의 순서로 얼굴을 분할하여 보겠습니다. 펜 툴을 선택한 다음, 광대뼈라고 생각되는 부분을 선택합니다.

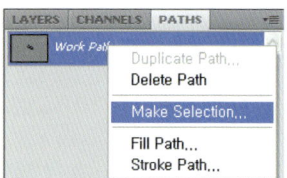
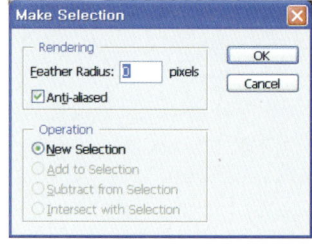

03   다음으로, 패스 Paths 팔레트로 이동하여 우 클릭하여 Make Selection을 적용합니다.

04   그런 다음, Feather Radius를 0 pixels로 설정합니다.

05   다음으로, 〈Ctrl+J〉하여 선택한 부분만을 새로운 레이어로 복제합니다. 편의상 새로 생기는 레이어는 숫자로 이름을 붙입니다. 여기에서는 L01로 하였습니다. 선택부분을 복제할 때는 꼭 Background를 선택하고 적용시켜야 합니다.

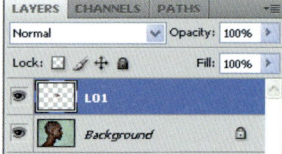

다중 레이어와 드롭 셰도우를 이용한 연출

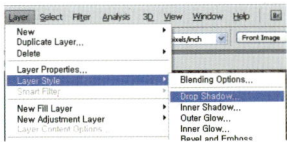

06 다음으로, L01 레이어를 선택하고, Layer ⇒ Layer Style ⇒ Drop Shadow를 선택합니다. 그림자는 물체가 떠보이게도 하지만 아래에 놓인 이미지를 깊게 보이게도 합니다.

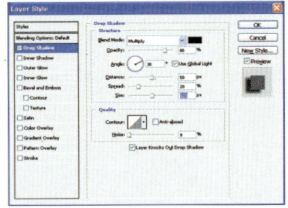

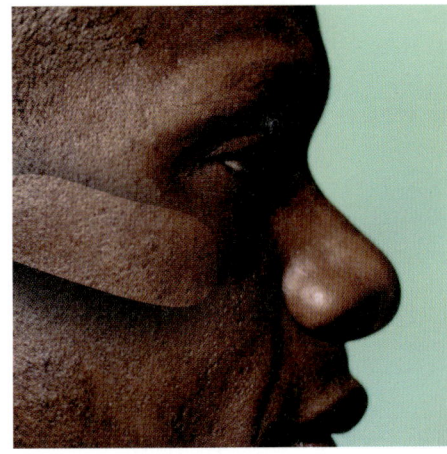

07 그런 다음, Opacity를 80%, Distance를 50px, Spread를 20%, Size를 120px로 각각 설정합니다. 자연스러운 느낌을 위해 설정한 값이므로, 이 값은 사용자가 임의로 얼마든지 조정할 수 있습니다.

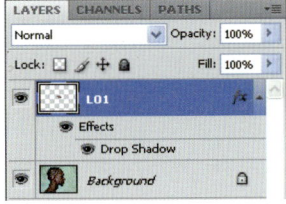

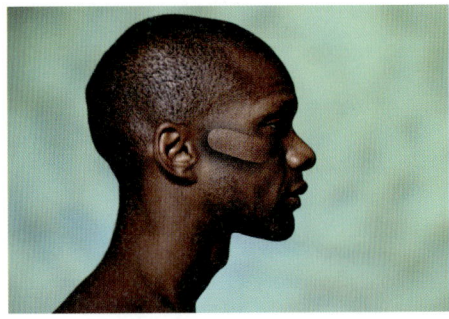

08 이 작업을 마치면 광대뼈 부분이 분리되어 떠 있는 느낌이 됩니다. 이 작업을 계속 반복해 보도록 하겠습니다.

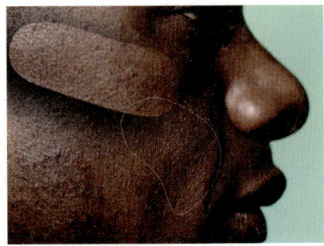

09 다시 Background 레이어를 선택하고, 팬 툴로 광대뼈 옆 부분을 그립니다. 근육방향을 따라 그리면 자연스럽습니다.

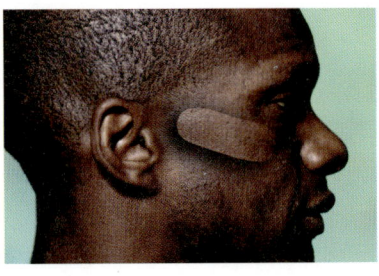

10 다음으로, 패스 팔레트로 이동하여 우 클릭하여 Make Selection을 적용한 다음, Feather Radius를 0 pixels로 설정합니다. 예제 이미지와 같이 선택된 것을 확인할 수 있습니다.

Technique

11   다음으로, 〈Ctrl+J〉 하여 선택한 부분만을 새로운 레이어로 복제합니다. 이름을 L02로 붙입니다.

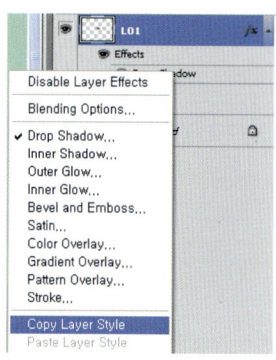

12   이제 좀 전에 작업한 드롭 쉐도우 Drop Shadow를 적용할 것입니다. L01을 선택하고, 우 클릭하여 Copy Layer Style을 선택합니다.

13   다음으로, L02를 선택하고 우 클릭하여 Paste Layer Style을 적용합니다.

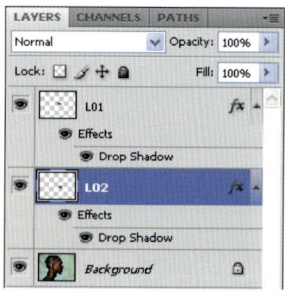

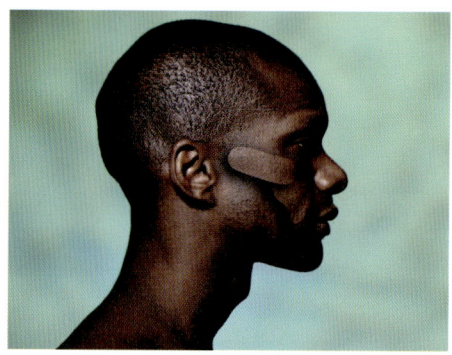

14   그러면 L01에 적용되었던 레이어 스타일이 그대로 복제되어 적용된 것을 볼 수 있습니다.

15   그런 다음, Background 레이어를 선택하고, 턱 부분을 펜 툴로 지금까지 해온 방법으로 턱 선을 따라 그립니다. 이 부분도 최대한 근육의 방향이 살아나도록 그립니다. 물론 어느 정도의 상상력이 필요하겠지요.

16   그런 다음, 패스 팔레트로 가서 우 클릭하여 Make Selection을 적용합니다. Feather Radius는 0 pixels로 합니다.

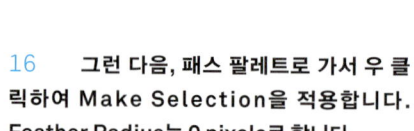

다중 레이어와 드롭 셰도우를 이용한 연출 129

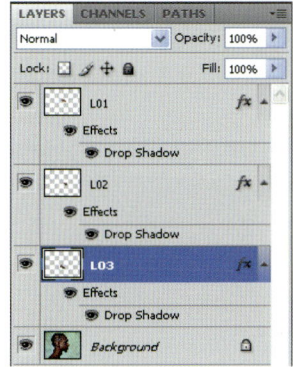
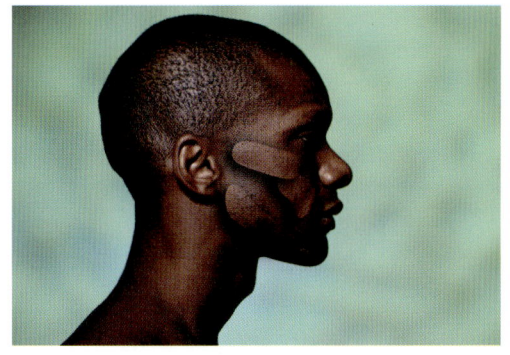

17 다음으로, 〈Ctrl+J〉 하여 선택한 부분 만을 새로운 레이어로 복제하고, 우 클릭하여 Paste Layer Style을 적용합니다.

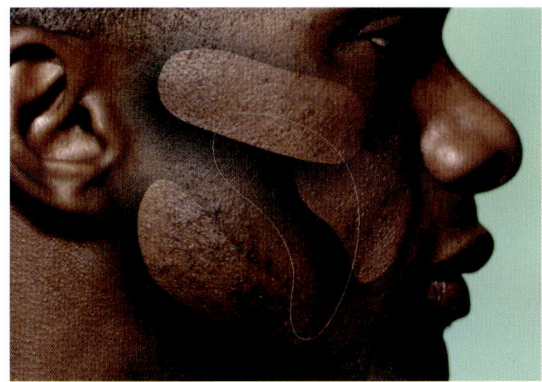

18 이 작업을 보면 알 수 있듯이 같은 작업의 반복입니다. 얼굴의 볼을 더 쪼개보도록 하겠습니다. 마치 사이보그와 같은 느낌으로 연출되도록 상상력을 발휘해서 그립니다.

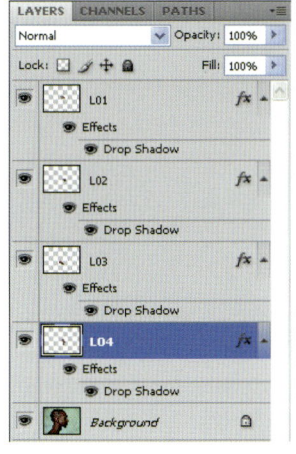
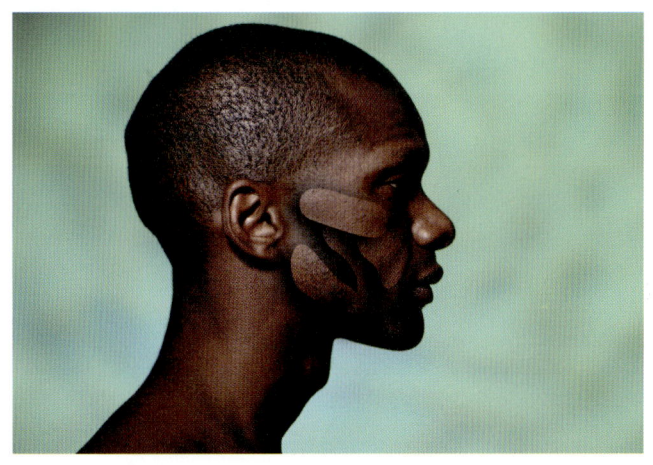

19 마찬가지로 Make Selection을 적용한 후, 〈Ctrl+J〉 Paste Layer Style을 적용합니다. 이 때 Background 레이어를 선택하고 있어야 합니다.

Technique

20 그런 다음, Background 레이어를 선택하고, 펜 툴로 눈 뼈와 턱 아래쪽 부분을 그립니다. 이 부분은 얼굴의 돌출된 부분을 나타내기 위한 것입니다.

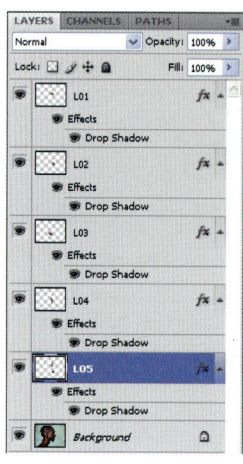
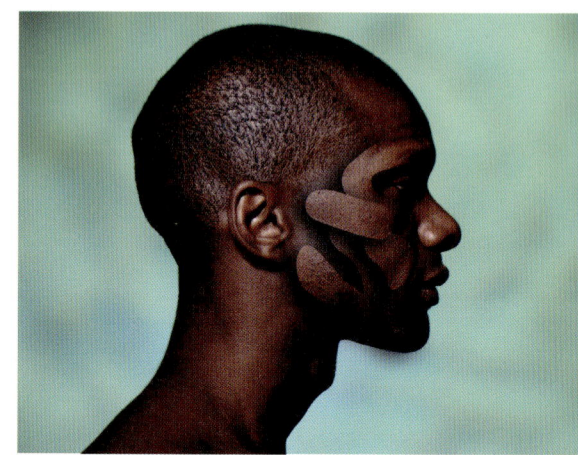

21 다음으로, Make Selection을 적용한 후, 〈Ctrl+J〉 Paste Layer Style을 적용합니다.

22 그리고 광대뼈 앞쪽과 턱 옆쪽을 선택합니다. 이 부분은 특히 돌출되도록 표현할 것입니다.

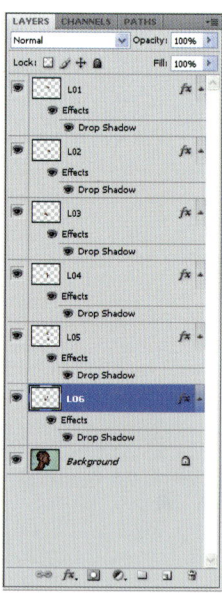
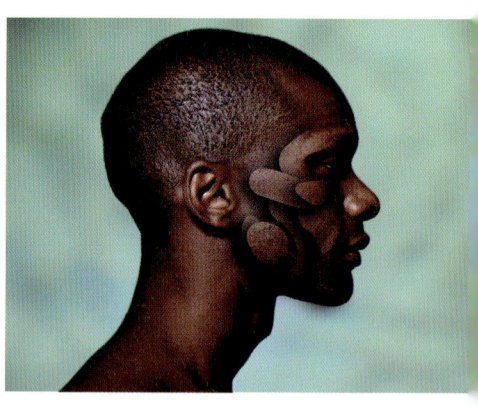

23 그런 다음, Make Selection을 적용한 후, 〈Ctrl+J〉 Paste Layer Style을 적용합니다.

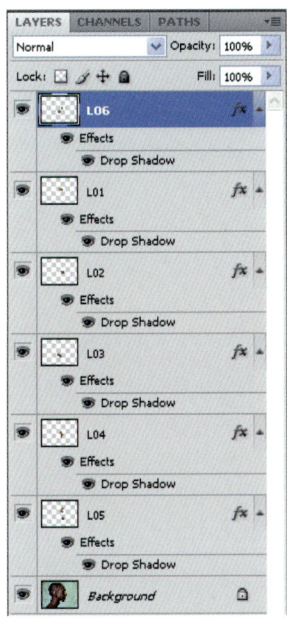

24　방금 작업한 L06 레이어는 레이어 팔레트의 가장 상단에 위치시킵니다.

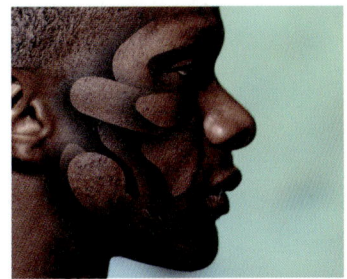 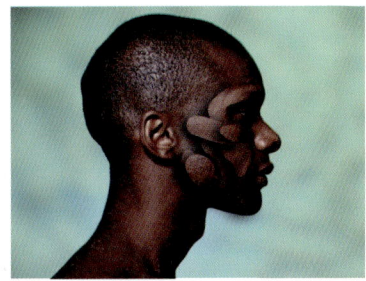

25　지금까지 작업한 이미지를 보면 얼굴이 조각조각 조립된 듯한 이미지가 되었음을 알 수 있습니다.

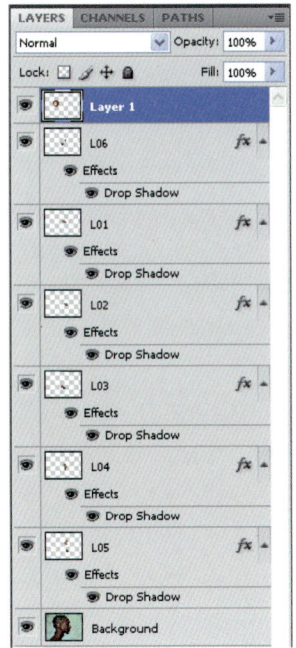

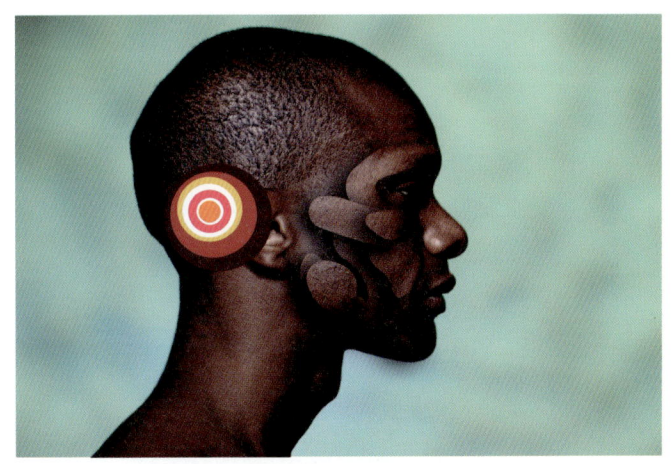

26　이제 컬러풀한 원들이 얼굴에서 새어 나오는 느낌을 만들어 보겠습니다. 제공되는 15_source02.psd 이미지를 열고, 이를 작업창으로 끌어옵니다. 이미지 소스는 필자가 간단하게 미리 만들어 놓은 것입니다. 만약 챕터 09를 진행하셨다면 만들었던 원형 소스를 넣어주셔도 됩니다.

27　작업의 편의를 위해 방금 가져온 이미지 소스의 레이어 이름을 Circle01로 붙입니다.

Technique

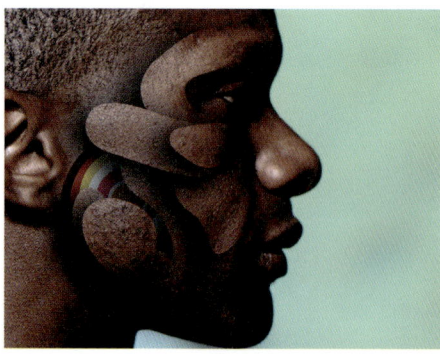

28 레이어 팔레트의 Circle 레이어의 위치를 L05 레이어 위에 위치시킵니다. 마치 얼굴 아래쪽에 공간이 있는 듯이 연출되는 것을 볼 수 있습니다.

29 그런 다음, 〈Ctrl+T〉 하여 FreeTransform을 적용하고 크기를 적당히 줄입니다.

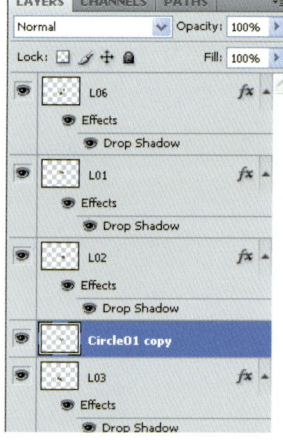
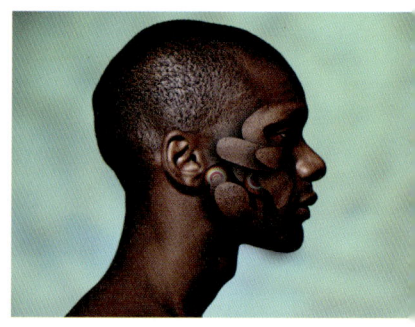

30 다음으로, Circle01 레이어를 복제하여 레이어 팔레트의 L03 레이어 위에 위치시킵니다.

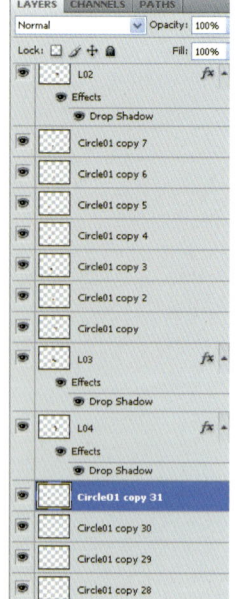
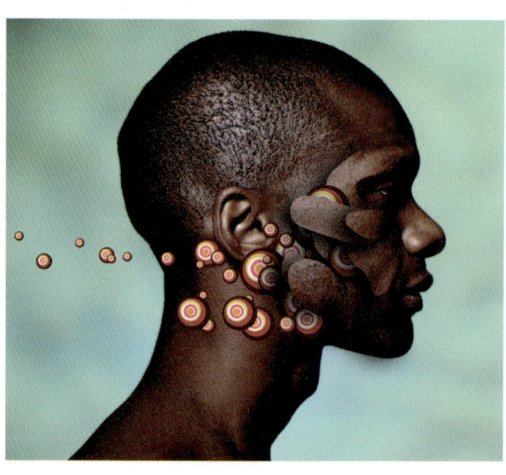

31 이제 이 서클들을 계속 복제하면서 흩날리는 느낌으로 만듭니다. ALT키를 누른 상태로 드래그 하면 쉽게 복사할 수 있습니다.

다중 레이어와 드롭 셰도우를 이용한 연출

[32] 이제 배경처리를 각자 느낌대로 정리하면서 마무리를 하면 됩니다. 여기에서는 아프리카 원주민이 연상되는 느낌으로 연출하였습니다.

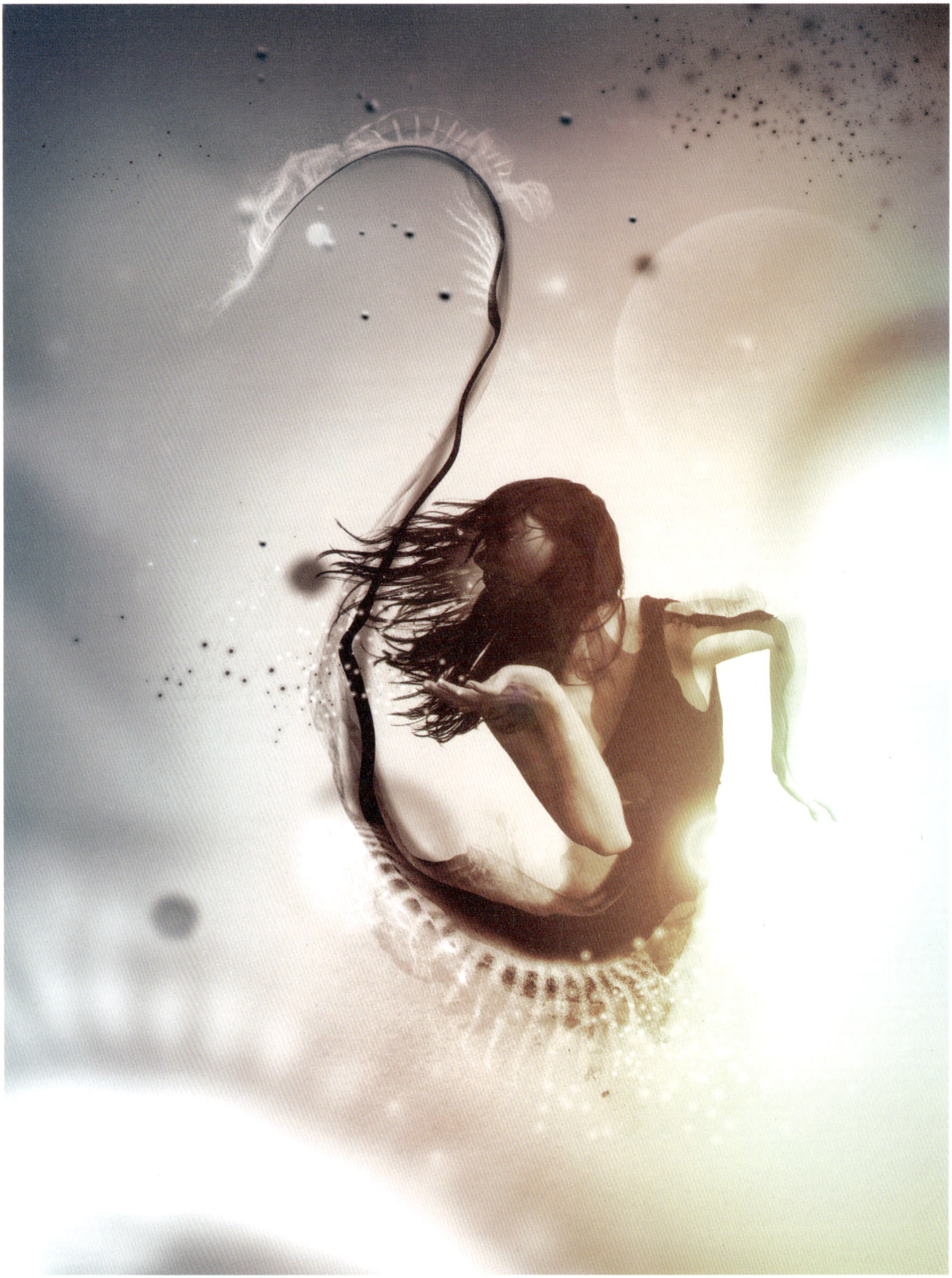

Chapter 16
Warp Tool And Texture Experiments

워프툴과 텍스처를 활용한 실험적인 아트웍

포토샵에서 워프 툴과 다양한 재료들을 마음대로 사용해 이 세상에서는 볼 수 없는 것들을 만들 수 있습니다. 세계적인 디자인 듀오 샷투팝이 설명합니다.

Keypoint
라이팅 테크닉, 크리에이티브한 블렌딩 모드, 사진 구성

샷투팝
Shotopop
샷투팝은 일러스트레이션, 웹, 프린트 디자인, 모션 그래픽 등 장르를 넘나드는 다양한 분야에서 활동하고 있는 캐린 스탠포드Carin Standford 와 캐스퍼 프랭큰Casper Franken 으로 이루어졌다. 브라이튼에서 활동 중이며, 오렌지Orange, MTV, 포터 노벨리Porter Noveli, 델리킷지Delicate 등을 클라이언트로 두고 있다. 그들의 작품들을 www.shotopop.com에서 볼 수 있다.

일러스트레이션과 디자인이 점점 인터넷에서 판매되는 이미지 소스에 의존하는 비중이 커지고 있습니다. 이럴 때, 당신의 주변 환경을 잘 활용하거나 실제 생활에서 쉽게 찾을 수 있는 소스를 얻어 내는 전통적인 방법으로 되돌아 가는 것만으로 경쟁력을 키울 수 있습니다. 특히 당신이 외국에 있거나 특이한 상황에 처해 있다면 더욱 그렇습니다.

그렇다고 인터넷이 나쁘다는 것은 아닙니다. 인터넷은 여전히 빠르고 편한 디자인 도구입니다. 다만 바깥 세상으로 몇 걸음 내딛는 것만으로 색다른 무언가를 얻을 가능성이 생긴다는 것입니다.

오랜 만의 휴가로 여행을 떠날 때나 이웃들과의 파티에서 특이한 텍스처나 셰입들을 우연히 발견했다면 곧바로 사진을 찍는 버릇을 기르는 것도 좋습니다. 가까운 주변에서 흔히 볼 수 있는 것들도 전혀 다른 환경 속에서 특이하게 보일 수 있다는 것을 기억하세요. 그것이 당신 자신이라도.

Technique

01   이 프로젝트의 처음은 사진을 찍는 것으로부터 시작합니다. 그러니 일단 몇 장이라도 찍어보세요. 아직은 계획된 구성이 존재하는 것도 아닙니다. 그러니 될 수 있는 한 많은 사진을 찍고, 결과물에 따라 구성을 이야기하는 것이 좋겠습니다. 이 튜토리얼에서는 유감스럽게도 제공되는 이미지가 없습니다. 그러기 보다는 자신이 갖고 있는 어떤 이미지라도 그것을 활용해 보는 것이 좋겠습니다. 우선 배경은 흰색으로 하는 것이 작업하기에 편할 것입니다.

02   어드저스트먼트 레이어들 몇 개와 리터칭 과정이 필요할 지도 모르겠습니다. 여기에서의 이미지에는 두 개의 레벨 세트와 두 개의 커브 세트가 생동감을 더해 주는데 필요했습니다. 우선 레벨들을 필요한 만큼 조절하고, 가장 어두운 그림자가 검은색이 되도록 합니다. 가장 밝은 부분을 흰색으로 합니다. 미드톤들도 다양하게 배치합니다. 원치 않는 부분에는 복사도장을 써야할 필요도 있습니다.

03   엣칭Etching을 합니다. 구성에 어울릴 만한 부분을 선택합니다. 이 경우 상반신이었습니다. 펜 툴을 사용하여 몸을 선택하고, 머리카락은 그대로 둡니다. 머리는 대강 잘라내고, 다른 레이어에 올려 놓아도 됩니다.

04   이미지의 배경을 선택합니다. 우리는 구겨진 하얀 종이를 촬영했고, 추상적인 무언가로 보일 때까지 블러링을 했습니다. 아무 텍스처라도 마음에 들면 사진을 찍어 작업해도 좋습니다. 배경으로 완성된 그림을 다른 레이어 뒤로 위치시킵니다.

05   이제 머리를 고칠 차례입니다. 머리의 레벨을 조정하여 하얀 배경이 완전히 흰색이 될 때까지 하이라이트를 높여 줍니다. 미드톤들을 낮추어 오리지널 이미지에 맞도록 합니다. 흰색이 균일하지 않을 경우, 몇 번이나 반복해야 할 필요도 있습니다. 머리카락 레이어를 멀티플라이Multiply로 맞춥니다.

워프툴과 텍스처를 활용한 실험적인 아트웍 137

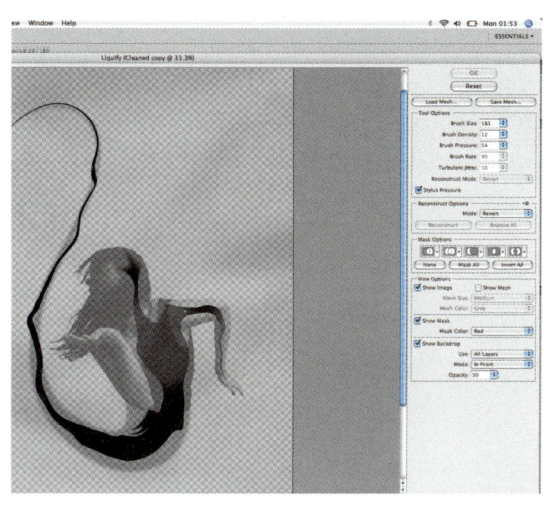

06   이제 주인공을 디-세춰레이트de-saturate하고, 얼굴은 어둡게 합니다. 펜 툴을 사용하여 몸과 어울리는 셰입을 만듭니다. 이 셰입을 복사하고 가우시안 블러로 약간 블러를 합니다. 이 때, 투명도를 50%로 맞춥니다.

07   몸의 셰입이 선택된 상태에서 Filter>Liquify를 선택합니다. 포워드 와프Forward Warp 툴을 사용하여 셰입을 리퀴파이Liquify합니다. 이를 몇 번 반복하면서 투명도를 가지고 실험합니다.

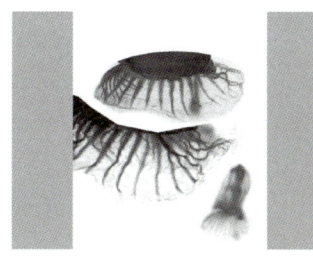

08   다시 카메라를 집어 들고, 이번에는 수족관으로 가서 해파리의 사진을 찍습니다. 수족관이 근처에 없어도 상관없습니다. 투명한 비닐 봉투를 촬영해서 사용해도 되기 때문입니다. 이 이미지의 경우, 우리는 해파리와 비닐봉투 두 가지를 다 찍었습니다.

09   해파리나 비닐봉투를 잘라낸 후 워프와 트랜스폼Transform 툴들을 사용하여 이미지에 적용합니다. 여기에서는 비닐봉투를 기본으로 사용했고, 해파리의 촉수들은 몸의 셰입 바깥 쪽을 장식하는데 사용했습니다. 색의 인버팅과 디-세춰레이트de-saturate 등의 실험을 하고, 블렌딩 모드에서 스크린Screen이나 멀티플라이Multiply로 맞춥니다.

10   약간의 요소들을 더해 이미지를 더 다이내믹하게 만듭니다. 첫 번째 모델의 사진을 갖고 머리카락 부분을 잘라내서 다시 여기 모델의 얼굴 뒤편에 붙였습니다. 이 새로운 머리가 상당히 어두운 색이었기 때문에 얼굴의 옆모습을 약간 잃었습니다. 그래서 얼굴과 검은 머리카락 사이에 흰색 머리 레이어를 첨가해서 넣습니다.

Technique

11	입자들을 몇 개 만들고, 이를 깔끔하게 배치합니다. 페인트 자국들을 스캔하고, 작은 폴리스티렌 공들을 사진으로 찍어 블러를 하거나 포토샵 브러시를 사용할 수 있습니다. 크기나 투명도를 갖고 여러 실험을 해서 이 입자들에 생동감을 더해 줍니다.

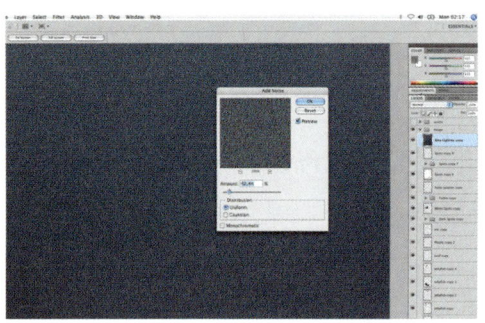

12	이미지 내의 검은색이 너무 빳빳한 느낌입니다. 새로운 레이어를 검은 청색으로 만들고, 노이즈 필터를 사용하여 그레인을 더합니다. 레이어를 약간 블러링하고 블렌딩 모드를 라이텐Lighter으로 맞춥니다. 이 때, 투명도는 60%로 합니다. 그러고 나서 레이어를 모든 다른 레이어들 위에 위치시킵니다.

13	큰 브러시를 사용하여 레이아웃 오른쪽에 노란색 얼룩이 있는 레이어를 몇 개 만듭니다. 블렌딩 모드를 오버레이Overlay로 맞추고, 검은 점이 있는 레이어를 더합니다. 이 레이어의 블렌딩 모드를 컬러Colour로 맞춥니다. 빛의 강하기는 원하는 정도에 따라 투명도를 조절합니다.

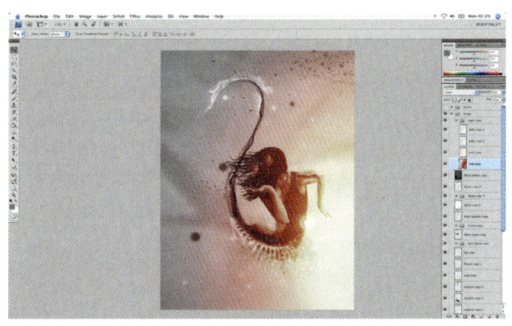

14	색을 더 더하기 위해 파란색 얼룩이 있는 레이어를 몇 개 더 만듭니다. 투명도와 모드를 다르게 맞추되 스스로가 색을 얼마나 주기를 원하느냐에 따라 다양한 가능성이 있을 수 있습니다. 여기서 우리는 Difference, Hue, Pin Light를 사용했습니다.

Tip 자신만의 재료 저장하기: 오래된 아이디어나 스케치, 포토샵 파일들, 사진들은 모두 저장합니다. 모든 것들을 신발 상자 속에 넣어 놓거나, 스캔을 하여 라이브러리를 구축하는 것도 좋은 방법입니다. 이미지, 아이디어, 사진, 반쯤 완성된 작품들로 가득한 라이브러리가 있다면 절대로 영감이 부족할 일은 없을 것입니다.

15 구성을 프레임하기 위해 가장자리를 어둡게 합니다. 새로운 검은 레이어를 만들었고, 이레이즈 Erase 툴을 사용하여 중간 부분을 지워 검은 가장자리만 남겼습니다. 두 개의 레이어들을 만들되 하나는 멀티플라이 Multiply 에 60% 투명도, 다른 하나는 오버레이 Overlay 에 30% 투명도로 만듭니다.

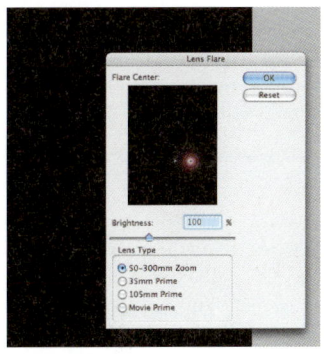

16 다시 검은 레이어를 만듭니다. 필터 Filter 드롭다운 메뉴에서 Render>Lens Flare를 선택합니다. 실험을 통해 어떤 플레어 flare 가 마음에 드는지 살펴봅니다. 플레어를 렌더링한 후에 레이어 블렌딩 모드를 스크린 Screen 으로 맞춥니다. 마음에 들 때까지 위치를 조정합니다.

17 깊이감을 더하기 위해 블러된 객체들을 전경에 사용합니다. 우리는 해파리 이미지의 다른 부분을 왼쪽 밑 부분에 추가시키고 블러링 된 폴리스티렌 공들을 레이아웃의 가장자리에 더했습니다. 깊이감을 더해주는 이 요소들은 너무 화려해서는 안 됩니다. 그러니 블러의 양과 구성의 위치를 갖고 여러 번 실험해야 합니다.

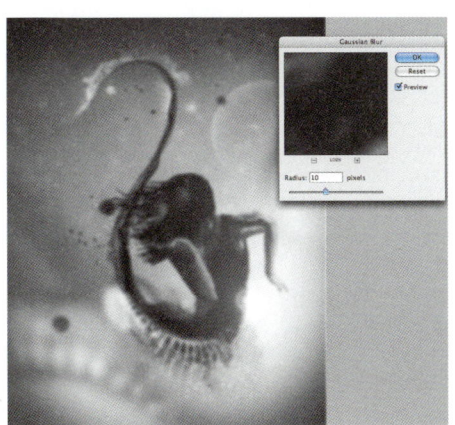

[18] 약하나마 집중할 수 있는 다른 요소들을 더하기 위해 모든 레이어들을 복사하고, 플래튼 flatten 한 후, 디-세춰레이트 de-saturate 합니다. 그리고 블러(가우시안, 10pixel의 Radius)를 더하고, 블렌딩 모드를 소프트 라이트 Soft Light 로 하고, 투명도를 40%로 합니다. 입자들을 더하거나 여태까지의 과정 중 아무 곳으로나 되돌아가 레이아웃을 조정하는 것도 괜찮은 방법입니다.

Chapter 17
Scale Wipe Efx

패턴을 이용한 스케일 와이프

때로는 인물이나 사물을 왜곡시켜 특별한 효과를 극대화시킬 수 있습니다. 영상 작업에서 종종 쓰이는 스케일 와이프 기법이 그것입니다. 도장툴을 이용하여 Y축 패턴을 만들어 스케일와이프 기법을 표현해 보겠습니다.

Keypoint
도장 툴과 패턴을 응용하는 방법을 배워보자

영상 작업을 해본 사람이라면 스케일 와이프ScaleWipe 라는 기법을 한 번 쯤 들어 보았을 것입니다. 이는 특정한 외부 플러그 인을 설치해야 작업이 가능한 영상 기법입니다. 하지만 단순히 이미지작업을 하는 것이라면 별도의 플러그 인이 필요하지 않습니다.

스케일 와이프 기법은 특정 부분의 펙셀pixel을 상하나 좌우로 늘려서 표현하는 기법으로, 다양하게 쓰임이 많습니다. 스케일 기법을 사용함으로써, 엘리먼트의 움직임을 세련되게 표현할 수 있을 뿐 아니라 역동적이면서도 정리된 레이아웃을 만들 수도 있습니다. 또는 움직임이 아닌 인물이나 사물의 형태를 길게 왜곡시킴으로써, 전혀 다른 느낌으로 변화시킬 수도 있습니다. 그 외에도 스케일 와이프의 특성상 타이포 엘리먼트를 요소요소에 배치하기에 더 없이 좋습니다.

영상 작업에서 종종 유용하게 활용되는 스케일 와이프 기법은 국내에서 지면 광고를 포함한 인쇄 디자인에서 활용된 사례가 거의 없습니다. 따라서 이 같은 새로운 기법의 활용은 시장에서 차별화를 통해 경쟁력을 높일 수 있는 적극적인 방법일 수 있습니다. 이번 튜토리얼은 간단하게 만들 수 있는 스케일 기법을 소개하겠습니다.

Technique

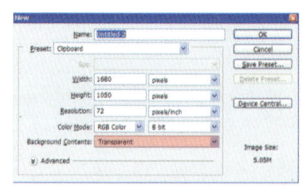

01 먼저, 새로운 캔버스를 만듭니다. 가로 1560pix에 세로 1020pix로 합니다. 이 때 레이어는 투명한 상태로 합니다. 투명한 상태를 만들기 위해서는 새로운 캔버스를 만들 때 Background Contents를 Transparent로 설정합니다.

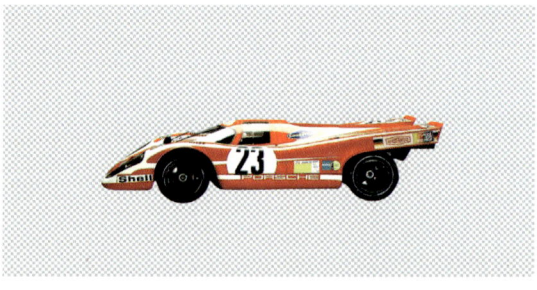

02 제공되는 17_source01.psd 이미지를 찾아 엽니다. 세 종류의 레이싱 카 이미지가 있을 것입니다. 지금부터 각각의 이미지를 속도감 있게 다듬겠습니다.

03 다음으로, car1 레이어를 캔버스에 끌어다 놓습니다. 가급적이면 캔버스에 꽉 차지 않도록 배치합니다. 라인들이 화면에 들어갈 공간을 마련해 두기 위한 것입니다.

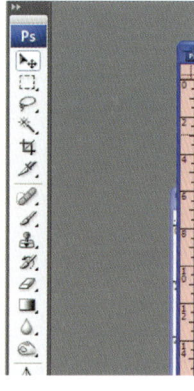

04 가이드 라인을 자동차의 중간 부분에 놓이도록 합니다. 지금 가이드 라인을 기준으로 오른쪽으로 라인들이 그려질 것입니다. 먼저 Ruler를 띄우고 〈Ctrl+R〉 하고, Ruler에서 마우스로 드래그하여 가이드라인을 빼냅니다.

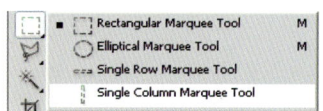

05 다음으로, Single Column Marquee 툴을 선택합니다. 이것은 세로 1pixel을 선택하는 것입니다.

패턴을 이용한 스케일 와이프 143

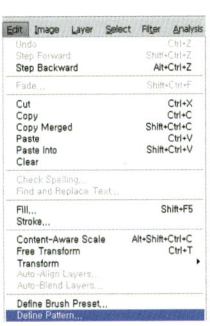

06 가이드 라인에 마큐 툴로 선택합니다. 화면에 클릭을 하는 것만으로 선택이 가능합니다.

07 다음으로, Edit ⇒ Define Pattern 적용합니다. 패턴 이름을 Pattern1 로 붙입니다.

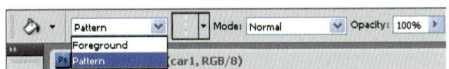

08 페인트 툴을 선택하고, 모드는 Pattern으로 합니다. 조금 전 만든 패턴이 페인트로 뿌려질 것입니다.

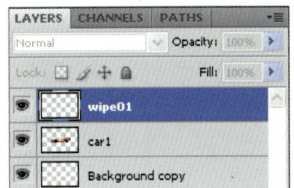

09 새로운 레이어를 만들고, 이름을 wipe01로 붙입니다. 반드시 새로운 레이어를 생성한 후 진행하도록 합니다. 레이어로 분리되어야 그 다음 단계에서 컨트롤이 쉽습니다.

10 다음으로, 마큐 툴로 가이드라인 오른쪽 부분을 선택합니다. 캔버스 오른쪽 부분의 모두를 선택합니다.

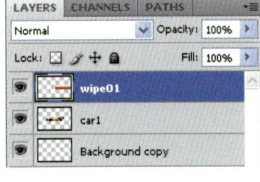

11 페인트 툴을 선택하고, 모드는 Pattern으로 하고, 좀 전에 만들었던 Pattern1을 선택하고, 페인트를 적용합니다. 그러면 이미지가 쭉 늘어나 보일 것입니다. 트랜스 폼을 겸해서 작업을 해도 좋을 것입니다. 예를 들어, 하나의 레이어를 트랜스 폼으로 늘이고, 다른 하나를 기존의 방식인 패턴을 이용해서 작업하는 것입니다.

Technique

12 방금 작업한 Pattern의 일부분을 지워보도록 하겠습니다. Wipe01 레이어를 선택하고, 예제 이미지와 같이 마퀴 툴을 이용해 하단 일부분을 선택하고 Delete합니다.

13 위와 같은 방법으로 다른 부분을 Pattern으로 만들어 보겠습니다. 가이드 라인을 바퀴 쪽으로 가져다 놓습니다.

14 다음으로, Single Column Marquee 툴을 선택하고, 가이드 라인을 선택합니다. 자동차의 바퀴 부분을 선택해서 바퀴부분이 늘어나 보이도록 하려고 합니다.

15 다음으로, Edit ⇒ Define Pattern을 적용하여 패턴을 등록합니다. 패턴 이름을 Pattern2로 붙입니다.

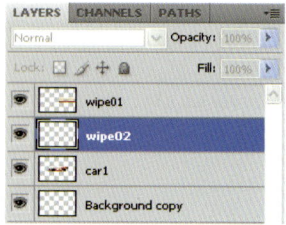

16 새로운 레이어를 만들고, 이름을 wipe02로 붙입니다.

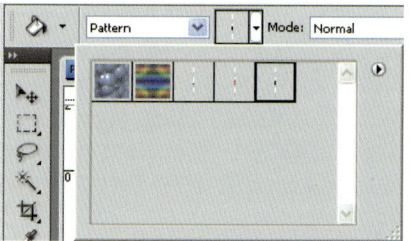

17 페인트 툴을 선택하고, 방금 만든 패턴을 선택합니다. 등록된 패턴은 오른쪽에 생성되므로 가장 최근에 작업한 패턴이 오른쪽에 있는 패턴입니다.

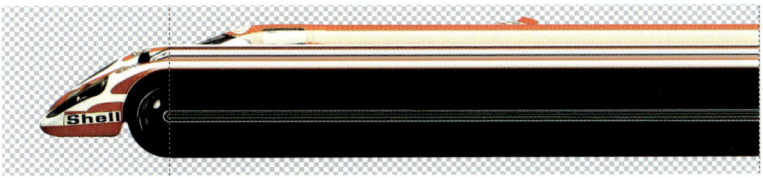 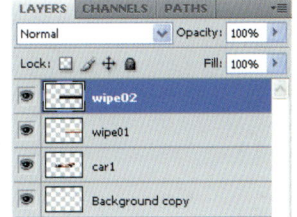

18   좀 전과 같이 가이드 라인 오른쪽을 마퀴 툴로 선택하고, 페인트 툴로 패턴을 적용합니다. 그럼 바퀴 부분이 늘어나 보일 것입니다.

19   wipe02의 일부분을 마퀴 툴로 선택하여 지웁니다. 이는 처음 작업했던 wipe01 레이어와 겹쳐져 보이게 하기 위해서입니다.

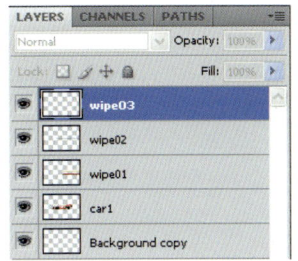   20   다시 새로운 레이어를 만들고, 이름을 Wipe03이라고 붙입니다.

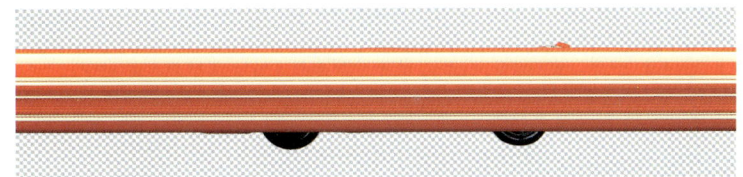

21   페인트 툴을 선택하고, 처음 만들어 두었던 Pattern1을 선택한 다음, wipe03 레이어에 적용합니다. 이는 배경처리를 하기 위한 것입니다.

 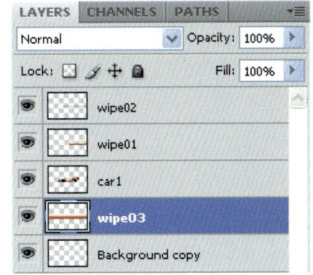

22   레이어 팔레트의 wipe03 레이어 위치를 car1 레이어 아래에 위치시킵니다.

Technique

23   다음으로, 제공되는 17_source01.psd 이미지의 car2 레이어를 작업창에 끌어다 놓습니다. 지금까지의 방법으로 다른 자동차에도 그대로 적용해 보도록 하겠습니다. 처음부터 반복하는 것입니다. 여기에서 주의할 점은 좀 전에 작업한 레이어를 꺼둔 상태에서 작업해야 하는 것입니다.

24   다음으로 제공된 17_source01.psd 파일에서 car3 레이어를 작업창에 끌어다 놓습니다. 위 항목에서처럼 처음부터 반복하는 것입니다. 또한 주의할 점도 좀 전에 작업한 레이어를 꺼둔 상태에서 작업하는 것입니다. 예제 이미지를 차례로 따라 해보세요.

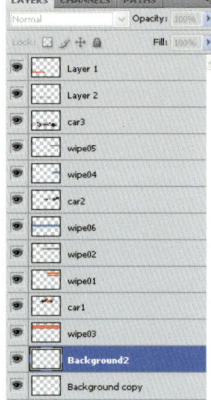

25   자, 이제 기본적인 모든 작업이 끝이 났습니다. 이제 배경처리를 하기 위해서 새로운 레이어를 만들고, 이름을 background2로 붙입니다.

26   다음으로, 페인트 툴을 선택하고, 지금까지 만들어 두었던 패턴들을 번갈아 가며 Background2에 적용해 봅니다. 이 때 새로운 레이어를 만들어 가면서 Background2~6으로 만들어 관리하는 것이 작업하기가 수월합니다.

27 이제 Background color에 변화를 주기 위해서 원하는 배경 레이어를 선택하고 Image ⇒ Adjustments ⇒ Hue/Saturation을 선택합니다.

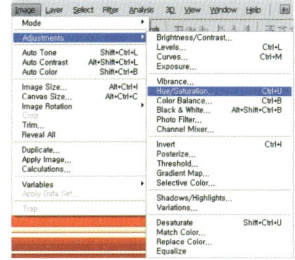
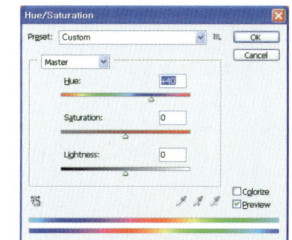

28 여기에서는 Red 계열을 Yellow 계열로 바꾸었습니다.

29 나머지 다른 배경들도 색조를 바꿔 보도록 하겠습니다. 보다 다양한 색감을 내기 위해서 일 수도 있고, 자동차를 배경의 색감과 분리시켜 눈에 띄도록 하는 이유도 있습니다.

[30] 이제 모든 작업은 끝났습니다. 원하는 타이포나 카피를 마음껏 넣어 보며 작품의 퀄리티를 높여 보도록 합니다.

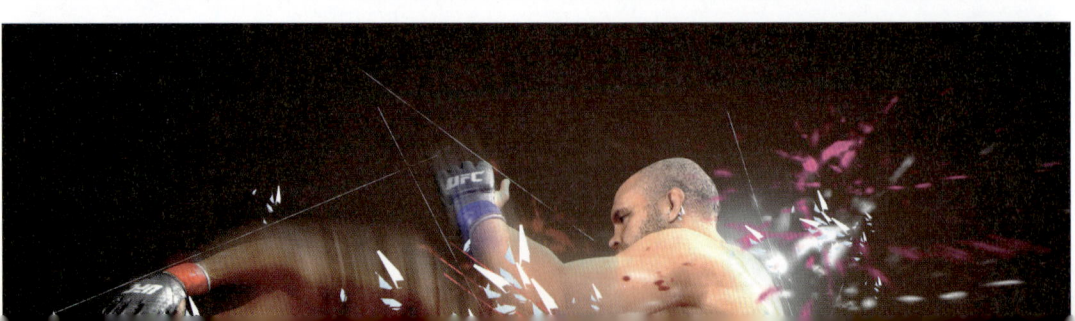

Chapter 18
Hardcore Reality EFX

강렬한 리얼리티 특수효과

평범하고 밋밋한 사진을 엘리먼트, 빛, 시각효과 등 여러 가지 시각효과를 이용하여 역동적인 움직임을 표현하고 특수효과를 연출해 보겠습니다.

Keypoint
사실적 요소를 그래픽 요소로 재가공하기

이 튜토리얼에서는 사진에 변화를 주기 위해 사용할 수 있는 무한한 조합을 시도해 보겠습니다. 역동적인 사진임에도 혹은 그러한 이미지임에도 불구하고 영상이 아닌 스틸 이미지에선 그 움직임들이 강하게 와 닿지 않습니다. 특히 자극적인 광고 이미지를 연출할 때는 그런 점을 보완하기 위해 여러 가지 이펙트들을 활용합니다. 또한 엘리먼트와 빛, 시각효과 등을 주어 놀랄 만한 결과물로 다듬어내야 합니다.

이번 튜토리얼에서는 앞서 거론했던 여러 가지 효과들을 다양하게 적용하여 강렬한 이미지를 연출하려고 합니다. 이런 효과들은 특히 게임에서 이펙트를 표현하기 위해 많이 사용합니다. 특히 격투기 류의 액션 게임 장르에서는 이런 표현들이 기본적으로 사용됩니다. 이런 느낌을 한 장의 이미지에 표현하기 위해서 게임보다 더 자극적인 이미지로 연출되어야 함은 자명합니다.

이번 튜토리얼은 이종 격투기의 느낌을 잘 살릴 수 있도록 여러 가지 연출을 시도해 볼 것입니다.

Technique

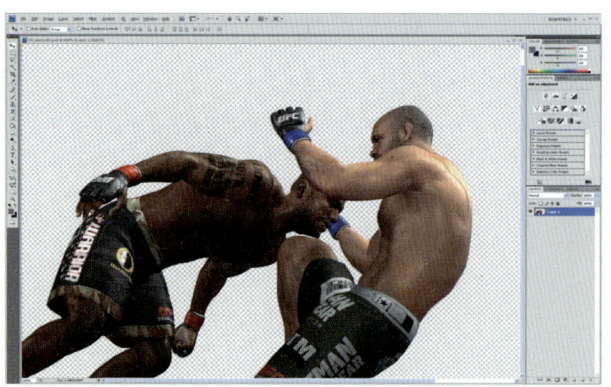

01   작업창에 제공되는 18_source01.psd 이미지를 찾아 엽니다. 이 사진은 움직임은 있지만, 마치 시간이 정지된 듯 임펙트가 없습니다. 이런 사진을 그대로 광고에 사용한다면 전혀 눈에 띄지 않는 이미지가 될 것입니다.

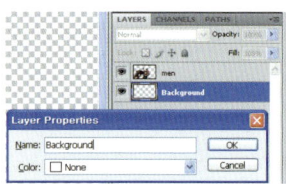

02   먼저 배경색을 블랙으로 채우기 위해 새로운 레이어를 만들고, 레이어 이름은 Background으로 붙입니다. Background 레이어는 men 레이어 아래에 배치합니다 배경색은 전체적인 분위기를 만드는데 가장 중요한 요소입니다. 블랙은 그래픽 엘리먼트를 넣었을 때 그 색상을 가장 잘 살려줄 수 있습니다.

03   다음으로 Background 레이어를 블랙으로 채웁니다. 예제 이미지와 같이 적용되었습니다. 분위기가 좀 더 강하고 무거워졌습니다. 만약 레드 계열이나 그 밖의 다른 계열의 색상으로 적용한다면 전혀 다른 느낌이 연출됩니다.

04   이제부터 살벌한 그래픽을 넣어 보겠습니다. 격투기 느낌을 표현해 내기 위해 미리 만들어 놓은 혈흔 그래픽을 적절히 배치해 보도록 하겠습니다. 제공되는 18_source02.psd 이미지를 엽니다. 소스를 열면 다양한 형태의 혈흔들이 있습니다. 잔혹한 격투를 연상시키는 요소입니다. 실제로 실무에서도 많이 사용되는 엘리먼트입니다. 격투씬 뿐만 아니라 전투 장면이나 그 밖의 비슷한 시퀀스에서도 얼마든지 활용될 수 있기 때문에 이러한 그래픽들은 따로 저장해 두었다가 다른 작업에 유용하게 활용할 수 있습니다. 작업 시간을 단축시키고 효율적인 작업을 할 수 있는 것입니다.

강렬한 리얼리티 특수효과 151

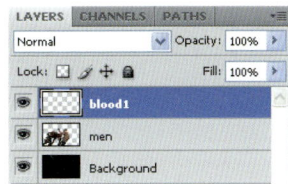

05   다음으로, blood1 레이어를 작업창으로 끌어다 놓습니다. 이 엘리먼트는 사실적인 현장감을 만드는 데 매우 중요한 요소입니다. 적절한 사용이 중요하며, 과도한 사용은 오히려 좋지 않습니다. 이제 적절한 위치에 배치해 보도록 하겠습니다.

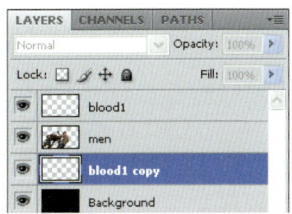

06   다음으로, blood 레이어를 하나 더 복제하여 레이어 팔레트의 men 레이어 하단에 위치시키고, 이름을 blood1 copy라고 붙입니다. 인물의 뒤쪽 공간에도 혈흔을 배치시켜서 사실적 공간감을 더해 줍니다. 큰 차이는 없지만, 이러한 디테일 작업들이 모여서 최종 결과물의 퀄리티에 영향을 줍니다. 항상 공간을 염두에 두며 작업을 진행합니다.

07   그런 다음, blood1 copy 레이어를 선택하고, 〈Ctrl+T〉 하여 FreeTransform 하여 예제 이미지와 같이 사이즈를 키우고 회전시킵니다. 가능한 사이즈와 위치를 자주 바꿔가며 적용하도록 합니다. 이 때 레이어가 계속해서 복제되었다는 느낌이 없어야 합니다.

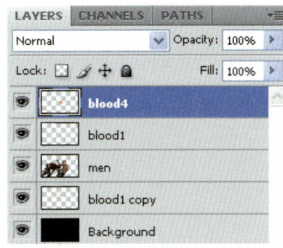

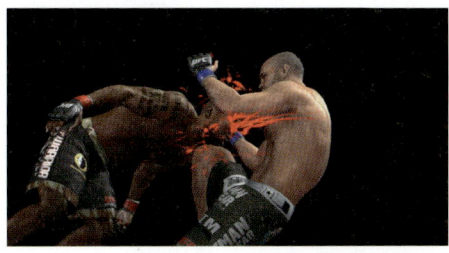

08   이제 blood4 레이어를 작업창에 끌어다 놓습니다. 다른 형태의 요소들을 다양하게 적용해 보는 연습이 필요합니다.

Technique

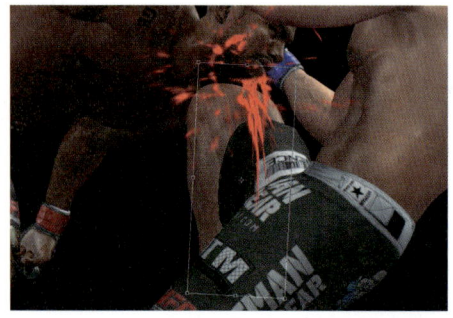

09   그런 다음, 〈Ctrl+T〉하여 FreeTransform 하고, 인물의 턱 부분에 잘 붙을 수 있도록 회전시켜 사이즈를 줄입니다. 특히 이런 부분에서의 배치는 신경을 써야 합니다. 왜냐하면 사람들이 유심히 볼 수 있는 부분이기 때문에 각도와 크기가 사실에 가까울 수록 좋습니다.

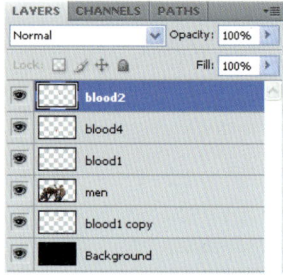 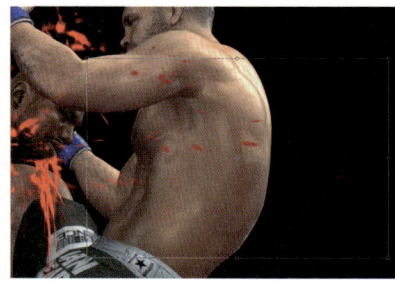

10   다음으로, blood2 레이어를 작업창에 끌어다 놓고, 〈Ctrl+T〉하여 FreeTransform 하여 크기를 키웁니다. 강한 충격을 받았다는 것을 암시하는 장면이기 때문에 멀리 퍼져나간 혈흔을 표현합니다.

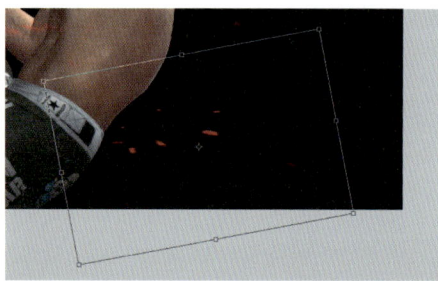 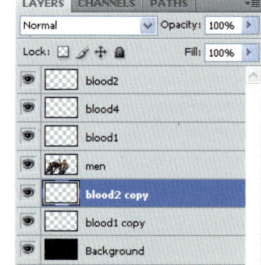

11   다음으로, blood2 레이어를 복제하여 레이어 팔레트의 men 레이어 하단에 위치시키고 〈Ctrl+T〉하여 FreeTransform 예제 이미지와 같이 배치합니다. 아래 부분은 너무 많이 넣지 않도록 합니다. 경우에 따라서 이 부분은 작업하지 않아도 되는 부분입니다.

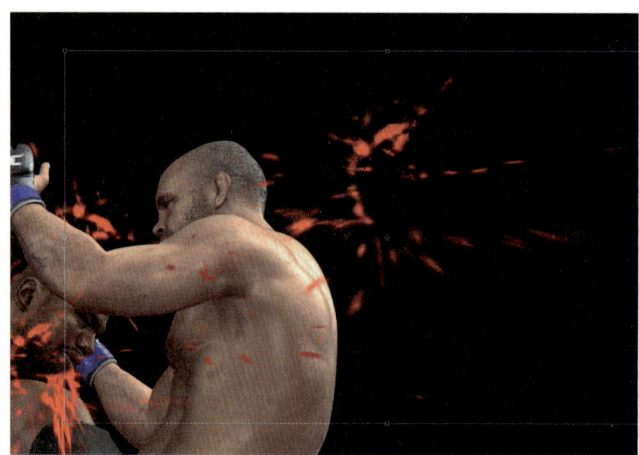

12   다음으로, blood1 레이어를 복제하여 화면의 외곽 부분에 배치시키고, 〈Ctrl+T〉하여 FreeTransform 하여 사이즈를 키웁니다. 현재 이 부분은 공간이 많이 비어 있기 때문에 이와 같은 방법으로 공간처리를 한 것입니다. 만약 타이틀 로고나 그 밖의 다른 작업을 계획하고 있다면 이 부분은 크게 신경쓰지 않아도 됩니다.

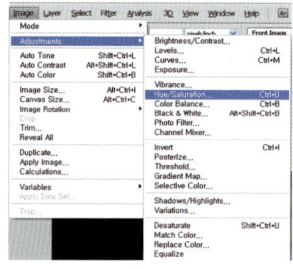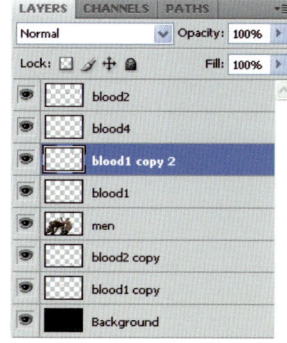

13 혈흔의 색감이 너무 빨갛다 보니 자칫 잔혹한 느낌이 지나칠 수도 있기 때문에 색감을 다양하게 돌려 보도록 합니다. blood1 copy2 레이어를 선택하고, image ⇒ Adjustments ⇒ Hue/Saturation을 적용합니다.

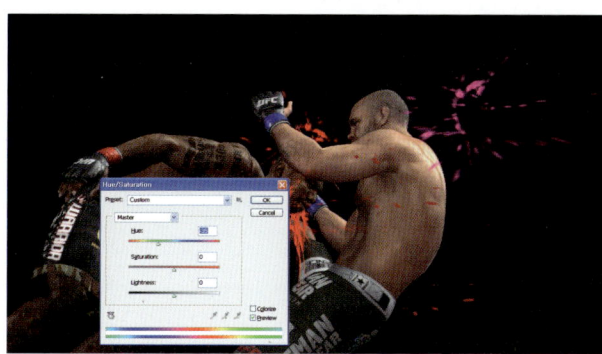

14 혈흔의 일부를 바이올렛 계열의 색감으로 바꿔주는 것 만으로도 조금 전과는 전혀 다른 느낌이 나옵니다. Hue 값을 -35로 하여 OK하고 색감을 변화시킵니다.

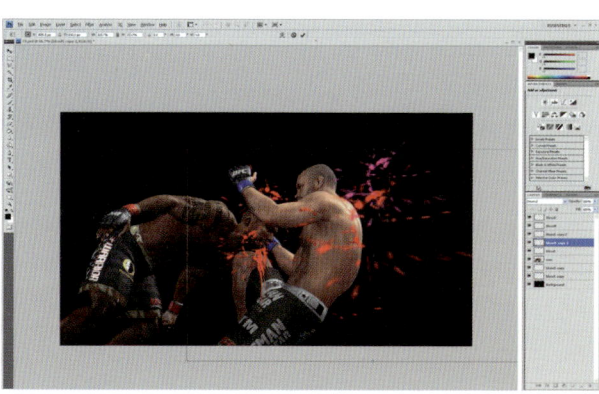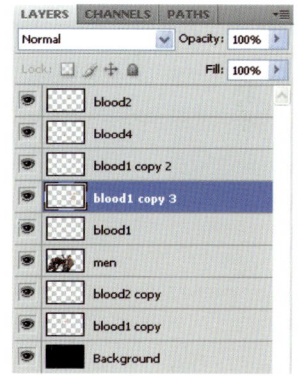

15 다음으로, blood1 레이어를 하나 더 복제하고, 〈Ctrl+T〉 하여 FreeTransform 하여 사이즈를 키웁니다. 계속해서 사이즈에 변화를 주는 이유는 앞에서 언급했지만, 동일 레이어로 복제되었다는 느낌을 없애기 위해서입니다.

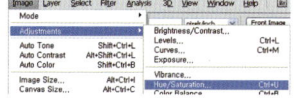

16 다음으로, image ⇒ Adjustments ⇒ Hue/Saturation을 적용합니다.

Technique

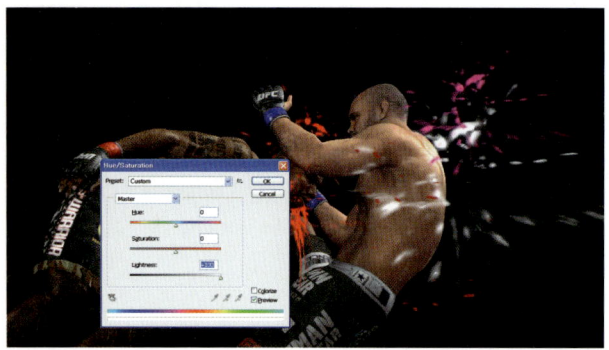

17   그런 다음, Lightness 값을 +100으로 합니다. 이렇게 하여 밝은 계열의 색감으로 바꿔주었습니다. 좀 더 컬러풀한 느낌으로 만들기 위해서입니다.

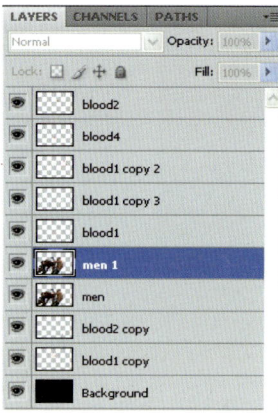

18   이제 인물의 동작에 움직임을 주어 좀 더 역동적으로 만들어 볼 것입니다. Men 레이어를 복제하고(Ctrl+J), 이름을 men1로 붙입니다. 현재까지는 어느 정도 분위기를 만들었다면, 지금부터의 작업은 인물에 직접적인 움직임을 표현할 것입니다.

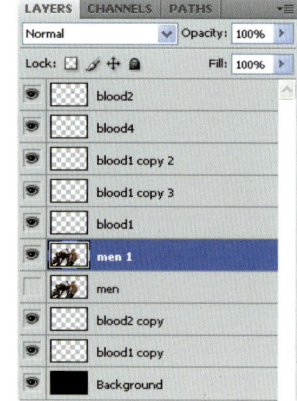

19   먼저 men 레이어는 잠시 꺼 두고, men1 레이어를 선택한 다음 Filter ⇒ Blur ⇒ Radial Blur를 적용합니다.

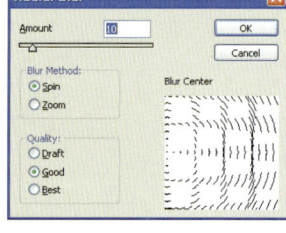

20   그런 다음, Amount를 10으로 하고, Blur Center를 좌측으로 이동시킵니다. 이것은 좌측 인물의 허리에 움직임의 중심을 맞추기 위해서입니다. 만약 좌우가 바뀐 이미지라면 센터가 우측으로 이동해야 합니다. Blur Method는 spin으로 합니다.

21   이제 예제 이미지와 같이 적용된 것을 확인할 수 있습니다. 좌측 인물의 허리가 축이 되어 움직이는 느낌이 만들어졌습니다. 하지만 블러가 전체적으로 적용되어서 형태가 모두 없어졌습니다. 따라서 부분만을 골라 선택하고, 나머지는 지워야 합니다.

22   툴 팔레트의 히스토리 브러시를 선택하고, 히스토리 팔레트의 작업창에서 바로 전 단계에 체크표시를 합니다. 체크표시를 적용한 단계로 돌아가는 것이 히스토리 브러시입니다.

23   브러시 사이즈를 700px로 설정하고, 움직임이 없는 부분을 지워줍니다. 좌측 인물의 상체 부분만을 제외하고 거의 모두 지워 주었습니다. 이제 조금 전보다 더욱 자연스러운 느낌이 되었습니다. 처음보다 훨씬 역동적으로 보입니다.

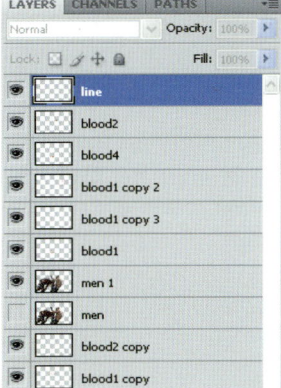

24   새로운 레이어를 만들고, 이름은 line으로 붙입니다. 보조선들을 이용하여 움직임을 표현하겠습니다.

25   툴 팔레트에서 Line 툴을 선택하고, 색상을 White, 상단 옵션의 Weight를 1px로 각각 설정합니다. 여기에서 선들은 가늘 수록 좋습니다.

Technique

26   이제 인물의 동작을 따라 라인을 그립니다. 너무 많은 라인들을 그리지 않도록 합니다. 자칫 지저분해 보일 수 있기 때문에 5~7개 정도가 적당합니다.

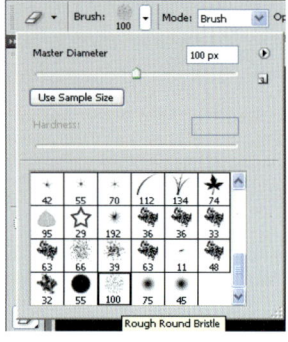

27   라인들이 너무 깨끗하기 때문에 격한 느낌이 들지 않습니다. 이제 격한 느낌을 위해 라인에 약간 빈티지한 느낌을 주어야 합니다. 지우개로 살짝 지워주려고 합니다. 툴 팔레트에서 지우개 툴을 선택하고 지우개 모양은 다음과 같이 설정합니다.

28   다음으로, Opacity는 100%으로 설정하고, 라인을 닦아낸다는 느낌으로 지워줍니다. 그림과 같이 보일 듯 말 듯한 정도가 적당합니다.

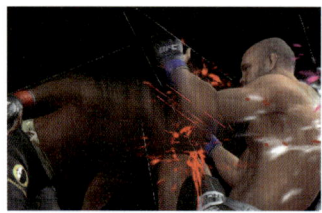 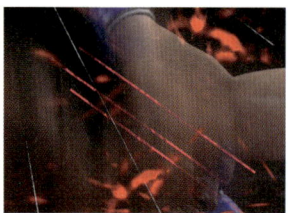

29   다시 한번 라인의 색깔을 레드 계열로 바꾸고, 라인을 그립니다. 얼핏 손톱 자국처럼 보이는 이미지로 표현하도록 합니다.

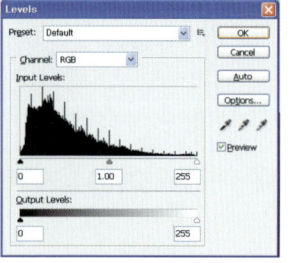 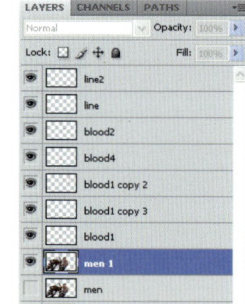

30   인물 부분을 색 보정을 하도록 합니다. 더욱 강렬한 느낌을 내기 위해 콘트라스트^{Contrast}를 높입니다. men1 레이어를 선택하고, Image ⇒ Adjustments ⇒ Levels를 적용합니다(Ctrl+J).

 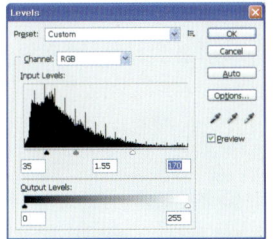

31 　다음으로, Levels 값을 35, 1.55, 170으로 합니다. 그러면 콘트라스트가 종전보다 강해져서 처음보다 강렬해 보입니다.

32 　자, 이제 이전에 썼던 엘리먼트를 활용하여 느낌을 내고 마무리를 진행합니다. 제공되는 18_source03.psd 이미지를 엽니다.

33 　다음으로, Image ⇒ Adjustments ⇒ Invert 하여 색을 반전시킨 후 ele 레이어들을 끌어 와서 예제 이미지와 같이 유리 파편들이 깨지는 듯한 이미지를 연출합니다. FreeTransform하여 스케일을 변화시켜가며 작업합니다. 이런 부분은 사실적인 느낌들을 시각적으로 보다 강하게 표현하기 위한 것입니다.

[34] 이제 각자 배경처리를 하고 정리합니다. 여기에서는 브러시를 이용해 이전 튜토리얼 '분위기 연출'에 사용된 기법을 이용해 작업하였습니다.

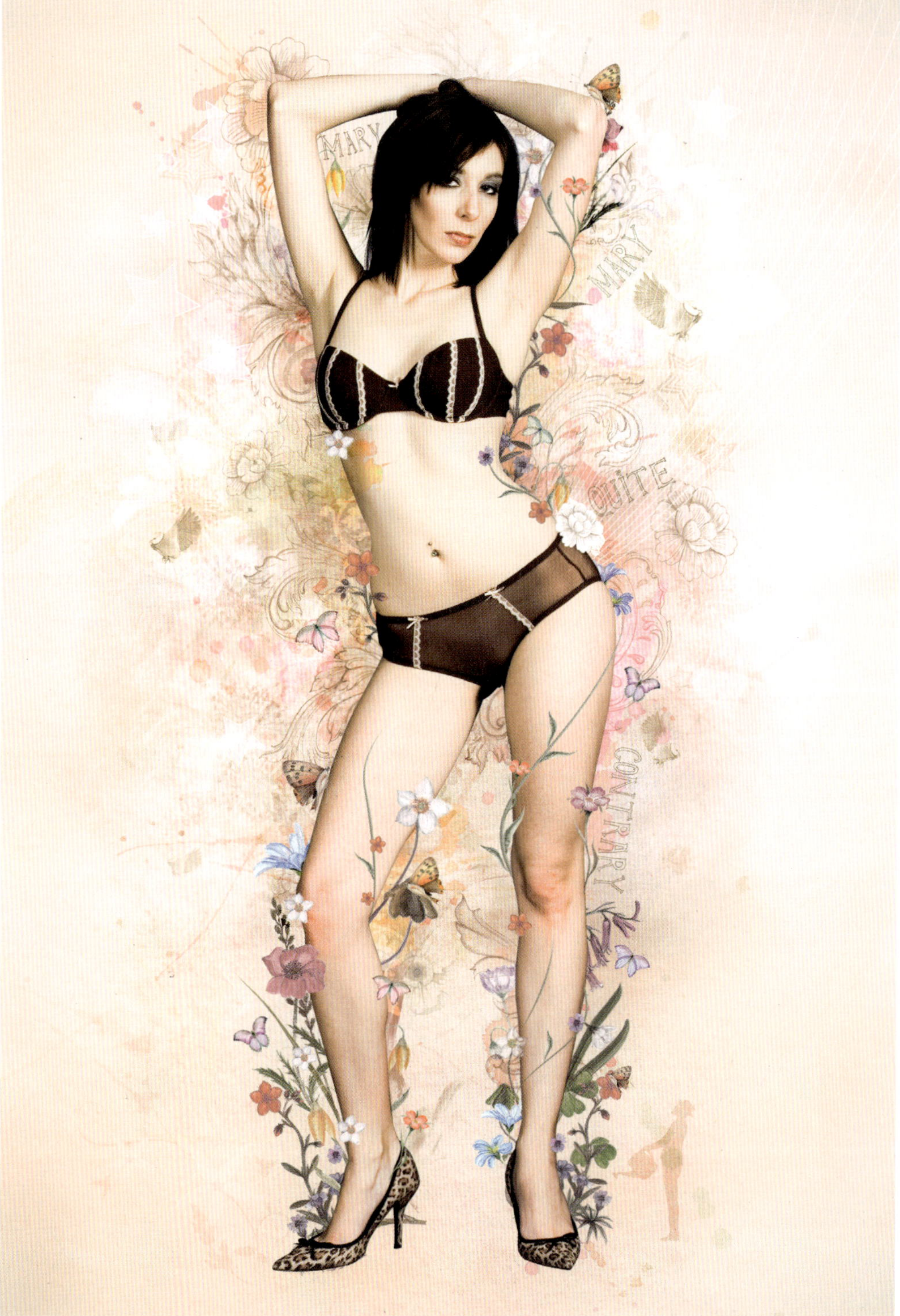
MARY
MARY
QUITE
CONTRARY

Chapter 19
Combining Photo With Handrendering

핸드 드로잉과 포토그라피의 감성적인 결합

드로잉과 페인팅, 그리고 패션 사진을 합성해서 감성을 자극하는 이미지를 얻을 수 있다. 알렉시스 웨스트가 그만의 노하우를 공개합니다.

Keypoint
사실적 요소를 그래픽 요소로 재가공하기

알렉시스 웨스트
Alexis West
프리랜서 그래픽 아티스트로 카디프에서 활동 중이다. 알렉시스는 디지털적인 요소와 아날로그적인 요소를 멋지게 양념하는 것에 일가견이 있다. 그의 작품들은 www.alexiswest.com에서 볼 수 있다.

스톡 이미지가 점점 일러스트레이터들 사이에서 인스턴트 음식 취급을 받는 추세입니다. 스톡 이미지는 빠르고 다양하고 엄청나게 생산되며, 그것을 찾기도 쉽습니다. 더구나 가격도 비싸지 않습니다.

    물론 스톡 이미지도 엄청난 수고와 노력으로 생산되는 것이긴 하지만 스톡 이미지들이 갖고 있는 근본적인 문제 - 누구에게나 열려있다는 것 - 때문에 분명히 한계성을 갖습니다. 반복적인 사용이 가능하고, 어디서나 볼 수 있다는 것은 디자인에 있어서 치명적이니까.

    그렇다면 어떻게 해야 할까? 단 하나 뿐으로, 고유한 가치를 높이는 방법은 의외로 단순합니다. 아트웍에 자신만의 서명을 넣고, 자신만의 것으로 만드는 가장 쉬운 방법은 기본으로 돌아가는 것입니다. 즉 펜, 연필, 물감을 꺼내 들라는 얘기입니다. 이제 당신이 갖고 있는 자연스러운 손재주를 활용해 자신만의 그림을 그려야 할 때입니다.

    이번 튜토리얼에서는 당신이 직접 손으로 그린 그림을 사진과 합성하여 세상에 하나 밖에 없는 이미지를 만들어 볼 것입니다.

Technique

01   일단 사진을 스스로 찍는 것은 언제나 바람직한 일입니다. 여기에서 나는 표준 라이팅 셋업과 두 개의 소프트 박스 플래시 라이트, 그리고 12MP DSLR을 활용해 모델 사진을 찍었습니다. 모델은 에밀 영 Emil Young 으로, 심심한 감사를 이 지면을 빌어 전합니다. 촬영에선 옵션을 최대로 늘리기 위해 많은 샷을 찍어 두는 것이 좋습니다.

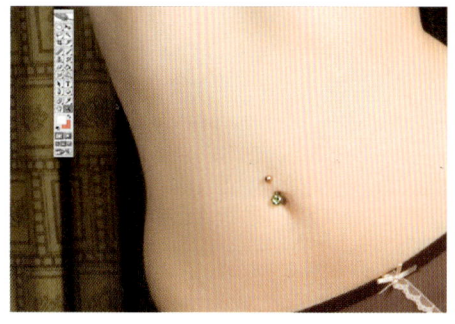

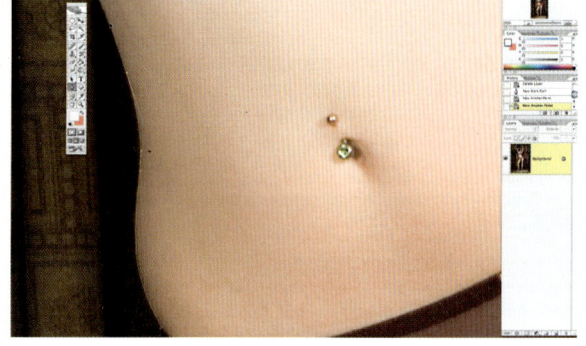

02   먼저, 사용하고자 하는 샷을 선택하여 포토샵에서 여세요. 아니면 이 튜토리얼을 위해 제공되는 샷 파일(emily_young.jpg)을 이용해도 좋습니다. 펜 툴을 선택하고 줌인을 해서 좀 더 정교한 작업을 하세요. 이 때, 지나치게 가까이 줌인하면 안 됩니다. 어느 정도 전체적인 이미지의 윤곽을 짐작할 수 있어야 펜 툴을 사용하기가 수월합니다.

03   모델의 신체 라인을 따라 일정한 구획으로 나누어야 합니다. 이 때, 지나치게 점을 다닥다닥 가깝게 붙여 놓지 않도록 합니다. 펜 툴에서 제공되는 기능을 최대한 활용하여 신체의 곡선을 부드럽게 해줍니다. 핸들 바를 잘 활용하면 보다 쉽게 곡선을 만들 수 있을 것입니다.

04   패쓰를 선택으로 변환시키는데, 이 때, 페더 반지름 Feather radius 을 0.2 픽셀로 맞추어 가장자리들이 완벽하게 연결되도록 합니다. 그래도 가장자리가 부담스럽다면 Layer ⇒ Matting ⇒ Defringe를 선택하여 0.5나 1 픽셀로 맞춥니다. 머리 부분이 다소 어려울 수도 있습니다. 이럴 경우, 스머지 툴을 이용하거나 페인트 브러시를 사용하여 디테일이 사라지지 않도록 합니다. 복사하고 붙여넣기를 해서 선택된 부분을 새로운 레이어에 옮깁니다.

05 Image ⇒ Adjustments ⇒ Desaturate를 선택합니다. 블렌딩 모드를 오버레이로 맞추고, 투명도를 60% 정도로 맞춥니다. 그리고 모델 밑으로 레이어를 만들어 추가합니다. 팔레트의 전경색을 #EDDCD3으로 맞춥니다. 여기에서 그라디언트 툴을 선택하되 레이디얼 Radial로 맞추어져 있는지 확인합니다. 크로스헤어 - 십자 모양 커서 - 를 최대한 중앙에 맞추고 쉬프트 키를 누른 채 그라디언트를 수직으로 드래그해서 부드럽게 변화를 줍니다.

06 사실 컴퓨터 만으로는 사실적으로 페인팅되었다는 느낌을 주기가 불가능합니다. 물감을 몇 개 집어 들어 실제로 칠을 해봅시다. 나는 평범한 종이 위에 아크릴 물감을 주로 사용합니다. 텍스처가 있는 종이는 스캔하고 나서 상당한 수작업을 필요로 하기 때문입니다. 이 때, 생동감 있고 깊이 있는 색을 선택하세요. 포토샵에서 톤을 빼는 것이 더하는 것보다 더 쉽기 때문입니다.

07 그림을 다 완성했으면, 그것을 스캔하여 포토샵에 띄웁니다. 이 때, 해상도는 최대로 높여줍니다(적어도 300dpi). 그리고 그림에서 큰 부분을 따서 주 배경으로 활용합니다. 올가미 툴을 사용하여 상당히 넓은 부분을 선택합니다. 페더 반지름은 80에서 120픽셀로 맞춥니다. 이를 복사해서 모델의 뒤쪽으로 붙입니다.

08 변형 툴을 사용하여 배경을 알맞게 바꿉니다. 이 때, Edit ⇒ Image ⇒ Desaturate를 활용합니다. 툴 바에서 전경색을 #EDDCD3로 맞춥니다. Edit ⇒ Image ⇒ Hue/Saturation을 선택하여 컬러라이즈 옵션을 체크합니다. 레이어의 투명도를 60%로 맞춥니다.

Technique

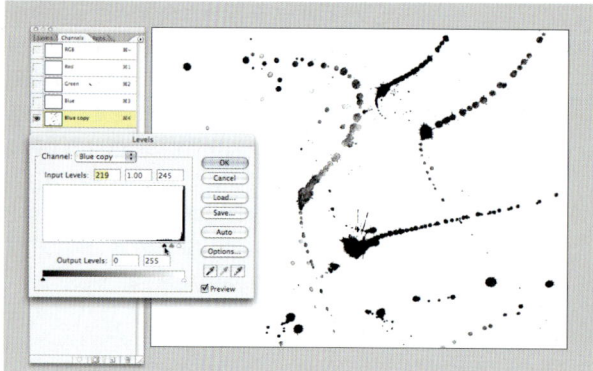

09 스캔한 페인트를 최대한 정확하게 선택하기 위해 채널 팔레트를 엽니다. 여기에서 대비가 가장 높은 채널을 찾습니다(보통 파란 채널입니다). 이를 복사하고 다른 채널을 안 보이게 합니다. Edit ⇒ Image ⇒ Levels를 선택하여 흑백 픽셀 슬라이더를 움직여 페인트 영역이 최대한 검게 나타나도록 하는 동시에 흰색은 최대한 흰색에 근접하도록 합니다. 그리고 중간 톤 슬라이더는 미세하게 조정을 합니다.

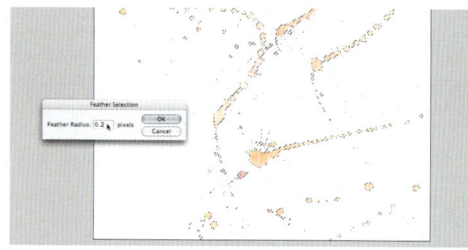

10 소프트 브러시를 선택합니다. 흰 바탕 위에 동 떨어져 있는 검은 픽셀과 검은 부분에 불거져 나와 있는 흰 픽셀을 칠합니다. 패쓰 팔레트에서 'Load Channel as Selection' 버튼을 누릅니다. 여기에서 Select ⇒ Inverse를 선택하고, 페더 반지름을 0.2 픽셀로 맞춥니다. 복사된 패쓰를 감추고, 다른 패쓰 레이어들을 보이게 합니다. 레이어 팔레트에서 베이스 레이어를 선택하여 배경 이미지 위에 붙입니다.

11 위의 과정을 거치고 나면 칠한 부분이 거의 완벽하게 추출되었을 것입니다. 가장자리에 여전히 흰색 후광이 있다면 Layer ⇒ Matting ⇒ RemoveWhiteMatte를 선택하여 Hue/Saturation을 필요한 만큼 조정합니다. 블렌딩 모드를 멀티플라이로 맞추고, 투명도도 실험해 봅니다. 이 과정들을 만족스러울 때까지 계속 반복합니다.

12 이 때, 화려한 패턴을 살짝 가미함으로써, 흥미를 더 유발시킬 수 있습니다. 하지만 평범한 벡터 이미지를 만드느니 패턴을 직접 보고 손으로 그리는 방법을 선택하길 권합니다. 최대한 많은 패턴의 사진을 찍어 연구를 합니다. 오래된 가구나 액자에서 풍부한 자료를 찾을 수 있을 것입니다.

13   연필(HB가 좋습니다)과 종이를 집어 드세요. 보통은 프린터용 종이가 가장 이상적일 것입니다. 부드럽고 연필로 썼을 때 아주 잘 써지기 때문입니다. 수집한 자료를 갖고 로코코 패턴을 그립니다. 스케치적인 느낌을 살리면 텍스처 감이 풍부해집니다. 이를 스캔해서 포토샵으로 불러들입니다. Image ⇒ Adjustments ⇒ Desaturate를 선택합니다. 펜 툴을 선택해서 패턴을 따라 그립니다. 선택한 후, 메인 이미지에 붙여넣기를 합니다.

14   패턴을 모델의 라인과 어울리게 위치시킵니다. 그리고 전경색을 #A89E85로 맞춥니다. Image ⇒ Adjustments ⇒ Hue/Saturation을 선택합니다. 컬러라이즈를 체크하고, 슬라이더를 모든 색이 잘 어울릴 때까지 조정합니다. 그리고 블렌딩 모드를 멀티플라이로 맞추고, 투명도를 적절하게 조정합니다.

15   이제 다른 요소들을 고를 차례입니다. 나는 여기에서 정원의 분위기를 담고 싶었습니다. 그래서 꽃과 나비 등 정원에서 흔히 볼 수 있는 요소들을 그리고, 수채화적인 느낌으로 색을 칠했습니다. 그리고 포토샵에서 스캔하여 파일을 열었습니다.

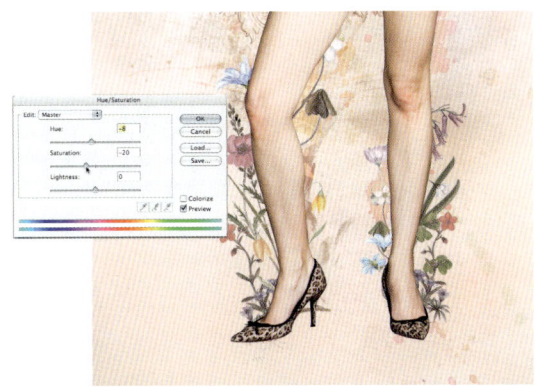

16   꽃 그림들을 전에 했던 것처럼 선택하세요. 그리고 모델의 발 부근 뒤 쪽으로 위치시킵니다. 마치 그녀의 발에서 자라는 것처럼 말입니다. Hue/Saturation으로 색상을 이전까지 사용했던 색과 잘 어울리도록 맞춥니다. 이 과정을 반복하여 다리뿐 아니라 신체의 다른 부분에도 적용합니다.

Technique

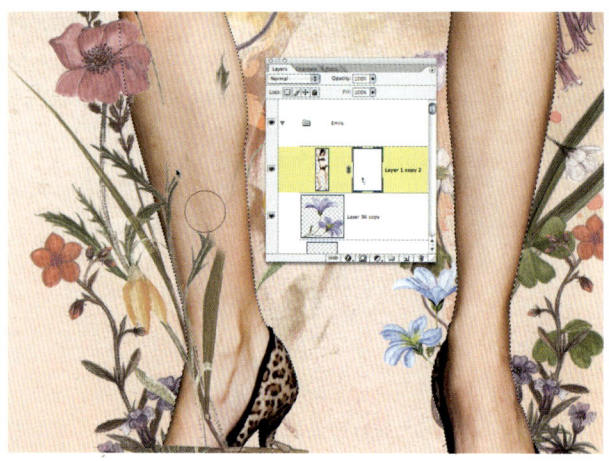

17   이제는 드디어 각 요소들을 하나로 합칠 차례입니다. 모델의 다리에서 자란 것처럼 맞춘 꽃 그림들을 선택합니다. 선택된 꽃 레이어에서 Alt 키를 누른 채, 레이어의 썸네일을 클릭하면 됩니다. 모델 레이어를 선택한 후, 레이어 마스크를 만듭니다. 그러면 모델이 자동으로 마스킹 됩니다. 선택하고 반전시킵니다. 브러시 툴을 사용하여 선택하지 않을 꽃 영역을 제외시킵니다.

18   펜 툴을 사용하여 모델 위에 레이어를 하나 만듭니다. 흐르는 선을 그려서 모델의 다리에 넝쿨이 감겨있는 듯한 느낌을 줍니다. 아이드라퍼 Eyedropper 를 선택하여 꽃 그림의 줄기에서 초록색을 고릅니다. 브러시 툴을 선택하여 8 픽셀 크기의 기본 브러시로 맞춥니다. 펜 툴을 골라 Ctrl 키를 누르고, 패쓰를 클릭합니다. 이 때, 스트로크 패쓰를 선택합니다. 여기에서 Simulate Pressure가 선택되어져 있어야 합니다.

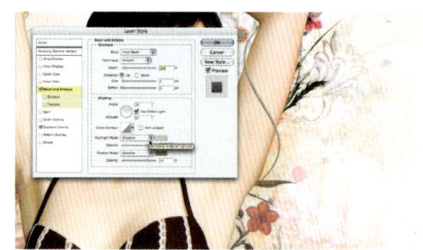

19   Layer ⇒ LayerStyle로 가서 Bevel and Emboss를 고릅니다. 여기에서 셰도 Shadow 컬러를 맞추되 줄기의 초록색보다 몇 단계 어둡게 만듭니다. 하이라이트는 반대로 몇 단계 밝게 만듭니다(그린 그림을 기준으로). 양쪽의 블렌딩 모드를 디졸브 Dissolve 약 75%로 맞춥니다. 다음으로 그라디언트 오버레이를 선택합니다. 블렌딩 모드를 오버레이로 맞추고, 투명도를 30%로 합니다.

20   이제 줄기가 손으로 그린 그림들과 보다 잘 어울리는 것을 확인하실 수 있을 것입니다. 이전 단계를 반복하여 넝쿨이 모델의 신체 다른 부분에도 감길 수 있도록 합니다. 다시 꽃 그림으로 돌아가 이파리나 꽃잎 같이 또 다른 요소들을 선택합니다. 그리고 줄기의 주위에 붙여넣습니다.

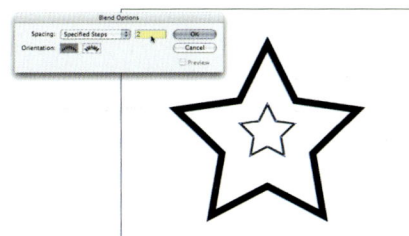

21 마지막으로 일러스트레이터를 띄웁니다. 스타 툴을 선택합니다. 스트로크를 블랙 20 픽셀로 맞춥니다. 그리고 큰 별을 한 개 그리고, 이를 복사해서 다시 되 붙입니다. 그런 다음 크기를 줄여 큰 별 안에 위치하도록 합니다. 블렌드 툴을 더블 클릭합니다. Specified Steps를 선택하고, 별과 별 사이의 거리를 고려하여 2나 3을 고릅니다.

22 블렌드 툴을 맞추었으면, 두 개의 별을 클릭하여 이펙트를 본격적으로 시작해 봅니다. 별을 복사하여 포토샵에 스마트 오브젝트로 붙여넣기를 합니다. 크기를 조정하고 블렌드를 오버레이로 맞춥니다. 그리고 셰입을 복사하여 여태껏 완성한 구성의 주위에 적절하게 배치합니다.

23 일러스트레이터에서 몇 가지 간단한 셰입을 추가적으로 만듭니다. 이 과정을 여러 번 반복하여 구성이 좀 더 재미있을 수 있도록 꾀합니다. 가장 좋은 방법은 연필로 스케치한 것을 스캔하는 것입니다. 그리고 적절한 블렌드 조정 후, 배경에 더해 좀 더 유기적이고 수작업을 한 느낌이 나도록 합니다.

[24] 이제 모든 요소들이 자리를 잡았습니다. 이제 마지막으로 다듬는 일만 남았습니다. 레이어 팔레트의 제일 위에 Gradient Map Adjustment Layer를 추가합니다. 전체적인 구성과 잘 맞는 색들을 써서 그라디언트를 만듭니다. 블렌딩 모드를 소프트 라이트로 맞춥니다. 투명도를 15에서 20%로 합니다. Hue/Saturation, 어드저스트먼트 레이어 등으로 각자 세밀한 조정을 해가며 마지막으로 광택을 더 합니다.

Chapter 20
Photography Expertise

인물 분위기 연출

패션 사진에서 주로 사용되어 온 이미지 연출 기법은 TV 광고에 이르기까지 폭넓게 활용되고 있습니다. 사진에 시선을 끌만한 오브젝트를 적용하여 분위기를 더욱 극대화시키는 방법을 배워보겠습니다.

Keypoint
글로우Glow와 오버레이Overlay 및 컬러 닷지 등의 합성 모드를 잘 사용하는 방법

이번 튜토리얼에서는 컬러보정과 이미지에 엘리먼트 등을 추가하여 시선을 끄는 분위기를 배워보겠습니다. 여기에서는 글로우Glow와 오버레이Overlay 및 컬러 닷지 등의 레이어 모드를 활용하여 매혹적인 네온효과를 만들 것입니다. 특히 여기에서 강조하는 것은 공간의 분위기를 연출하는 것입니다.

Black Background에 에너지 넘치는 엘리먼트들이 합성되면서 전체적으로 밀도 있는 한 컷으로 거듭나게 됩니다. 그리고 이번 작업에서는 센스 있는 컬러 선택이 요구됩니다. 같은 기법을 적용하여도 컬러 선택에 따라 분위기가 180도 달라지게 됩니다.

여기에서도 역시 많은 스킬을 요구하지는 않습니다. 분위기를 나타내는 하나의 방법일 뿐입니다. 광고사진이나 쥬얼리 사진 혹은 그 밖의 제품 사진 등에서 이러한 방법이 많이 사용되고 있는데, 앞으로의 작업에서 많은 도움이 될 것입니다.

Technique

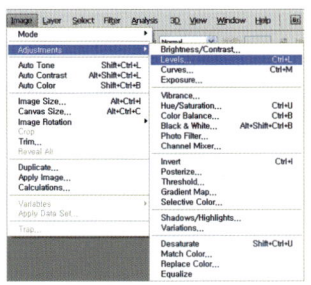
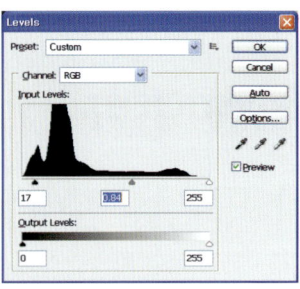

01   제공되는 20_source01.jpg 이미지를 찾아 엽니다. 그리고 Image ⇒ Adjustments ⇒ Levels로 이동해서 값을 조정합니다. 여기에서는 어두운 영역을 넓혀 전반적으로 어둡게 조정하였습니다.

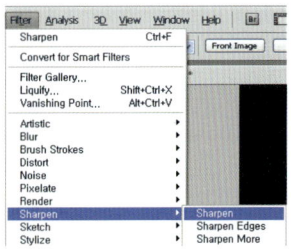

02   다음으로, Filter ⇒ Sharpen ⇒ Sharpen을 실행하여 전반적으로 선명한 이미지로 만듭니다. 물론 언샵이나 스마트샤픈, 혹은 하이패스 등으로 적용할 수 있습니다.

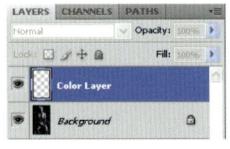
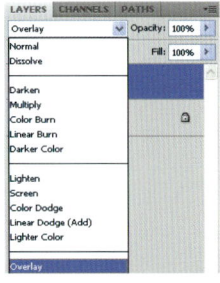
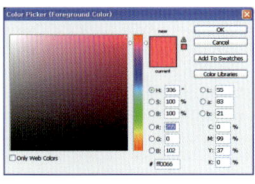

03   이제 새로운 레이어를 생성하고, 이름은 Color Layer로 붙인 다음 Color Layer의 모드를 Overlay나 SoftLight로 하고 브러시 툴을 선택합니다. 색상은 red 계열이나 pink 계열로 설정합니다.

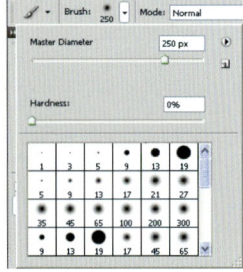

04   브러시 사이즈는 250~300px 정도로 설정하고, 배경을 칠해 봅니다. 색을 칠할 때는 컬러에 변화를 주면서 작업해 보세요. 그럴 듯한 배경이 됩니다.

인물 분위기 연출 169

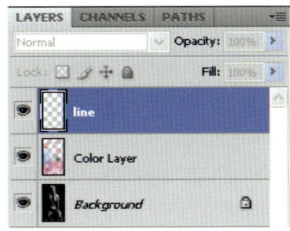 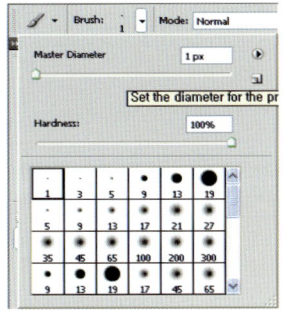

05 　새로운 레이어를 만들고, 이름은 line으로 붙입니다. 그런 다음, 브러시를 선택하고, 브러시 사이즈는 1px로 합니다. 색상은 white나 그 밖의 밝은 계열로 합니다.

06 　이제 라인을 그려봅니다. 힘있게 여러 개의 라인을 그립니다. 마우스를 사용한다면, 가능한 손을 빨리 움직여 라인이 최대한 자연스럽도록 그려지게 만듭니다. 여기에서도 마우스로 작업했습니다.

07 　이제 글로우 효과 혹은 네온 효과를 주기 위해서 line 레이어를 복제합니다. 레이어 이름은 line glow라고 붙인 다음, Line glow 레이어에 가우시안 블러를 적용해 봅니다. 그리고 Radius는 4로 합니다.

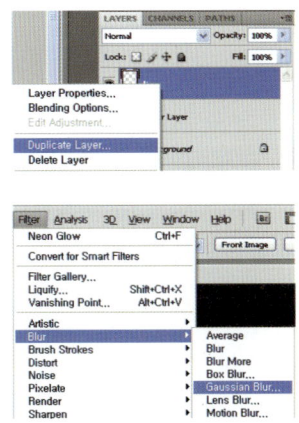 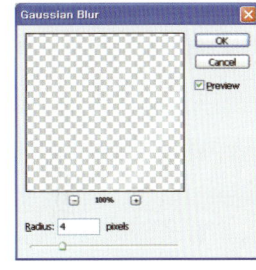

그리고 line glow 레이어를 하나 더 복제합니다. 그러면 보다 풍성한 느낌의 네온효과가 될 것입니다. 마지막으로 line 레이어의 Opacity를 50 퍼센트로 해주어 배경에 잘 어우러지도록 합니다.

Technique

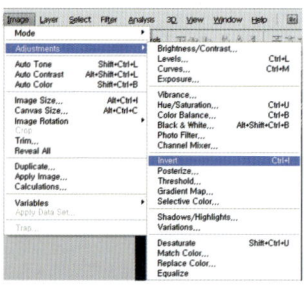

08　제공되는 20_source02.psd 이미지를 찾아 엽니다. 그런 다음, Black line 레이어를 끌어다가 놓고 image⇒Adjustments⇒invert (단축키는 〈Ctrl+I〉)를 적용하여 반전시킵니다. 그리고 레이어를 하단 부분에 배치시킵니다. 이 때 크기를 조정해 주어도 상관없습니다.

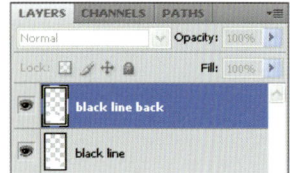

09　다음으로, Black line 레이어를 복제하고, 이름을 Black line back으로 붙입니다. Black line back 레이어를 〈Ctrl+T〉하여 FreeTransform 하고, 예제 이미지와 같이 사이즈와 위치를 조정합니다.

인물 분위기 연출   171

10   제공되는 20_source02.psd 이미지에서 white line 레이어를 끌어다가 놓습니다. 또한 White line 레이어도 마찬가지로 〈Ctrl+T〉하여 FreeTransform 하고, 예제 이미지와 같이 사이즈와 위치를 조정합니다.

[11]   자, 이제부터는 각자의 느낌대로 원하는 곳을 데코레이션하면 되겠습니다. 여기에서는 예제 이미지와 같이 데코레이션을 하고 마무리를 하였습니다. 소스 이미지로 사용한 레이어들을 팔레트 모드를 변환해 가면서 어떻게 적용되는지 살펴보고, 느낌을 최대한 살려보도록 합니다. 텍스처 질감을 입혀서 좀더 완성도를 높여 보세요.

Chapter 21
Fashion Pop Art EFX

팝아트풍의 세련된 패션 아트

팝아트적인 느낌은 프로젝트에서 종종 요구됩니다. 컬러 하프톤Color Halftone과 뜨레쉬홀드 Threshold를 적절히 사용하면 팝아트 적인 느낌을 더욱 세련되게 연출할 수 있습니다. 이 두 가지의 기능을 어떻게 세련되게 사용하는지 배워보겠습니다.

Keypoint
컬러 하프톤 Color Halftone**과 뜨레쉬홀드**Threshold**의 효과 적 사용**

'팝아트'라는 단어를 연상했을 때, 가장 먼저 떠오르는 이미지는 비비드vivid한 컬러와 도트dot 이미지, 그리고 실크 스크린을 한 듯한 이미지일 것입니다. 이런 류의 작업은 클라이언트로부터 의외로 많은 요구가 들어 옵니다. 이런 작업 방식을 배워두는 것은 앞으로의 프로젝트에서 많은 도움이 될 것입니다.

이번 튜토리얼은 과거 팝아트 작품의 느낌들을 포토샵으로 재현해 보는 것입니다. 특히 이런 느낌의 이미지를 구현할 때는 뜨레쉬홀드Threshold가 거의 필수적으로 사용됩니다. 뜨레쉬홀드는 이미지의 명암 대비를 극대화시킴으로써, 팝아트적인 느낌을 내기에 적절하고 유용한 기능입니다. 자칫 촌스러운 느낌이 될 수도 있지만, 반대로 상당히 세련된 느낌으로 거듭날 수도 있습니다. 그리고 이런 느낌에 컬러 하프톤Color Halftone을 적용해야 그럴 듯한 연출이 됩니다. 컬러 하프톤은 반드시 고 대비 이미지에 적용되어야 R,G,B 값이 dot으로 구분되면서 명쾌한 이미지가 됩니다.

덧붙여 Color Halftone의 dot의 크기를 변화시키는 것만으로도 다이내믹한 느낌을 연출할 수 있습니다. 사실 이런 기능들은 평소에 자주 쓰지 않는 기능들이긴 하지만 이번 튜토리얼에선 메인 이펙트로 사용되므로 튜토리얼을 따라 해보면서 추후 작업에 어떻게 활용할 수 있는지 고민해 보는 것도 좋을 것입니다.

Technique

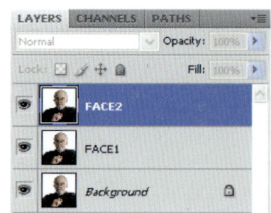

01   제공되는 21_source01.jpg 이미지를 찾아 엽니다. 여기에서 밑그림으로 사용될 이미지입니다. 이미지는 가급적 명암이 뚜렷한 것이 좋습니다. 레이어를 두 번 복제하고, 이름을 Face1, Face2라고 붙입니다.

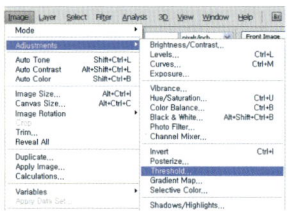

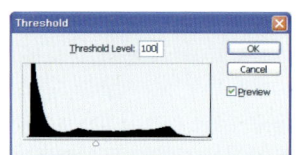

02   다음으로, Face2에 Image⇒Adjustments⇒Threshold를 적용합니다. 그리고 쓰레스홀드 레벨 Threshold Level을 100으로 설정합니다.

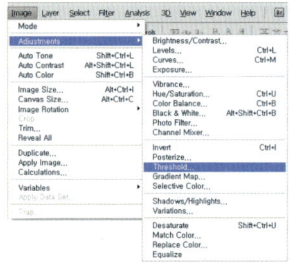

03   그런 다음, Face2 레이어를 잠시 꺼두고, Face1 레이어도 Image ⇒ Adjustments ⇒ Threshold를 적용합니다. 쓰레스홀드 레벨을 145로 합니다.

04   수치를 다르게 두 번 작업한 이유는 값을 다르게 하여 원하는 느낌을 부분마다 다르게 적용하기 위해서입니다. 각각 콘트라스트의 느낌이 다르기 때문에 부분별로 적정한 값을 만들었습니다. 이제 필요 없는 부분은 지워줍니다.

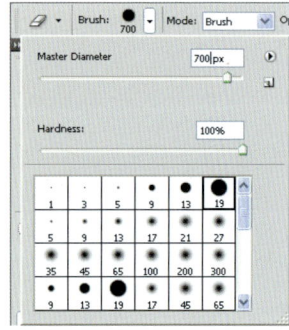

05   지우개 툴을 선택하고, 브러시 사이즈를 700px로 합니다. 그런 다음, Face2 레이어의 오른쪽 얼굴과 머리카락 부분을 지워줍니다. 그리고 Face1 레이어와 Face2 레이어를 Merge Layers시킵니다.

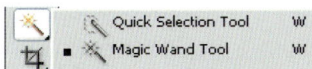

06 　다음으로, 마술봉Magic Wand 툴을 선택합니다. 그리고 상단의 Tolerance 값을 32로 하고, 흰색 부분을 클릭하여 선택합니다. 상단의 메뉴에서 Select⇒Similar합니다.

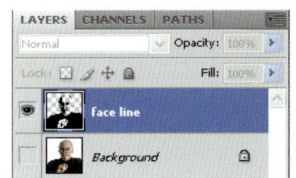

07 　다음으로, Delete를 눌러 제거하고, 배경을 투명하게 비워 놓습니다. 배경에 이미지를 추가하기 위해서입니다. 안경테가 뚫린 부분 등을 잘 복원하고, 레이어 이름을 Face line으로 붙입니다. 복원방법은 생략하겠습니다.

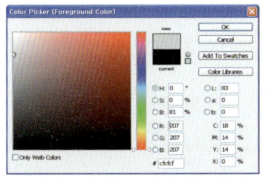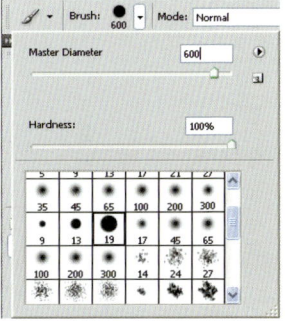

08 　새로운 레이어를 만들고, 이름을 Face color라고 붙입니다. 브러시로 얼굴 부분을 칠합니다. 브러시 툴을 선택하고, 칼라를 밝은 그레이톤으로 합니다. 브러시 사이즈는 600px로 설정합니다. 예제 이미지를 차례로 따라 해보세요.

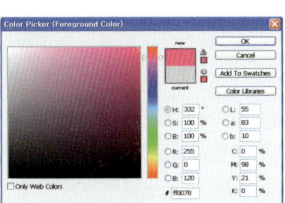

09 　그리고 얼굴 부분을 칠하되 전체를 다 채워 넣기 보다는 부분적으로 터치를 한다는 느낌으로 채워 봅니다. 브러시 칼라를 핑크톤으로 바꾸어 줍니다.

Technique

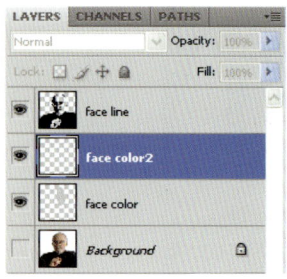

10 새로운 레이어를 추가하고, 이름을 Face color2로 붙입니다. 얼굴의 다른 부분을 예제 이미지와 같이 채워줍니다.

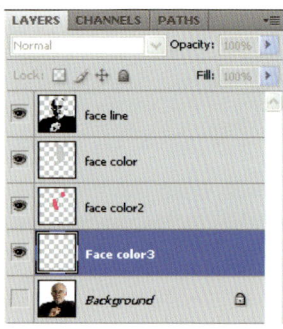
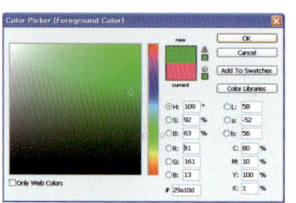

11 새로운 레이어를 하나 더 만들고, 이름을 Face color3으로 붙입니다. 브러시를 선택하고, 색상을 그린 계열로 선택합니다. 그리고 나머지 부분도 예제 이미지와 같이 채색합니다.

12 같은 방법으로, 예제 이미지와 같이 작업합니다. 좀 더 멋스럽게 하기 위해선 러프한 느낌으로 여러 단계를 내는 것이 중요합니다. 너무 깔끔하게 칠할 필요도 없고, 색상은 팝아트적인 느낌을 살릴 수 있도록 비비드Vivid한 칼라로 선택하는 것이 좋습니다.

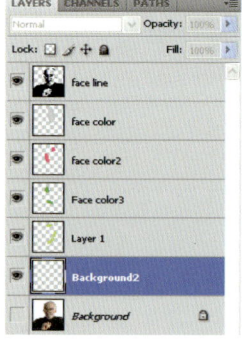

13 새로운 레이어를 만들고, 이름을 Background2로 붙입니다. 레이어는 배경색으로 그레이 계열로 채워 넣습니다.

14 다음으로, Background2 레이어에 Filter ⇒ Pixelate ⇒ Color Halftone을 적용하고, 레디우스^{Radius} 값은 30으로 합니다. 예제 이미지와 같이 배경이 dot 이미지로 전환된 것을 볼 수 있습니다.

15 이제 디자인 엘리먼트들로 데코레이션을 해보겠습니다. 새로운 레이어를 만들고, 이름을 Circle로 붙입니다.

16 브러시를 선택하는데, 어두운 레드 계열을 선택합니다. 브러시는 500px 정도로 하고, 예제 이미지와 같이 점을 찍습니다. 컬러를 핑크 계열로 바꾸고, 브러시 사이즈를 400px로 하고, 다시 한번 그 위에 작아진 점을 찍습니다. 같은 작업을 계속해서 반복하여 예제 이미지와 같이 만듭니다.

17 자, 이제 Circle 레이어를 Background2 레이어 위에 위치시키고, 적당한 곳에 배치합니다. Circle 레이어를 복제하여 이름을 Circle2라고 붙입니다. 서클들의 색상을 다양하게 변화시켜 각각 적당한 위치에 배치합니다.

Technique

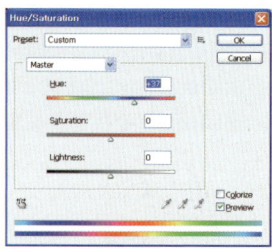 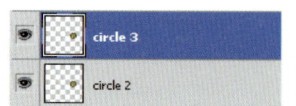 

18   다음으로, Circle2 레이어를 오른쪽 아래에 배치시키고, Image ⇒ Adjustments ⇒ Hue/Saturation을 적용하여 Hue 값을 37로 합니다. Circle2 레이어를 복제하여, 이름을 Circle3로 붙입니다. Circle3 레이어를 오른쪽 위에 배치시키고, Image ⇒ Adjustments ⇒ Hue/Saturation을 적용하여 Hue 값을 -120으로 합니다. 예제 이미지를 차례로 따라 해보세요.

19   지금까지 만든 Circle 레이어들을 계속 복제하여 예제 이미지와 같이 배치합니다. 각각의 서클들의 사이즈를 조절해 가며, 예제 이미지와 같이 만듭니다.

 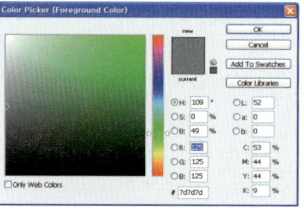

20   레이어 팔레트의 상단에 새로운 레이어를 생성하고, 이름을 Big circle로 붙입니다. 그리고 브러시를 선택하고, 색상을 어두운 그레이 계열로 선택합니다.

 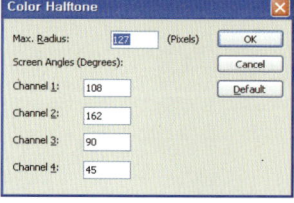

21   그리고 예제 이미지와 같이 여백을 dot 느낌이나 방울 같은 느낌을 내며 칠해줍니다. 그리고 Filter ⇒ Pixelate ⇒ Color Halftone적용하고, 레디우스 Radius 값은 127로 합니다.

[22] 그러면 예제 이미지와 같이 적용되었을 것입니다. 그리고 여기서 더욱 디테일 한 작업이 되면 팝아트적인 느낌의 작품이 완성될 것입니다. 지금까지 작업한 방법으로 더욱 디테일을 살려보세요. 예제 이미지를 차례로 따라 해보세요.

Chapter 22
Pop Artinspired Fashion Illustration

팝아트에서 영감을 얻은 패션 일러스트레이션

벤 데이Ben Day 스타일의 팝아트에 약간의 변형을 주려면 간단한 점들로도 충분하다. 그것을 패션 일러스트에 적용하는 방법을 게빈 디아스Gavin Dias 가 설명합니다.

Keypoint
손으로 그린 그림 준비하기, 일러스트레이션에 색을 더하는 새로운 방법, 이미지에 효과적이면서도 간단하게 효과 더하기

게빈 디아스
Gavin Dias
일러스트레이터이자 멀티미디어 디자이너인 게빈은 인쇄 및 오디오 비주얼 미디어를 위한 작품을 만든다. 그는 모든 팝 문화에서 영감을 얻으며, 특히 사진과 패션을 좋아한다.
www.gavin-dias.com

간단한 점들을 사용하여 톤tone과 셰이딩shading을 패션 일러스트레이션에 더할 수 있습니다. 이는 재미있으면서도 간단하게, 1950년 대의 팝아트 분위기를 재창조하는 작업입니다.

이런 작업은 물론 처음엔 상당히 어려웠던 일이었습니다. 하지만 오늘 날의 디자인 툴로써는 무척이나 간단한 일이 되었습니다. 이 튜토리얼에서는 스캐닝에서부터 스케치, 다듬기, 색 더하기 등의 과정을 다 배워볼 것입니다. 이 작업에서 필요한 리소스 파일들은 웹에서 내려받을 수 있습니다.

Technique

01   먼저 원하는 이미지의 라인 웍을 스캔합니다. 300dpi 이상의 해상도가 되어야 합니다.

02   모니터 가까이에서 보면 이미지가 약간 거칠게 보일 것입니다. 이를 향상하기 위해 Image ⇒ Adjustments ⇒ Levels를 실행합니다. 대화상자에서는 맨 위 흰색 화살표를 왼쪽으로 움직여 얼룩을 지웁니다. 드로잉에 따라 다르겠지만, 회색을 더 까맣게 칠할 필요가 있을 수도 있습니다. 이는 맨 위의 까만 화살표를 왼쪽으로 움직임으로써 가능해집니다.

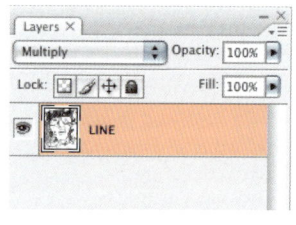

03   이 레이어를 복사해서 배경 레이어가 아니게끔 합니다. 레이어 모드를 멀티플라이Multiply로 맞춥니다.

04   새로 레이어를 만들어 스킨과 머리의 색 작업을 합니다. 단색이 들어간 영역과 비슷한 색이 채워져 있는 영역을 파일링합니다.

05   스킨과 머리, 작은 영역들을 칠했으면, 점을 넣고 싶은 부분을 하이라이트합니다(이 그림의 경우, 나는 스킨을 선택했습니다). 이 때, 마법 툴Magic Wand tool을 사용하면 됩니다. 셀렉션으로 Select ⇒ Modify ⇒ Expand를 선택해서 확장시킬 수 있습니다. 새로 레이어를 만듭니다.

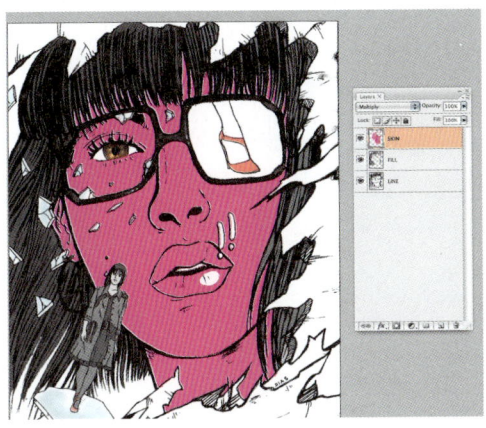

06 하이라이트한 영역을 Edit ⇒ Fill로 채우기를 합니다. 혹은 Shift+F5로도 가능합니다. 어떤 색을 쓰던 상관은 없습니다. 하지만 밝은 색을 권장합니다. 그래야 레이어가 더 잘 보이니까.

07 웹에 올려져 있는 파일 중 Dots.tif 파일을 선택합니다. 작은 점들, 중간 점들, 큰 점들이 있을 것입니다. 느낌에 맞는 것을 잘 골라 문서에서 열기를 합니다. 하이라이트 된 레이어 위로 무브^Move 툴을 써서 옮겨 놓습니다. 이제 밑에 위치한 하이라이트 된 부분을 Ctrl+클릭합니다.

08 하이라이트 된 레이어가 선택되었다면, 점이 있는 레이어를 Layers 팔레트에서 클릭합니다. Select ⇒ Inverse를 누릅니다. 삭제^Delete를 눌러 스킨 바깥에 있는 모든 점들을 지웁니다.

09 하이라이트 된 레이어를 지우거나 눈 아이콘을 누릅니다. 점 레이어를 선택하고, 이레이즈^Eraser 툴을 사용하여 방금 점이 찍힌 하이라이트 된 영역의 바깥 쪽을 문지릅니다.

Technique

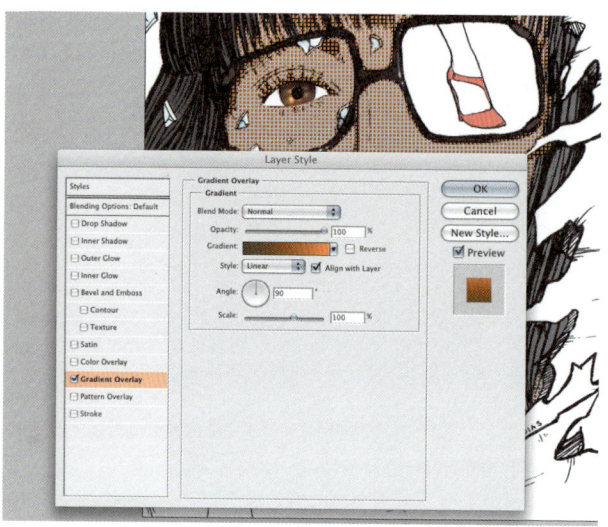

10   점들의 색을 레이어 스타일 Layer Styles 아이콘을 눌러 바꿉니다. 레이어 Layers 팔레트 아래 쪽에 있습니다. 그라디언트 오버레이 Gradient Overlay 를 메뉴에서 고릅니다. 그라디언트 색을 고릅니다(이 때, 어두운 색에서 밝은 색으로 가게 합니다). Ok를 클릭합니다.

11   새 레이어를 만들고, 점 레이어와 병합 merge 시킵니다. 두 레이어를 선택한 상태에서 Shift+Ctrl/Cmd+E를 누릅니다. 레이어 Layers 팔레트의 드롭다운 메뉴에서 새 레이어 모드를 소프트 라이트 Soft Light 로 맞춥니다. 이 레이어를 복사하고 복사된 레이어의 모드를 하드 라이트 Hard Light 로 맞춥니다. 그래야 점들에 더 나은 대비효과를 줄 수 있으니까. 새 레이어를 만들어 배경으로 삼습니다. 이 레이어는 첫 선 작업을 한 레이어 밑으로 들어가야 합니다.

12   배경을 회색으로 채웁니다. 그리고 원하지 않는 영역을 지웁니다. 새 레이어를 배경 레이어 위에 만들고, 5번에서 11번 과정을 배경에서 반복합니다. 이번에는 단색을 써야할 지도 모릅니다. 레이어 Layers 팔레트에서 Layer Styles ⇒ Color Overlay 를 선택합니다. 배경 모드를 선형 번 Linear Burn 으로 맞추고, 새로운 레이어를 그 밑에다 만듭니다.

185　팝아트에서 영감을 얻은 패션 일러스트레이션

13　이 새 레이어를 사용하여 더 밝은 색과 라인 작업을 합니다. 선은 라인Line 툴을 사용하여 더합니다. 5번부터 11번 과정을 반복하여 점을 더해도 무방합니다. 그리고 레이어 스타일을 사용해서 색을 바꿉니다. 여기에는 딱히 바르고 틀린 레이어 모드가 정해져 있지 않습니다. 오버레이Overlay 보다 소프트 라이트Soft Light를 좋아할 수도 있습니다. 모두 여러분 자신의 취향에 달려있습니다.

14　이제 하이라이트를 더할 차례입니다. 새로 레이어를 점 레이어 위에다 만듭니다. 소프트 브러시soft brush를 선택하고, 투명도를 40%로 맞춘 다음 인쇄를 시작합니다. 스스로 브러시를 만들어도 됩니다. 그러면 이미지가 좀 더 풍부해질 것입니다. 투명도를 레이어Layers 팔레트에서 조정합니다.

[15]　마지막으로, 새로 레이어를 만들어 마지막 '반짝임'을 이미지에 더합니다. 닷지Dodge 툴을 사용해 하이라이트를 디테일한 영역에 더할 수 있습니다. 드디어 이미지가 완성되었습니다.

원사이드제로 Onesidezero
짐 그키카스 Jim Gkikas
테오도루 바디우 Teodoru Badiu
크레이그 애트킨슨 Craig Atkinson
존 래썸 John Latham
겜마 코렐 Gemma Correll
뮤릴로 마쉬엘 Murilo Maciel
크리스토프 레미 Christophe Remy
얀 빌렘 베네키스 Jan Willem Wennekes
델핀 에틴저 Delphine Ettinger
댄 핼럿 Dan Hallett
마르셀로 브루제시 Marcelo Bruzzesi
크리스 이드 Chris Ede
그래함 코코란 Graham Corcoran
아담 루이스 Adam Lewis
벤 휴잇 Ben Hewitt
파코 라파엘 크리넨 Paco Raphael Krijnen
앨런 캠벨 Alan Campbell
다니엘 쉬엘즈 Daniel Shiels
저스틴 어스캇 Justin Ascott
케이트 서턴 Kate Sutton
보리스 미할릭 Boris Mihalik
바실리 오를로브 Vasili Orlov
마틴 심슨 Martin Simpson
롭 헤이그 Rob Hague

Creative Artworks-2: Photoshop

Part 2.
Global Inspirations

갈수록 다양해지는 독특한 비주얼 스타일에서 혁신적으로 다가오는 작품들을 모았습니다.

무척이나 방대한 비주얼 세계에서 재능 있는 아티스트들의 작품에서 아이디어와 영감을 얻어보세요.

Onesidezero 원사이드제로

위　DRINK, INK AND RINSE: "상업용으로 발매된 서브리미널 클로딩의 아티스트 레인지를 위해 작업한 두 개의 디자인 중 하나입니다."

지역	영국 레스터
직업	프리랜서 디자이너 / 일러스트레이터
연락처	www.onesidezero.co.uk
S/W	포토샵, 일러스트레이터

2005년 그래픽 디자인으로 학위를 취득한 원사이드제로 Onesidezero 는 레스터 출신의 디자이너 겸 일러스트레이터이다. 그는 어도비 CS 사용법을 혼자 배워서 자신의 일러스트 스타일을 창조해 왔다.

"영감이란 것은 보통 일상에서 접하게 되는 소소한 것들에서 얻곤합니다. 머리 속의 기상천외한 잡념에서 나오기도 하고요. 제 캐릭터들은 어린 시절의 개구쟁이 성격을 반영하고 있지요. 핸드 드로잉 일러스트를 무척 좋아하지만, 채색이나 조형 부분에서 좀 더 편하게 작업할 수 있어 디지털 작업에도 매력을 느끼고 있어요. 전통적인 방식의 실험을 시작했는데요. 스크린 프린팅이나 월 프린팅, 핸드 메이드 작품들이 점점 좋아지네요."

원사이드제로의 향후 계획에는 디자인과 일러스트가 모두 포함되어 있다. "출판이나 인테리어 디자인과 슬립매트 디자인을 포함하여 다양한 프로젝트를 준비하고 있어요." 이외에도 그가 생각하고 있는 일은 많다. "좀 더 큰 계획으로는 잉크디스 전시회도 준비 중입니다. 제 꿈은 비닐 피규어를 만들거나 모션작업을 해보는 것이지만 말이죠."

좌 **WE SPEAK JIVE TALK:** 원래는 실험작으로 포토샵에서 만들어 봤습니다만, 이 작품이 만들어지기까지는 재즈 음악의 영향이 컸습니다.
우 **THE DREAM TREE:** "잉크디스 2 전시회를 위해 만든 작품으로, 포토샵과 일러스트레이터를 사용했습니다. 제가 꾼 악몽은 어쩌면 그렇게도 한결같이 나선을 그리는 지에 대해 작업해 보았습니다. 어릴 적엔 늘상 낯선 괴물 꿈을 꾸곤 했는데, 창밖의 나무에서 드리워지는 그림자가 방안 여기저기를 휘저었기 때문에 겁도 많이 먹었죠."

Jim Gkikas 짐 그키카스

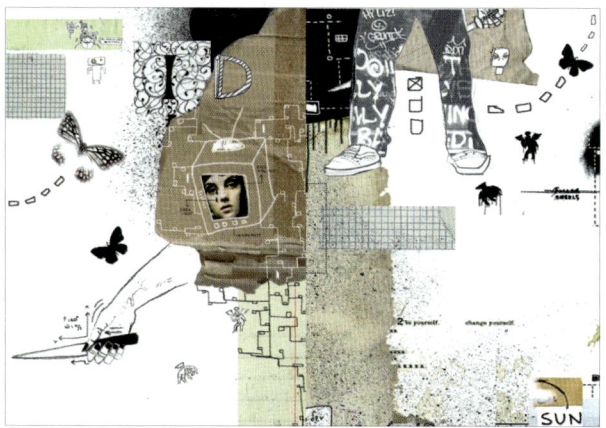

지역	그리스 코로피
직업	그래픽 디자이너/일러스트레이터
연락처	www.myspace.com/jimmy66fellfromthetree
S/W	포토샵, 일러스트레이터

짐 그키카스는 그리스에서 고등학교를 졸업하고 공학을 전공하다가 6개월만에 그래픽 디자인을 공부하기 위해 그만두었다. 그렇게 해서 2006년 6월에 졸업했다.

"장 미셸 바스키아, 앤디 워홀, 그리고 뱅크시에게서 많은 영향을 받았습니다." 자신의 스타일에 대한 그의 설명을 들어보자. "기본 스타일과 테크닉은 텍스처와 스케치 스캐닝에서 출발합니다. 포토샵과 플래시를 사용해 각자 다른 레이어로 결합시키는 거죠."

위 **LES CRIMENES EJEMPLARES:** "〈Les Crimenes Ejemplares〉를 위한 일러스트. 포토샵 CS, 일러스트레이터 CS와 스캐너를 사용했습니다."
아래 **ODE TO A RIVER:** "최근 작업한 일러스트로, 요소 별로 다른 환경에서 작업했습니다. 여전히 좋아하는 작품입니다."

Teodoru Badiu 테오도루 바디우

지역 오스트리아 빈
직업 크리에이티브 미디어 디자이너
연락처 www.theodoru.com
S/W 포토샵, 일러스트레이터, 시네마 4D

테오도루 바디우는 2005년 SAE 빈을 졸업하고, 지금은 크리에이티브 미디어 디자이너로 일하고 있다. "학교 다닐 때, 일러스트레이터와 시네마 4D를 처음 접했습니다. 그 후로 다른 툴이나 작업 방식과 결합시키는 방식으로 표현 기법을 연구해 오고 있습니다."

그 결과 자신의 생각을 효과적으로 전달할 수 있도록 다양한 미디어가 혼합된 이미지를 만들어 내고 있다. "메시지를 전달하고 서로 다른 미디어와 기법을 활용해 시각적 감성을 만들어 내고자 노력하고 있습니다. 이를테면 3D, 벡터 그래픽, 디지털 사진, 드로잉, 회화, 스캔 등을 말하는 겁니다."

위와 아래 THE FLOOD & ONE STEP ASIDE REALITY: "펜 드로잉, 스캔, 그리고 디지털 사진 등 서로 다른 미디어를 유기적으로 녹여내고자 노력한 실험작입니다. 디지털 카메라로 사진을 찍고, 그 주변에 배경을 그려 넣었습니다. 메시지가 명확해질 때까지 계속 작업했습니다."

Craig Atkinson 크레이그 애트킨슨

위 **톰 요크:** 어느 정도는 유명인사, 격리, 분리라는 개념 위에 만들어진 개인적인 작품의 일부입니다. '쿨하다'는 말과 '모던하다'는 말은 언제나 흥미롭습니다. 도대체 쿨한 것이 무슨 의미죠?

지역	영국 사우스포트
직업	프리랜서 일러스트레이터
연락처	www.craigatkinson.co.uk
S/W	포토샵, 인디자인, 드림위버

크레이그 애트킨슨은 1999년에 순수 미술 전공으로 학사, 석사 학위를 받았다. 크레이그는 "미술 쪽에서는 어느 정도 괜찮은 성과를 이룬 것 같습니다. 한 2년 전에 페인팅을 포기하고, 드로잉으로 돌아서기로 마음먹었습니다. 그리고 몇몇 분들께 작업의뢰를 받았죠. 그 전에는 삽화 같은 분야는 상상도 못했는데 말이죠. 어쩐지 모든 것이 사고처럼 일어났습니다"라고 말했다.

그의 작품은 대부분 비유적이고, 각각의 형태가 라인의 텍스처가 되는 추상적인 과정을 통해 만들어진다. 그는 "저는 자주 '격리'라던가, '전위' 같은 개념들을 사용합니다. 몇몇 작품에선 유명인사나 누구나 가지고 싶어하는 물건들, 가고 싶어하는 장소들이 등장하는데, 그것들은 있어야 할 곳이 아닌 곳에 따로 격리되어집니다. 그리고는 그냥 빈 종이 위에서 갈 길을 잃곤 하죠"라고 말한다.

위   **춤 못 추는 녀석들:** 이 삽화는 〈타임즈〉의 일요잡지에 실렸던 것입니다. 제가 작업했던 '유명인사/격리' 시리즈의 한 부분이기도 합니다. 약간 변형된 버전이 〈네온Neon〉이라는 독일 잡지에 쓰이기도 했습니다.

아래   **우리 시대의 시인들:** 이 작품으로 딕영상Dick Young Prize 머지사이드 최고 아티스트 부분을 수상했습니다. 또한 존 무어스 페인팅상John Moores Painting Prize에서 후보로 오르기도 했죠. 코벤트가든에서 열린 머큐리 음악상The Mercury Music Prize 대회에서도 전시되었어요.

John Latham 존 래썸

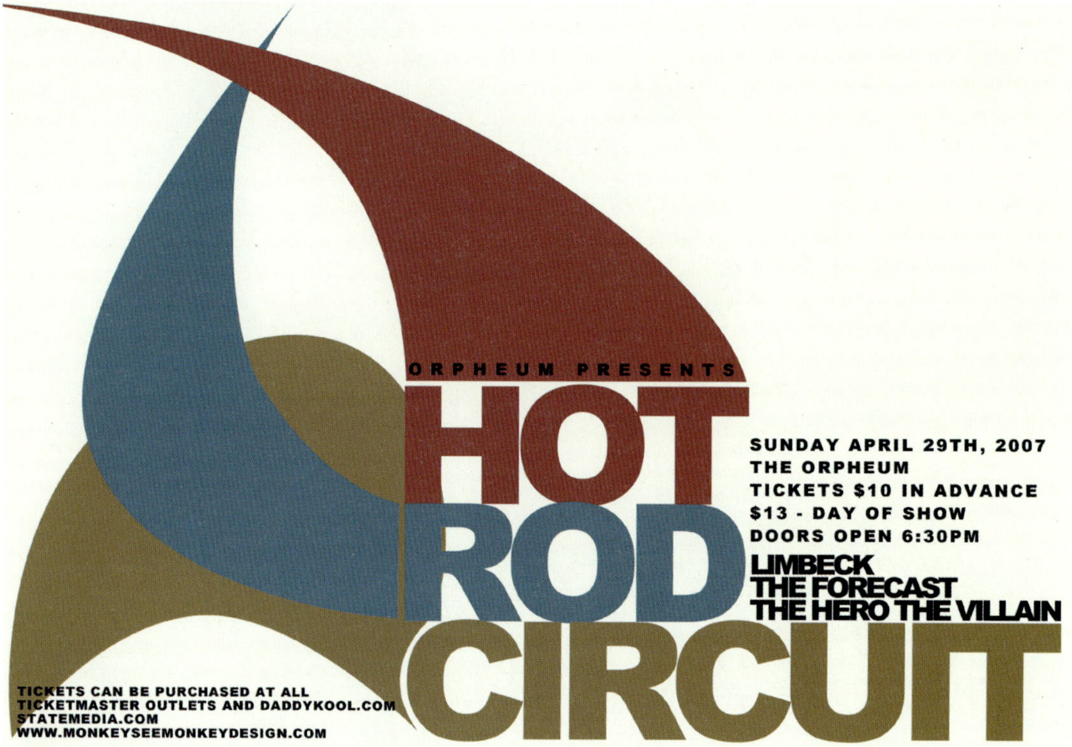

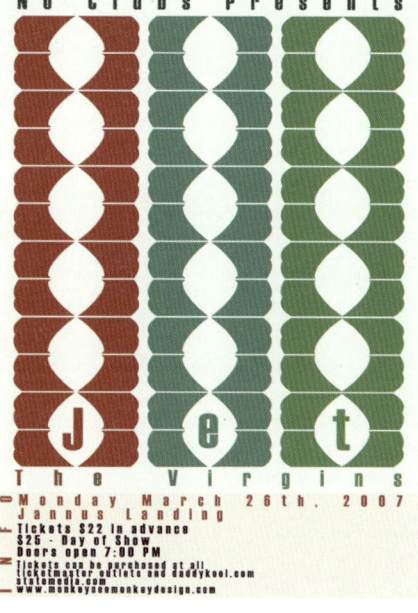

지역	영국 스켈머스데일
직업	프리랜서, 그래픽 디자이너
연락처	www.monkeyseemonkeydesign.com
S/W	포토샵

지난 몇 년간 그래픽 디자이너 존 래썸은 독학으로 포토샵과 새로운 디자인을 구상하느라 여념이 없었다. 온라인 포트폴리오를 만들면서, 세계 곳곳의 콘서트 프로모터들과 접촉하면서 새 고객들과 자연스럽게 연결되었다.

그는 "독보적인 스타일과 창조적인 정신은 새로운 분야로 진출할 때 꼭 필요한 것"이라고 말한다. "처음 시작했을 때, 저는 포토샵에 관해 아는 것이 거의 없었습니다. 그러나 온라인 튜토리얼을 공부하는데 엄청난 시간을 투자했죠. 제 생각을 화면에 옮겨 놓을 수 있는 수준까지 가려고요."

위 핫 로드 써킷 포스터: 노클럽스라는 미국 프로모션 회사의 의뢰로 만든 작품입니다. 개인적으로 노클럽스와 같이 일하는 것을 좋아하는데요, 최고 그룹들의 콘서트를 주최하기 때문이죠. 그래서 저 또한 디자인 작업을 하면서 광적으로 변하게 됩니다.

아래 제트 포스터: 제한된 색깔로만 실험적인 작품을 즐겨 만듭니다. 어떤 색이 어떤 색과 어떻게 어울리는지 찾아내기 위해서죠. 이 포스터는 색깔보다는 배치적인 요소에 더 치중한 것입니다.

Gemma Correll 젬마 코렐

지역 영국 노리치
직업 프리랜서 일러스트레이터
연락처 www.gemmacorrell.com
S/W 포토샵

젬마 코렐은 노리치 미술 디자인 대학에서 그래픽 디자인을 전공했다. 이후에 다양한 프로젝트에 프리랜서 일러스트레이터로 참여해 왔는데, 고객들은 〈오렌지〉나 〈플랜B〉 잡지 등이다.
"저는 멕시코 향토 미술이나 30년대 디즈니 만화, 스크린 인쇄물에서 종교적인 도상법까지 다양한 것들의 영향을 받습니다. 제 스타일은 수작업을 바탕으로 하고 있으며, 드로잉이나 콜라주 기법이 주를 이루고 있습니다. 포토샵으로 질감을 가미하고 그림을 덧붙입니다. 손으로 그린 것들도 색깔을 바꿔주고 크기를 바꾸기도 하고요. 포토샵은 작업하기에 엄청난 자유로운 환경을 주면서 또 동시에 손으로 직접 만든 듯한 자연스러움도 가능하게 합니다."

위   **점심시간:** 초등학교에서 보조교사로 일해본 적이 있습니다. 학생들은 저에게 늘 영감을 주곤 했습니다. 저는 매일매일 벌어지는 일들 속에서 유머를 찾으려고 했고, 이런 것들을 제 작품에 포함시키려고 애씁니다.
아래   **플레이리스트:** 〈플랜B〉를 위해서 만든 작품입니다. 개인적으로 마음에 드는 작품인데, 수작업적 요소(드로잉/콜라주)와 디지털적 요소(포토샵)의 균형이 잘 맞기 때문입니다. 지나치게 컴퓨터 그래픽처럼 안 보인다는 거죠.

Murilo Maciel 뮤릴로 마쉬엘

위　**내안의 나:** 홍보용 포스터인데요, 이 그림을 통해 영국 밴드 '베타밴드The Beta Band'의 노래 분위기를 제 나름으로 해석해 본 것입니다.

지역	브라질 포르투 알레그레
직업	일러스트레이터 / 그래픽 디자이너
연락처	www.grafikdust.com
S/W	포토샵, 일러스트레이터, 인디자인

뮤릴로는 브라질 출신의 일러스터레이터로 그래픽더스트GrafikDust 그룹의 프리랜서로 활동 중이다. "저는 광고 분야를 공부했습니다. 하지만 2002년 런던으로 이민을 가면서 제가 진짜 좋아하는 것은 일러스트라는 것을 깨달았죠. 2005년 브라질로 다시 돌아오자마자 잡지 제작에 참여하면서 제가 진정 좋아하는 일을 시작했습니다. 제 작품은 각기 다른 매체 (사진, 텍스처, 수제품, 벡터 등)들로 구성됩니다. 그리고 저는 음악, 영화, 사이키델리아, 자연, 런던, 콜라주 등 제 주위의 모든 것들에게서 큰 영향을 받습니다."

위 **GDAD:** 포토샵과 일러스트레이터를 이용해서 만든 브라질 잡지사의 홍보물입니다.
아래 **오베네치아 베나가 베누시아:** 이 곡은 밤중에 듣기 딱 좋은, 약간은 신화적이고도 마술 같은 이야기들을 생각나게 합니다.

Christophe Remy 크리스토프 레미

위 **영원한 실패**: 하와가 선악과를 먹는 장면을 시각적으로 재해석한 것입니다.

지역	벨기에 브뤼셀
직업	프리랜서 일러스트레이터 / 디자이너
연락처	www.nevereffect.com
S/W	포토샵

브뤼셀의 한 영화학교에 입학한 크리스토프는 사운드 엔지니어를 꿈꾸는 학생이었다. 하지만 얼마 안가 이미지, 카메라, 사진 쪽으로 마음이 기울기 시작했다. "그 때 처음 포토샵이라는 것을 배웠죠. 〈CA〉 잡지를 처음 본 것도, 데이브 맥킨 Dave McKean의 작품을 처음 본 것도 다 그 무렵이었어요"라고 그는 회상했다. "그 때 깨달았죠. 이 길이 제 길이라는 것을. 그리고 〈CA〉 잡지의 튜토리얼 기사를 따라하고 각종 실험을 해가며 독학을 했습니다."

크리스토프는 전통적인 방법으로 작업을 한다. 드로잉, 페인팅, 스텐실 같은 것들 말이다. "물론 콜라주, 낡은 종이나 문서 같은 것들도 좋아합니다. 저는 18세기와 19세기 역사에 관심이 많습니다. 저는 늘 같은 기술이나 방법을 쓰지 않으려고 노력합니다. 늘 새로운 것들을 찾아내죠. 제 작품이 바로 내일 전혀 다르게 변한다 해도 말입니다"

위　**허프드 휴**: 이 작품은 벨기에의 솔로 가수를 위해 만든 CD커버입니다. 그와 그의 음악에 대한 제 느낌을 반영한 것이죠. 좁은 공간, 시간속의 그 무언가를 표현하려고 했습니다. 그리고 이 손은 바로 그 가수의 손입니다.

아래　**GRI**: 도시 생활을 그린 작품 시리즈 중 하나입니다. 초조함과 격리라는 것에 포인트를 뒀죠. 첫번 째 그림은 도시에서 찍은 사진들로 대부분 만들어졌고, 두번 째 것은 제가 가지고 있는 많은 서류들에서 따온 것들을 포함하고 있습니다.

Jan Willem Wennekes 얀 빌렘 베네키스

위 **몬스티클 브레이크아웃** Monsticle Breakout: "종종 일시적인 '명작'을 만들어 낼 때가 있습니다. 그 시점까지 배운 모든 기술을 총동원해서 만들어낸 작품이죠. 다른 작품에서 좋은 부분들을 따오기도 합니다."

지역 네델란드 호로닝언
직업 일러스트레이터
주소 www.zeptonn.nl
S/W 일러스트레이터, 포토샵

얀 빌렘 베네키스는 호로닝언 대학에서 인공지능과 철학을 전공했다. 하지만 현재는 독학으로 공부한 일러스트레이터로 이름을 떨치고 있다. "사람들이 스팅어Stinger라는 예명이나 제 스튜디오 이름인 젭톤Zeptonn을 더 많이 알고 계시더라고요"라고 디자이너 얀이 말했다.

"스튜디오라고 해도 저 혼자 뿐입니다. 제가 한 작품은 티셔츠, 배지, 스케이드보드부터 캔버스 인쇄, 벽 그래픽, 책에 이르기까지 다양한 편이고요. 고객들 중에는 꽤 이름있는 회사들이 많은데 쓰레드레스Threadless, 팝클링Popcling, 블릭Blik, 펑크러쉬Funkrush, 스플릿디애톰SplitTheAtom, 티토닉TeeTonic 등이 있습니다. 얼마 전까지만 해도 디자이너란 직업을 전업으로 생각해보지 않았습니다. 지금 와서 생각해보면 옳은 결정을 한 것 같고요, 제 일에 아주 만족합니다."

위 **햇빛 찬란한 날 A Sunny Day:** "쉐이딩과 라이팅 기술을 시험적으로 사용해 본 결과물입니다. 처음 스케치는 비어코스터beer coaster에 그렸고, 후에 다시 제 스케치북에 옮겨 다듬은 것이죠."

아래 **거인이 잠들 때 When The Giant Fell Asleep:** "이 작품을 만들 땐 스케치 과정이 없었습니다. 그냥 곧바로 일러스트레이터를 켜서 작업을 시작했죠. 그리고는 그 화면 속에서 객체들이 스스로 진화하게끔 했습니다. 손은 제 손을 직접 사진으로 찍어 벡터 이미지화 한 것입니다."

Delphine Ettinger 델핀 에틴저

지역 뉴욕
직업 디자이너
연락처 www.ashes57.com
S/W 일러스트레이터, 포토샵

델핀은 2004년 6월 런던 디자인 회사를 그만 두었다. 그리고 미국으로 날아갔다. 긴 겨울밤들을 선 드로윙과 벡터 그래픽을 하면서 보낸 그녀는 결국 LA의 오베이Obey로 더 잘 알려진 그래픽 디자이너이자 일러스트레이터인 쉐퍼드 페어리Shepard Fairey의 러브콜을 받게 된다. 그래서 헐리웃까지 장장 3일간 버스를 타고 여행을 감행한다. 그리고 비자가 만료될 때까지 그곳을 떠나지 않았다.

2005년 여름, 그녀는 로스 엔젤레스에서 오베이와 함께 〈스윈들Swindle〉이라는 잡지와 오베이가 집필한 다른 책들의 그래픽 작업을 했다. 게다가 다양한 전시회를 위한 프로젝트에도 참여했다. 현재는 뉴욕 〈쿨Cool〉 잡지사에서 디자이너로 근무 중이다.

위 **포리스트 크류Forest Crew 1:** "이 작품은 검정 수성 페인트를 써서 손으로 작업한 것입니다. 자세히 보면 뉴욕 번화가의 풍경을 담은 것임을 알 수 있습니다. 그 안에 숨어있는 이야기도 찾아보세요."
아래 **인간의 마음A Mind of a Man:** "제이지는 뉴욕에서 상당한 이목을 끄는 인물입니다. 그리고 사람들이 제 그림을 보고 그림을 알아보길 원했죠. 이 작품은 일러스트레이터 CS2만 써서 완성한 작품입니다."

Dan Hallett 댄 핼럿

Magpie dreaming

Illustration for Historian Jonathan walker's novel 'Five Wounds'
Dan Hallett Tel: (0034) 679701199. E-mail: hallettdaniel@hotmail.com
www.jonathanwalkervenice.com

지역 스페인 바르셀로나
직업 일러스트레이터
주소 http://danhallett.blogspot.com
S/W 포토샵, 프리핸드

댄은 영국 앵글리아 러스킨 예술 대학 Anglia Ruskin University Art School에서 일러스트레이션을 전공했다. 현재는 바르셀로나의 한 스튜디오에서 디자이너로 일하고 있으며, 패션 상품들을 디자인하고 있다.

"프리랜서 일도 병행하고, 역사가 조나단 워커 Jonathan Walker가 쓴 책 두 권의 책에 삽화 작업도 했습니다. 일러스트레이터라면 광범위하고 다양한 분야에 흥미가 있어야 한다고 생각합니다. 제게 영감을 주는 디자이너들을 꼽으라면 크리스 웨어 Chris Ware와 숀 탠 Shaun Tan입니다. 제가 지향하는 그림은 이야기가 있거나 사람들의 사고를 유도하는 그림입니다. 어차피 다 '커뮤니케이션'을 위한 작업이 아닐까요? 가끔 메시지가 모호하긴 해도 말이죠."

위와 아래 **권총! 반역! 살인!Pistols! Treason! Murder!:** "이 작품은 조나단 워커의 첫번째 책인데, '펑크역사'의 첫 번째 작품이라는 꼬리표가 붙었습니다. 이 책은 30개의 일러스트레이션을 담고 있는데, 대부분이 16세기나 17세기의 판화 같은 느낌을 주죠. 많은 부분을 먼저 손으로 그린 후 포토샵으로 구성처리를 했습니다."

Marcelo Bruzzesi 마르셀로 브루제시

위 비닐Vinyl: "비닐은 절대 죽지 않습니다! 이 작품은 평소 스타일로 만들었고, 일러스트레이터와 포토샵으로 작업했습니다."

지역	영국 글래스고
직업	아트 다이렉터/일러스트레이터
주소	www.bruzzesi.com
S/W	일러스트레이터, 포토샵

마르셀로 브루제시는 브라질 출신 디자이너이다. 현재는 영국 글래스고에 거주하여 일하고 있다. "브라질은 커다란 비빔밥 같은 곳입니다. 국민들도 그렇고 종교에서도 그렇죠. 그런 제 배경이 작품에 모두 반영됩니다."

브루제시의 작품은 그림, 벡터, 색깔, 팔레트, 텍스처, 그래디에이션이 모두 섞여 있다. "저는 제 주위의 모든 것에서 영감을 받습니다. 그래서 눈에 보이는 것은 다 기억하고 담아놓으려고 노력합니다. 그래야 작품 속에 모두 섞어 놓고 표현할 수 있으니까요."

위 **이상한 폭발Curious Explosion:** "이 작품은 큐리어스 그룹Curious Group에서 의뢰받은 작품으로, 사람들의 영혼속에 담겨있는 무언가를 묘사한 것입니다. 모양들을 손으로 그려넣고 포토샵으로 마무리 했습니다."

아래 **고 어헤드Go ahead:** "이 벡터이미지들은 전부 일러스트레이터에서 만든 것입니다. 그리고 포토샵을 사용해서 나무느낌을 더했죠. 제 개인용 작품이고, 굉장히 좋은 기분을 표현해 본 것입니다."

Chris Ede 크리스 이드

위　에디토리얼Editorial: "이 그림은 정신과 의사의 도움이 필요한 한 남자를 그린 에디토리얼 일러스트레이션입니다. 이 남자는 화장실에 있을 때 하는 일의 목록표를 작성하는데 거의 미쳐있죠. 펜, 잉크, 포토샵을 이용해 만들었습니다."

지역	영국 치체스터
직업	프리랜서 일러스트레이터 / 그래픽 디자이너
주소	www.chrisede.net
S/W	포토샵, 일러스트레이터, 인디자인

프리랜서 일러스트레이터 겸 그래픽 디자이너인 크리스 이드는 1996년도에 대학을 졸업하고 일러스트레이션계에서 경력을 쌓고있는 중이다.

"1996년 9월 열린 뉴디자이너 셀렉션 전시회New Designers Selection Exhibition부터 시작했습니다. 그리고 맥폴McFaul과 같이 일 할 수 있는 커다란 영광을 누릴 수 있었죠. 가장 즐거웠던 작업은 더니스 포 키드로봇Dunnys for Kidrobot 시리즈를 디자인한 것입니다."

이드는 템플 블룸Temple Bloom라는 온라인 인쇄사업에 참여 중이다. 그러면서 로고 디자인이나 사무용품, 광고물, 애니메이션, 한정판 인쇄물 시리즈 등의 분야에서 왕성하게 역량을 발휘하고 있다. AOI 이미지 전시회에도 참여했다. "이 분야의 책과 에디토리얼 파트에서 만큼은 제 이름을 떨치고 싶습니다"라고 포부를 밝혔다.

위　템플 블룸Temple Bloom: "2007년도에 오픈한 온라인 인쇄 디자인 회사인 템플 블룸에서 작업한 것 중 하나입니다. 그곳에서 제가 하는 작업은 로고 디자인, 사무용품 디자인, 광고, 애니메이션, 한정판 인쇄물 시리즈 등입니다."
아래　어떻게… 쉴까How to… Rest: "이 작품은 사람들이 어떤 방식으로 휴식을 취하는가 라는 주제의 기사에 삽입된 그림이자 '파워냅power nap'에 대한 설명입니다. 펜, 잉크, 차, 포토샵을 이용했습니다."

Graham Corcoran 그래함 코코란

위 　오토바이 타는 여자Girl on a Motorcycle: "전 기계를 좋아해요. 특히나 낡아서 다 부서지기 직전의 기계들이요. 이 작품은 승리Triumph라는 옛 작품에 영향을 받은 것입니다. 주위의 지저분한 풍경과 귀여운 아가씨를 대조해 보고 싶었습니다."
아래 　플레이그 닥터Plague Doctor: "전 전염병이 돌 때 의사들이 입던 이상한 복장에 늘 관심이 갔었습니다. 왠지 딴 세상에서 온 사람들 같거든요. 으스스하기도 하죠. 그런 느낌들을 이 작품에 싣고 싶었습니다."

지역	아일랜드 더블린
직업	프리랜서 일러스트레이터
연락처	www.digitalrampage.com
S/W	포토샵

그래함 코코란은 더블린 출신의 프리랜서 일러스트레이터이다. 고객은 어메리칸 그리팅즈American Greetings, 하코트 브레이스Harcourt Brace, 인라이트 소프트웨어Enlight Software, 스미스윅Smithwick의 캣 라프스 코메디 페스티벌Cat Laughs Comedy Festival 등이 있다.

그래함이 주로 쓰는 프로그램은 포토샵이며, 와콤 타블렛 펜으로 작업한다. "제 작품은 50년대와 60년대의 디자이너들에게 많은 영향을 받았습니다. 미로슬라프 사섹Miroslav Sasek, 메리 블레어Mary Blair, 올레 에크셀Olle Eksell, 프로베넨스Provenens의 작품에 특히 감명을 받았습니다. 타다히로 우세우기Tadahiro Useugi, 요코 탄지Yoko Tanji, 야마우치 카주아키Yamauchi Kazuaki, 요시토모 나라Yoshitomo Nara, 코지 토마토Cozy Tomato 같은 현대 일본 일러스트레이터들도 상당히 존경합니다. 프리랜서에게 가장 중요한 도구는 인터넷입니다. 홍콩, 스페인, 독일, 미국 등 다른 나라에 있는 회사도 제 고객이 될 수 있거든요."

위와 아래   스팀 펑크Steampunk: "전 옛날부터 스팀펑크란 장르의 굉장한 팬이었습니다. 이 작품들은 석탄으로 가동되는 거대 기계전사들을 그린 것입니다. 환타지 스타일보다는 동화책 스타일을 고수했습니다. 그래서 캐릭터들이 조금 더 지능적으로 보이는 것 같습니다."

Adam Lewis 아담 루이스

지역   웨일스 배리
직업   프리랜서 그래픽 디자이너
S/W   일러스트레이터, 포토샵

아담 루이스는 글래모르간 대학에서 그래픽 커뮤니케이션 석사를 마쳤다. 현재는 프리랜서로 활동 중이다. "여기 실린 작품들은 모두 일러스트레이터와 포토샵으로 만든 것입니다. 평소 다양한 오버레이 필터들을 즐겨 사용하는데, 작품에 깊이를 더해 줍니다. 전 주로 음악, 건축, 자연, 다른 디자이너의 작품들을 통해 영감을 받습니다."

위   **그래픽 공원A Graphic Park:** "그래픽 공원은 비주얼 놀이터라는 큰 작품의 한 조각입니다. 이 작품은 그 중 첫 번째 그림이고, 저희 동네에 있는 공원의 평화로움과 고요함을 나타냈습니다."
아래 **비주얼 놀이터A Visual Playground:** "이 작품은 원을 많이 사용해서 만들었습니다. 또 다른 프로젝트에서 쓰고 남은 재료도 많이 재활용 했습니다."

Ben Hewitt 벤 휴잇

지역 영국 플리머스
직업 그래픽 디자이너
연락처 www.vectorsesh.com
S/W 포토샵, 일러스트레이터

벤 휴잇은 플리머스 대학에서 멀티미디어를 전공했다. "디지털 아트에 관심을 가진 것은 6년전입니다만 그 전부터 디자인 자체에는 관심이 많았습니다. 원래 미술을 좋아했던 터라 디지털 아트분야에서 적응하는 것도 수월했고 작업 자체도 상당히 잘 되는 편"이라고 그는 말했다. "실험정신이 가장 중요한 것 같아요. 현재 제가 쓰는 테크닉을 익히는 것과 현재 제 스타일을 찾는 것만으로도 상당한 시간이 걸렸습니다. 아직도 전 전진하기 위해 노력 중이고, 새로운 것을 익히려고 땀을 쏟고 있습니다. 무엇보다 그런 것들이 무척 재미있습니다."

위 배드 그래머 Bad Gramma: "제가 가장 아끼는 작품 중 하나입니다. 한 동안 슬럼프에 빠진 상태였는데, 우연히 피아노 건반을 스케치하게 되었습니다. 거기서부터 그림이 스스로 자라기 시작하더군요. 제 스타일이 크게 바뀐 계기였습니다."
아래 잃어버린 영혼들 Lost Souls: "이 작품은 실험적으로 제작한 것입니다. 제가 가진 테크닉을 다 활용했죠. 블렌딩 모드나 사진을 변형시키거나 해서 말이죠."

Paco Raphael Krijnen 파코 라파엘 크리넨

위 **로보티즘Robotism**: "전 일러스트레이터의 벡터와 포토샵의 블렌드 툴을 많이 사용하는 편입니다. 제 작품의 전체적인 색감을 좋게 하는데 유용하죠."

지역	네덜란드 로테르담
직업	그래픽 디자이너
연락처	www.pacoraphael.com
S/W	포토샵, 일러스트레이터

헤이그 출신이며 1975년생인 파코 라파엘 크리넨은 헤이그 대학에서 학위를 마쳤으며, 그 이후로 그래픽 디자이너로서의 길을 밟기 시작했다. "현재 MTV 네트워크의 디자이너로 일하고 있습니다. 동시에 픽셀프레사이스Pixelprecies라는 이름으로 틈틈이 프리랜서로 활동도 합니다. 전 늘 바쁘게 작품을 만들어 내는 스타일인데, 아마 제가 60년대와 70년대를 특별히 좋아해서 그런 것 같습니다. 제 작품들은 주로 약간의 에로틱한 느낌의 요소와 따뜻한 색을 적절히 섞어놓은 것이 많습니다."

위 해빗탯 워먼Habitat Woman: "시간이 남으면 전 사진, 브러쉬, 갖가지 모양을 모으고 벡터 드로윙을 연습합니다. 그리고 이렇게 만들어진 것들을 제 작품에 첨가시키죠."
아래 스포일드Spoiled: "이 작품의 특징은 꽃모양의 벡터 조각들을 적절히 합해놓은 것입니다."

Alan Campbell 앨런 캠벨

위 **스쿠터시티Scootercity:** "디트로이트의 멕시칸 빌리지와 그 주변 지역에서 느낄 수 있는 경이로움을 재해석 해보았습니다."
아래 **뱃핑크Batfink:** 이 작품은 제가 꿈에서 본 생생한 영상을 바탕으로 만들어졌습니다. 색이 너무나 생생해 곧바로 꿈에서 깨어났죠. 어떤 감동적인 장면을 떠올릴 때의 느낌을 표현해 봤습니다.

지역	에든버러
직업	그래픽 디자이너
주소	www.emohoc.co.uk
S/W	일러스트레이터, 포토샵

던디에서 5년간 그래픽 디자인을 공부한 앨런은 디지털 일러스트레이션과 사진의 새로운 세계를 만끽하고 있는 중이다. 그리고 에든버러의 몇몇 에이전시들과 함께 일하고 있다.

"제가 독립적인 프리랜서로 일하는 동안 저는 작품을 끊임없이 변화시키며 독창적인 아이디어와 여러 가지 툴을 써서 그래피티, 그래픽, 스케치, 일러스트레이션, 사진 등을 혼합한 디자인을 만들 것입니다."

앨런은 최근 위의 URL에 자신만의 웹사이트를 개설했다. 거기에 스스로의 작품과 자기 고객들의 작품을 업로드했다. 에모혹 Emohoc은 이 웹사이트의 이름이며 주위 환경에 맞게 스스로의 모양을 변화시켜 눈에 띄지 않으려고 하지만 오히려 늘 역효과를 내는 동물의 이름이기도 하다.

위 **당신 옆의 천국** Heaven beside you: "스스로와 타협을 이루어 행복을 찾아가는 모습을 그려보았습니다."

Daniel Shiels 다니엘 쉬엘즈

지역	아일랜드 모너핸
직업	웹 디자이너
주소	www.danshiels.com
S/W	포토샵, 플래시 MX, 일러스트레이터

다니엘은 작은 웹디자인 회사에서 일한다. 그는 더블린의 발리퍼못 아트 디자인 대학에서 컴퓨터 애니메이션을 전공했다. "지난 몇 년간 제 전공을 살리는 작업에 집중해 왔습니다. 아이들을 위한 애니메이션 프로젝트에 컨셉 디자이너로 몇 번 작업한 적이 있거든요."

다니엘의 작품은 지금도 계속 진화중이며, 현재는 수채화와 잉크로 실험적인 작품을 스케치 하고 포토샵과 일러스트레이터로 마무리 하는 작업에 바쁘다. 그의 목표는 영화 포스터나 일러스트레이션 작업이다.

좌수 죽은 별The Dead Star: "제 작품은 보통 이런 느낌입니다. 저와 가까운 친구들만 보려고 만든 작품이죠. 전 좀 더 전 시대의 포스터를 좋아해요. 사진만 마구 쓰지 않은 것들 말예요."
우수 타이프 프로젝트Type Project: "대학 시절에 했던 프로젝트입니다. 스톤 세리프Stone Serif체를 홍보하기 위한 포스터였죠. 이 프로젝트를 하기 전에는 타이포그래피를 무척 싫어했는데 이 프로젝트로 그런 것이 많이 바뀌었습니다."

Justin Ascott 저스틴 어스캇

지역 영국 런던
직업 프리랜서 디자이너, 디렉터
주소 www.justinascott.com
S/W 일러스트레이터, 포토샵

저스틴은 센트럴 세인트 마틴스 예술 디자인 대학을 졸업했다. 그리고는 곧장 TV광고 디렉터로 세계 곳곳에서 작업을 했다. 또한 미국 조지아의 사바나 예술 디자인 대학에서 강사로도 근무했다. 그리고 다시 런던으로 돌아가 프리랜서로 뛰고 있다.

"모션 그래픽계에서 행해지는 다양한 실험적인 작품들에서 많은 영감을 얻습니다. 사진, 벡터, 3D 애니메이션의 합성 같은 것들 말이죠. 대표적인 콜렉티브로는 뉴욕의 사이옵Psyop이나 파리의 플레익스Pleix를 꼽겠습니다."

여기에 소개되는 작품들은 전부 사바나에서 찍은 사진들을 바탕으로 구성되었으며, 포토샵과 일러스트레이터가 사용되었다. 그는 또한 애프터 이펙트가 그의 상상력을 현실 너머의 세상으로 이끄는데 엄청난 자유를 주었다고 말한다.

위 트레일러 파크Trailer Park: "이 작품은 이상한 미생물체가 자라나는 환경을 표현해 봤습니다. 독수리와 짐승의 시체를 사용해 불길한 느낌을 더했습니다."

위 도어웨이Doorway: 사바나는 보통 하류 계급 사람들의 비정상적인 행동들로 회자되곤 하죠. 전 그런 위험한 분위기를 연출하고 싶었습니다. 엉뚱한 곳에 서있는 문이 바로 그 세상으로의 통로입니다."

아래 인더스트리얼 파크Industrial Park: "얼굴 없는 사람이 형태가 불분명한 공장지역에서 헤매고 있습니다. 포토샵의 스테인드 글래스 필터를 사용해서 최대의 효과를 이끌어 냈습니다."

Kate Sutton 케이트 서턴

위　**나무Trees**: "리버풀의 잡지사인 〈폴리쉬드 티Polished T〉를 위해 만든 한정판 스크린프린트 디자인입니다. 전 자연을 보며 영감을 많이 얻습니다. 그중 나무가 단연 으뜸이죠. 각 나무를 따로따로 그린 후 포토샵에서 합쳤습니다."

지역	영국
직업	프리랜서 일러스트레이터
주소	www.katesutton.co.uk
S/W	포토샵

케이트는 그래픽 아트를 전공했으며, 졸업 후 벌써 몇 년째 프리랜서로 일해오고 있다. 그녀는 낙서와 자선가게에서 찾아낸 희귀한 물건들로 기괴한 캐릭터를 만들면서 하루를 보낸다. 각종 전시회 참가는 물론 록시Roxy, 하위스Howies, 어반 아웃피터Urban Outfitters, 누크아트Nookart와 같은 굵직한 클라이언트들과 작업해왔다. 그녀는 화려한 장식패턴과, 벼룩시장, 자연경관에서 영감을 받는다고.

위 새와 체리쿠션 Bird and Cherry Cushion: "어반 아웃피터에서 쿠션디자인을 의뢰 받음과 동시에 화려한 문양을 떠올렸습니다. 클래식한 꽃무늬와 비슷하면서도 다른 느낌이랄까요. 이 그림은 손으로 그리고 스캔해서 포토샵에서 칠했습니다. 직물 디자인은 제가 진심으로 즐기는 분야입니다."

Boris Mihalik 보리스 미할릭

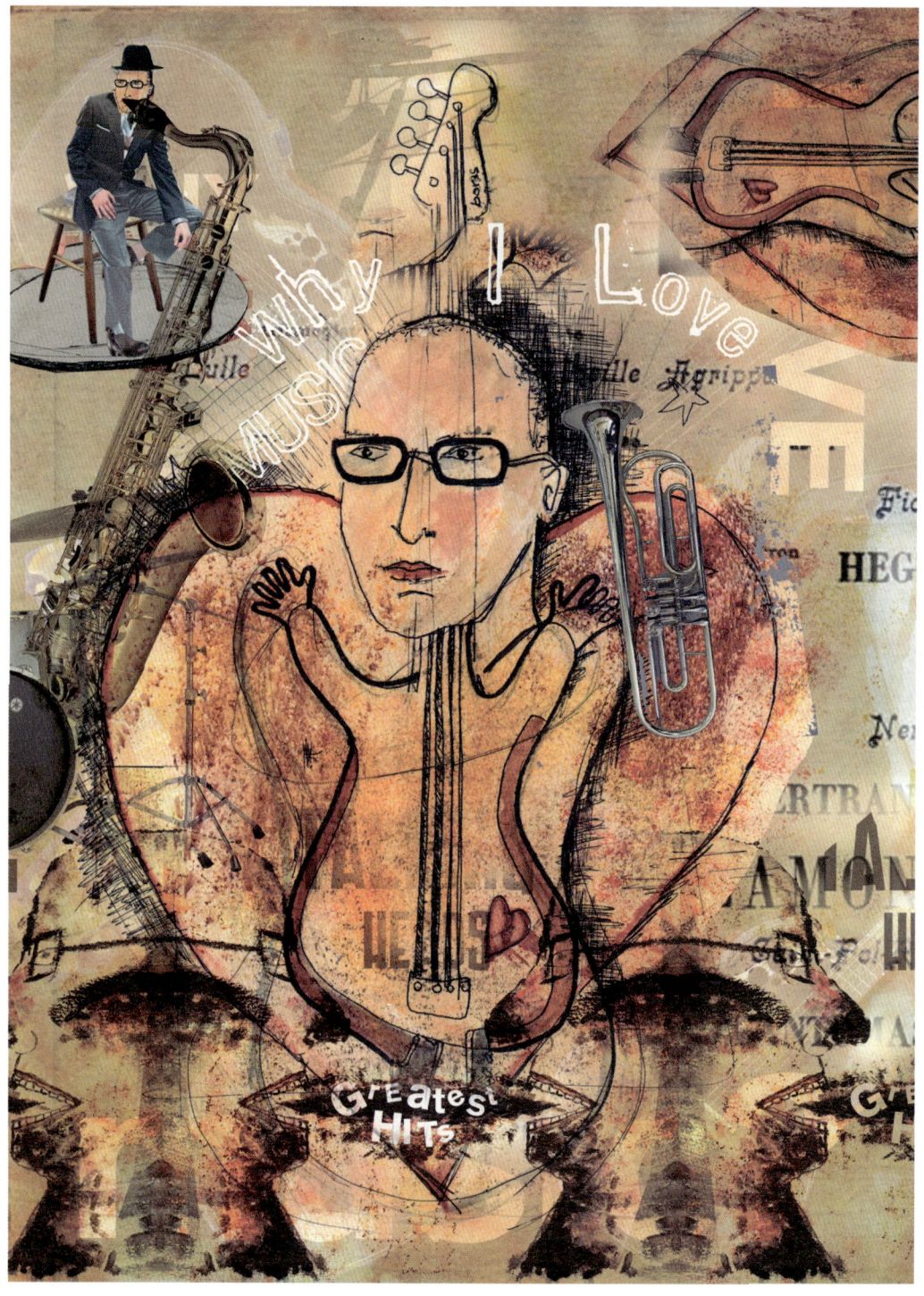

위 **뮤직 포트레이트 Music Portrait:** 보리스의 자화상으로서 '내가 음악을 좋아하는 이유'라는 주제로 발표된 대학 과제물이다.

지역	영국 런던
직업	그래픽 디자이너
S/W	일러스트레이터, 포토샵, 인디자인, 드림위버, 플래시

보리스는 슬로바키아 출신으로 영국 미들섹스 대학을 졸업했다. 2007년 6월 런던에서 열린 D&AD 전시회에서 제일 촉망받는 신인들에게 수여되는 베스트 뉴 블러드 어워드Best New Blood Award를 탔다.

"전 순수미술과 제가 보는 책이나 잡지, 웹사이트에 나오는 그래픽 디자인에서 영향을 많이 받습니다. 많은 아이디어나 효과들도 그저 컴퓨터를 가지고 놀다가 발견한 것들이 많습니다. 아직도 여전히 기술 향상에 힘을 쏟고 있으며, 영감을 얻기 위해 많은 것을 끊임없이 접하려고 노력합니다."

위   바위Bowie: 데이비드 바위David Bowie의 노래 <난 미국인이 무서워I'm afraid of Americans>의 뮤직비디오 스틸샷. 핸드 드로윙과 포토몽타주의 적절한 조화가 눈에 띈다.
아래   코브라Cobra: "이 패키지 디자인은 코브라 비어Cobra Beer에서 일할 때 만든 것입니다. 박스 안에는 킹코브라 맥주의 새 330ml들이 병 두 개와 컵 두 개가 들어있습니다. 특별한 상품이었죠."

Vasili Orlov 바실리 오를로브

DEVIL FO' LIFE
ABSTRACT ILLUSTRATION
ON THEME OF EVIL
BY VAS ORLOV
SCIENCEOFART . NET

위 **데빌 포 라이프**Devil Fo' Life: "각기 다른 모양이 조화를 이루도록 만든 실험적인 작품입니다. 체셔캣Cheshire Cat과 유사하다고 느끼는 분들도 꽤 많은데, 제 오리지널 작품입니다."

지역 미국 뉴저지 배스킹 리지
직업 그래픽 디자이너
주소 www.scienceofart.net
S/W 일러스트레이터, 포토샵

배스킹 리지에 있는 대학에서 그래픽 디자인을 공부한 바실리는 작업을 할 때 먼저 종이 위에 연필로 스케치를 한다. 그리고 디테일한 요소들을 첨부한다. 그런 후 일러스트레이터에서 그림을 따서 색을 넣기 시작한다. 마무리는 포토샵에서 하면서 추가적인 요소와 색 보정 등을 마지막으로 한다.

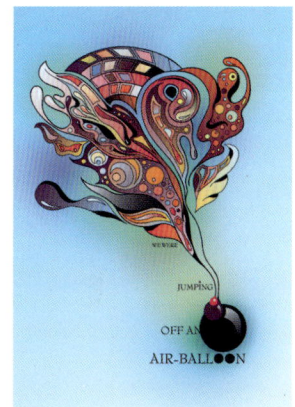

좌   쥬시Juicy: "오렌지 나무를 추상적으로 나타낸 것입니다. 흙색과 비슷한 팔레트를 선택해서 실제 나무와 좀 더 상관되게 구성했습니다. 물론 다른 색들은 비현실적이지만요."
우   우린 기구에서 뛰어 내리고 있었다We were jumping off an air balloon: "다양한 색과 괴상한 모양들이 날아가는 기구에서 뛰어내릴 만큼 무모한 사람들의 정신 상태를 표현하기에 알맞다고 생각했습니다."

Martin Simpson 마틴 심슨

위　**아이언 맨Iron man**: "제 작품이 대부분 그렇듯 이 작품도 CGI로 오해받을 때가 많습니다. 하지만 페인팅 작업까지 된 조각품을 사진으로 찍어 포토샵에서 그래픽 작업을 한 것입니다."

지역 웨스트 요크사이어
직업 프리랜서 일러스트레이터/디자이너
주소 www.tweekhed.com
S/W 포토샵, 일러스트레이터

마틴은 프리랜서 일러스트레이터로 활동 중이다. 하지만 마틴이란 이름보다 트윅헤드tweekhed라는 이름으로 더 잘 알려져 있다. 일러스트레이터로서 진로를 정하기 전에는 그래픽 디자이너로 활동했었다. 그런 경력이 그의 그림에 어떤 영향을 주었는지 눈에 띌 것이다.

"전 다양한 미디어를 접목하는 편입니다. 조각, 사진, 벡터, 핸드 드로잉 등 다양한 것들을 한데 모아놓죠. 전 주로 애니메이션과 만화, 영화 등에서 영감을 얻습니다. 시네마틱하고 생생한 느낌을 주기위해 빛의 작용에 대해 많이 연구하는 편입니다." 그의 설명이다.

좌 파리스먼 포스터Parisman poster: "드라마틱하고 역동적인 느낌을 전달하려고 했습니다. 가운데 캐릭터는 조각품에 텍스처와 핸드 드로윙한 요소를 더한 것입니다."
우 위장Camouflage: "무시무시하면서도 매혹적인 작품을 만들고 싶었습니다. 가운데 나무 캐릭터는 점토로 만들었으며, 나중에 세세한 부분을 손으로 그려 넣었습니다."

Rob Hague 롭 헤이그

위　더티 러브Dirty Love: 그가 프랭크 자파를 얼마나 좋아하는지 그의 작품에 다 드러난다. 이 작품은 자파의 '더티 러브'라는 노래에서 영감을 받은 작품이다.

지역 로테르담
직업 일러스트레이터
S/W 포토샵

롭은 스스로를 '이제 막 졸업한 모범생 취향을 가진 졸업생'이라고 말한다. 그는 그의 기술력을 키우고 싶어 한다.

"저는 팀 비스컵Tim Biskup, 크리스 웨어Chris Ware, 덕 테나펠Doug Tennapel의 스타일을 좋아합니다. 그래도 제게 영향을 주는 것은 제 주위 친구들과 동료들이죠. 일러스트레이션 외적으로 영향을 많이 주는 것들은 프랭크 자파Frank Zappa, 닌텐도, 일본, 60년대 풍의 블루스 재즈 등이 있습니다."

위 카마릴로 브릴로Camarillo Brillo: 롭은 자파의 앨범을 60장 이상 소장하고 있다고 한다. 이상할 것도 없는 것이 이 작품도 자파의 영향을 받아 그린 것이기 때문이다. "부두인형을 든 히피 스타일의 수퍼히어로이며, 향의 냄새를 뿌리며 사람들을 현혹하고 있습니다."
아래 2 페이지2 page: 핫 비봇(Hot Beebot)을 만나보라. 롭에 따르면 새로운 재즈-레이브 운동의 창시자들이며 야외에서 공연하는 장면이라고 한다.

part 1. global inspirations

01 프리랜스 서바이벌에서 성공하기
02 콜렉티브 디자인의 새물결
03 스튜디오 관리가 필요한 10가지 이유
04 혼자서 손으로 만든 심벌리즘
05 비Be의 아이덴티티 제작 과정

Creative Artworks-2 : Photoshop

Part 3.
Book in Book

디자이너의 세계에 발을 들여 놓았다면,
이제부터 치열한 경쟁에서 성공하기 위해 매진하는
일만 남았습니다.

비록 그것이 힘든 일이긴 하지만 반드시
불가능한 것도 아닙니다.

남들이 하는 똑같은 일을 하기 보다는 스스로 새로운
기회의 문을 두드리는 것은 보다 현명한 판단입니다.

남들보다 앞서 세계 디자인 시장의 변화를 읽어내고,
조금 더 빨리 새로운 기회에 다가서는 것입니다.

세계 디자인 시장의 최신 트렌드와
그 속에서 오랜 연륜을 쌓은 선배 디자이너들의
금쪽같은 조언들을 들어 보세요.

여기에다 프로젝트를 성공적으로 만들어 낸 케이스
스터디를 보탰습니다. 그들의 접근법과 아이디어와
노하우를 살짝 들여다 보세요.

Freelance Survival

프리랜스 서바이벌에서 성공하기

디자이너나 일러스트레이터로 살아간다는 것은 언제나 정신 없이 바쁜 스튜디오에서, 아니면 홀로 바쁘게 움직이는 프리랜서로 자신의 경력을 쌓아가는 것을 의미한다. 프리랜서이든, 어떤 회사나 단체에 소속되어 있든지 간에 나름대로의 장점은 충분하다. 하지만 여기서 우리는 프리랜서로서의 실질적인 장점들과 다양한 면들을 살펴보도록 하자.

Book in Book

일단 클라이언트가 당신의 작업에 만족하게 되면 계속해서 일을 의뢰할 것이다. 이 이미지는 릭 스털츠 Ric Stultz가 시카고에 위치한 음반 레이블 회사 SGE를 위해 작업한 여러 일러스트레이션 중 하나다.

〈가디언〉지에 실린 네이션 플레처의 일러스트로, 인터레스트 온리 모기지의 알려지지 않은 문제점에 관한 것이다. "처음 이미지를 보았을 때는 굉장히 평화롭고 일상적인 모습이지만, 자세히 들여다 보면 무엇인가 이상한 것을 느낄 수 있도록 유도했습니다"라고 그는 말한다.

디자인 스튜디오나 일반 회사에서 매달 지급되는 월급으로 생활하는 안정적인 정규직 디자이너로 일을 하든 아니면 스스로 모든 것을 해결하는 프리랜서로 생활을 이어가든, 변하지 않는 공통점은 특정 클라이언트로부터 일반인들에게 정보와 커뮤니케이션을 전달하는 소위 '작업'을 한다는 것이다. 그리고 디자인 작업이란 그 프로젝트의 크기와 중요성에 상관없이 대개 비슷비슷한 프로세스를 거치게 된다. 이런 가운데 스스로 '원하는' 프로젝트들만 골라가면서 일을 한다는 것은 얼마나 이상적인 일이겠는가.

우리가 프리랜서의 장점을 생각해 볼 때, 가장 먼저 떠 오르는 것은 아키미디어 디자인 Archimedia Design의 브렛 아키볼드 brett Archibald의 의견과 비슷하다. "프리랜서의 가장 큰 장점은 어떤 회사에 종속적이지 않고 스스로가 주체적으로 결정을 내릴 수 있다는 것이지요." 그래픽 스튜디오 무스쿨 Mooschool의 니콜라스 마로서스 Nicholas Maroussas도 이와 비슷한 의견을 내놓았다. "프리랜서로 일을 하면 사무실 분위기나 준수사항, 뭐 그런 복잡한 것들을 전혀 생각하지 않아도 되는 자유로움이 있어요."

프리랜서로서 또 한 가지 빼 놓을 수 없는 부분은 시간의 '편리성'이다. "프리랜서들은 자신의 시간 조절에서 훨씬 유동적이죠"라고 일러스트레이션 및 커뮤니케이션 에이전시인 펜 Pen의 매트 웰스테드 Mattt Wellsted는 말한다. 또한 아키볼드가 말 하듯이 집에서 일을 할 수 있는 것도 큰 장점이다. 그는 "프리랜서로 전향한 후에는 더 이상 매일같이 런던 거리를 헤매지 않아도 되었어요. 더 이상 복닥거리는 거리를 걸을 필요도, 자동차 소음을 들으면서 뛰어다닐 필요도 없어졌어요. 다시 말해서, 도시의 소음과 스트레스에서 벗어날 수 있게 된 것이지요"라고 말한다.

물론 주변환경이나 시간관리 같은 부수적인 것 말고 프로젝트 자체가 가장 중요한 문제이다. 프리랜서로서 작업을 한다면 스스로 재미를 느끼고, 도전해 볼만한 작업을 선택할 수 있고, 스스로 느끼는 자부심과 성취감도 훨씬

> "자신의 작업에 대해 확고한 자신감이 있고, 정규직의 안정성을 포기할 자신이 있다면 그냥 프리랜서로 나서십시오. 단지 지금 하고 있는 일이 지겨워 져서 바꿀 생각은 하지 말고요."
>
> 스티븐 맥클레런Steven Mclellan

크다. "프리랜서들은 그들의 작업에 따른 보상도 직접적으로 받을 수 있어요" 라고 마로서스는 말한다. "잘해도 잘못해도 프리랜서는 전적으로 자신의 책임이지요. 저는 그게 좋아요. 왜냐하면, 항상 스스로 주의하도록 만들기 때문입니다."

하지만 프리랜서로 살아가는 것이 이렇듯 좋은 점만 있는 것은 아니다. 브랜드 및 디자인 스페셜리스트인 마이크 프랭크Mike Frank는 자칫 잘못 하면 매달 지불해야 하는 각종 고지서를 감당하기 위해서 전혀 매력적이지 않은 지겨운 작업들을 계속해야 할 수도 있다고 경고한다. 모든 프리랜서들이 공감하는 점은 새로운 일거리를 찾고, 각종 고지서로 요구되는 돈을 지불하고, 세금에 관련된 모든 서류작업을 해결해야 하며, 어떤 클라이언트로부터는 애송이 취급을 당하는 경우 등 모든 일이 홀로 처리해야 하는 고충이라고 했다. "하지만 여전히 긍정적인 면은 한번 모든 일이 제대로 돌아가게 되면 그 다음부터는 훨씬 수월하게 된다"고 프랭크는 말한다.

지금 당신이 현직 디자이너이든, 아직 학교에 있든, 아니면 아주 다른 업계에 종사하든 간에 디자이너로서 혹은 일러스트레이터로서 미래를 내다보려고 한다면 어떤 것이 자신에게 가장 잘 맞는 것인지 충분히 생각해 볼 필요가 있다. 만약 프리랜서가 자신에게 맞는다고 생각한다면 충분한 준비 과정을 거쳐서 모든 것에 분명한 이유를 가지고 시작하는 것이 좋다. 특히 여기서 잊지 말아야 할 부분은 프리랜서로 살아남을 수 있는 데 얼마만큼 스스로 확신을 가지고 있느냐 하는 것이다.

새로운 도약, 그 전에 생각해야 할 것들

"자신의 작업에 대해 확고한 자신감이 있고, 정규직의 안정성을 포기할 자신

Book in Book

〈보스톤 피닉스〉 지의 톰 요크Thom Yorke 이미지를 만든 데이브 커드는 결코 자신의 그리고 자신이 하는 일의 가치를 떨어뜨리지 말라고 한다. "당연히 받을 수 있는 보수를 요구하세요. 그래야 계속해서 스스로에 대한 가치를 높이고, 또한 프리랜서 업계를 건강하게 만들 수 있습니다."

이 있다면 그냥 프리랜서로 나서세요"라고 프리랜서 일러스트레이터인 스티븐 맥클레런Steven Mclellan은 말한다. "지금 직장이 싫다는 단순한 이유 때문에 프리랜서로 전향하는 것은 옳은 선택이 아닙니다." 일단 프리랜서로 나서겠다고 결정했다면 일을 본격적으로 시작하기 전에 충분한 예금을 미리 만들어 놓는 것이 좋다.

"성급하게 지금 당장 직장을 그만두고 뛰어 들기보다는 현직에 있으면서 포트폴리오를 만들고, 힘들겠지만 퇴근 후 자투리 시간을 활용해서 프리랜서 일을 조금씩 시작해 나가는 것이 보다 안정적입니다." 일러스트레이터 데이브 커드Dave Curd의 조언이다.

필요한 기자재 역시 천천히 구입하는 것이 좋다. "3D 애니메이션을 하지 않는다면 굳이 모든 소프트웨어나 필요한 기자재를 최신의 것으로 구입할 필요는 없습니다. 최신의 소프트웨어는 가격도 비쌀 뿐만 아니라 느리게 돌아가며, 접하지 못한 새로운 기능들로 당신을 더 어리둥절하게 만들 수도 있으니까요"라고 성공적인 프리랜서 일러스트레이터인 션 맥팔레인Sean Macfarlane은 말한다.

(대개 1년 정도의 준비기간이 필요하지만) 일단 프리랜서로 방향을 틀었다면 정규직으로 일하던 당시에는 보이지 않았던 많은 문제점들을 발견하게 될 것이다 "직장 상사 때문에 괴로워하는 대신에 프리랜서들은 충분한 수입이 들어오는지 아닌지에 관해서 골머리를 앓게 된다"고 프리랜서 그래픽 디자이너 로빈 그린 Robin Green 은 말한다. 또한 일은 바쁠 때와 한가할 때가 있는 만큼 스스로 타이밍 조절을 잘 하는 것이 중요하다.

"처음 프리랜서를 시작했을 때, 길 모퉁이에 있는 중국 식당에서 얻어 온 쌀밥과 공짜 간장 만으로 크리스마스를 보낸 적이 있어요"라고 〈CA〉 커버 일러스트레이터로 참여해 온 제레미빌 Jeremyville 은 말한다. "그 때가 제 인생에서 최악이었어요. 당연히 지불해야 하는 각종 공과금은 체납 상태였고, 은행에는 잔고조차 남아있지 않았어요."

재정적으로 곤란을 겪을 때, 스스로 계속해서 동기부여를 하는 것은 쉽지 않은 일이다. "그 기간 동안에는 자신의 웹사이트를 만들고 새로운 스킬을 익히면서 계속해서 자신을 프로모션하세요"라고 그린은 조언한다. "일단 일이 바빠지기 시작하면 자신의 포트폴리오나 웹사이트를 정리하는 일이 쉽지 않기 때문입니다."

프리랜서로서의 또 다른 장점은 연관성 있는 다른 일을 찾을 수도 있다는 점이다. 일러스트레이터인 젬 로빈슨 Jem Robinson 은 모교에서 강의를 하면서 자신의 프리랜서 일을 계속 하고 있다. "강의를 나가는 것은 고정 수입이 된다는 장점도 있지만, 무엇보다 중요한 점은 지금 하고 있는 일에 좀 더 생기를 불어넣어 주는 활력소가 되기도 합니다"라고 말한다.

단절과 동기부여

"저는 스튜디오를 나누어 쓰고 있어요. 이 방법은 혼자 계속 일을 해야 하는 프리랜서의 특성에서 조금 벗어날 수 있게 해줍니다"라고 프리랜서 일러스트레이터인 벤 오브라이언 Ben O'Brien 은 말한다. "때때로 서로에게 의견을 묻기도 하고, 둘 중 하나가 기분이 다운되어 있던가 스트레스를 받는다면 다른 한 사람이 격려해 주기도 합니다."

스튜디오에서 작업하는 오즈 딘 OzDean 은 새로운

셀프 프로모션은 꼭 해야만 하는 필수 요소. 웹사이트를 이용한 프로모션도 중요하지만, 거기에 멈추지는 말 것. 이 작업은 비니 모랄레스Vinny Morale, www.kultnation.com가 넷다이버Netdiver에서 주관한 첫 번째 공모전에서 수상한 작품

Book in Book

프리랜스 팁-1:
회사를 그만 두어야 할 때
풀 타임 정규직을 그만두고, 프리랜서로 나서야 하는 이유 10가지

01 — 회사 사람들이 당신의 5분 지각은 눈치를 주면서 2시간 야근은 당연하게
　　　받아들일 때

02 — 디자인은 하나도 모르면서 자의식만 강한 상사가 그 잘난 변덕스러움에
　　　당신이 맞춰 줄 것을 요구할 때

03 — 정치적인 행동이 창의성보다 앞서 요구되는 사무실 분위기. 당신은 아마도
　　　책상에 앉아 있는 것 자체가 곤욕스러울 듯

04 — 매일매일 변하지 않는 일상. 당신은 주변 어디에서도 새로운 아이디어를
　　　찾을 수 없고, 주어지는 업무는 변하지 않을 때

05 — 당신이 한 디자인은 모조리 무시되고, 필요 이상으로 다른 사람들에 의해서
　　　변하고 변하고 또 변하게 될 때

06 — 당신의 상사가 당신이 이 회사에 입사한지 5년 차라는 것을 기억하지 못하고
　　　매일 신입사원 대하듯이 할 때

07 — 당신이 만들어 낸 최고의 작업에 대해서 받아야 할 크레딧을 얻지 못하고
　　　상사가 온갖 생색을 다 부릴 때

08 — 당신이 가지고 있는 가치에 비해서 형편없는 일, 그리고 전혀 배울 것 없는
　　　일만 계속해서 하고 있을 때

09 — 당신의 결과물이 너무도 형편 없어서 회사 내에서 사라질 곳은 나가는 것
　　　뿐일 때

10 — 모든 창의적인 일을 하기엔 시간이 너무 촉박해서 돌아버릴 지경일 때

"클라이언트에게 거절하는 법을 알아야 해요. 그리고 계약서 없이 일을 시작하지 말고, 적어도 30 퍼센트는 선금을 받은 상태에서 일을 시작하세요."

미구엘 리폴

아이디어와 필요한 여러 가지 정보들을 얻기 위해서 다른 디자이너들과의 네트워크가 중요하다고 한다. 그리고 다른 사람들과의 교류를 활발히 하기 위해서 (프리랜서로 집에서 일을 할 때) 메신저를 충분히 활용할 것을 조언한다.

"운동은 창의적인 생각과 스스로에게 동기를 부여하는데 많은 도움이 된다"고 닉 디킨 Nick Deakin 은 말한다. "매일 집에서만 일을 하다 보면 맥이 빠져 버릴 수도 있어요." 디킨은 프리랜서로 이제 막 일을 시작하는 사람들에게 자신이 언제 가장 활동적인가 하는 신체리듬을 잘 살펴서 그에 맞게 일을 처리하라고 조언한다. 예컨대, 활동적이지 못한 시간대에 다른 행정업무를 처리할 것을 제안한다.

네트워킹은 자칫 지루해 질 수 있는 일상에 도움을 줄 뿐만 아니라 새로운 프로젝트를 이끌어 주는 열쇠가 되기도 한다. "새로운 사람들과의 관계를 계속 만들어 나가세요"라고 아키볼드는 말한다. 또한, 때로는 전혀 모르는 사람과의 연결도 새로운 일을 만들어 낸다고 이안 켈티 Ian Keltie 는 말한다. "최근에 네덜란드를 방문했을 때, 일러스트레이션이 실린 잡지를 한 권 구입했습니다. 그러고는 집으로 돌아와서 잡지에 소개된 아트 디렉터에게 이메일을 보냈어요. 며칠 뒤 뜻밖에도 여섯 개의 일러스트레이션 작업에 대한 요청이 들어왔어요!"

어떤 일을 하던지 간에 내성적인 성격을 버리고 활동적으로 커뮤니케이션을 이어 나가는 것이 중요하다. "대화가 통하는 사람들과 일을 하는 게 무엇보다 좋습니다"라고 멀티 디자이너인 홀리 웨일스 Holly Wales 는 말한다. 또한 클라이언트들이 부담을 느끼지 않고 자유롭게 이야기할 수 있을 만큼 마음을 여는 것도 중요하다. "프로젝트의 크기에 상관없이 언제나 클라이언트와 대화할 수 있다는 것을 보여주세요"라고 그린은 말한다. 개인적으로 도움을 주고 받을 수 있다는 것이 프리랜서

홀리 웨일스는 〈리틀 화이트 라이즈〉 지의 "터무니 없는 스테이크 샌드위치"라는 기사를 위한 일러스트레이션 작업을 했다. 그녀가 프리랜서에게 주는 팁은? "스스로 과대평가하지 말고, 남들로부터 인정받을 것!"

Book in Book

프리랜스 팁-2:
우리가 프리랜서와 같이 일하는 이유…

창의적인 디지털 에이전시 에어록은 모두에게 이득이 되는 방법을 찾았다

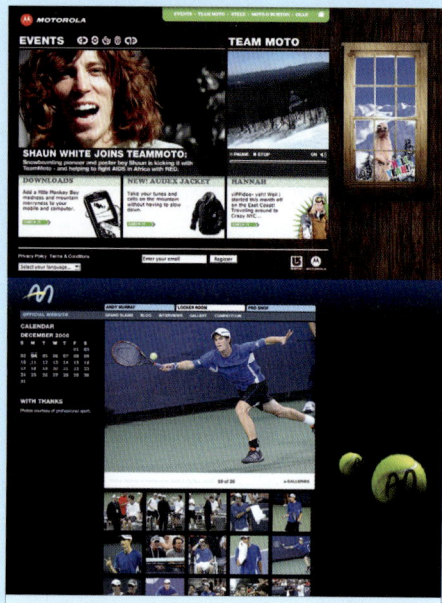

에어록이 진행한 모토롤라, 앤디 머레이, 그리고 디젤과의 프로젝트. 에어록은 주기적으로 디지털 작업을 프리랜서들에게 아웃소싱으로 주고 있다.

런던에 있는 디자인 회사 에어록(Airlock)은 정기적으로 프리랜서들에게 디지털 작업을 아웃소싱한다. "우리는 대개 한 두 개의 작업은 언제나 프리랜서와 같이 하죠"라고 크리에이티브 디렉터 찰리 마틴(Charlie Martin)은 말한다.

마틴에 의하면 아웃소싱을 다른 에이전시에게 맡기는 것보다는 프리랜서에게 주는 것이 훨씬 이득이 된다고 한다. "프리랜서와 같이 일하면 다른 에이전시에게 아웃소싱을 줄 때보다 관리가 훨씬 편합니다. 그리고 훨씬 비용도 줄일 수 있고요."

에어록은 다른 에이전시에 비해서 현저히 많은 프리랜서들과 일하고 있다. "프리랜서라 하더라도 처음에는 회사에서 같이 일합니다. 서로 손발을 맞추는 기간이 필요하거든요. 그러다 일단 잘 맞아 들어가면 그 다음부터는 재택근무도 가능합니다."

마틴은 앞으로 더 많은 일들이 프리랜서에게 주어질 것이라고 예견한다. 회사 입장에서 덩치를 키우기보다는 프리랜서들과 같이 일하는 편이 훨씬 나으니까. "디지털 작업이 점점 더 많은 부분을 차지함에 따라 프리랜서가 필요한 부분도 더 많아집니다."

그러나 그는 이 모든 상황이 에이전시의 결정에 달려 있는 것을 염려했다. 에이전시가 입장을 바꾸면 프리랜서는 설 자리가 없어지기 때문이다. "또 하나 잊지 말아야 할 부분은 너무 많은 프리랜서와 작업하지 말아야 한다는 것입니다. 왜냐하면 에이전시가 가질 수 있는 독특한 문화가 사라지기 때문이지요. 그런 독특함, 그 에이전시만이 가지고 있는 특성이야말로 클라이언트가 작업을 의뢰하는 이유이고, 그게 사업의 시작이기 때문입니다."

URL: www.airlock.com

이안 켈티는 네덜란드의 〈AM〉 지에 게재된 자신의 일러스트레이션을 좋은 팀과의 작업 결과물이라 말한다. "같이 일한 아트 디렉터가 너무 좋았는데, 제 생각에는 그 분위기가 고스란히 묻어 나온 것 같아요."

젬 로빈슨Jem Robinson은 〈빅 이슈〉 지의 아트 디렉터로부터 '진부한 이미지'에서 벗어나 참신한 일러스트레이션을 만들어 낼 것을 요청받았다. 노숙자를 표현한 이 이미지에서는 화려한 색감으로 쓸쓸함을 연출했다.

로서 가질 수 있는 장점이다.

한번 일을 같이 하게 된 클라이언트들을 계속해서 만족시켜 주는 것은 지속적인 관계 형성에 도움을 준다. "클라이언트가 음성 메시지를 남겨 두면 꼭 전화를 해주고, 이메일 연락은 잊지 말고 해야 한다"고 그린은 충고한다. 실제로 그는 전년도에 진행한 일 중 75 퍼센트 이상을 구두 계약으로 성사시켰다. "지속적인 연락을 위해서 클라이언트에게 보내는 이메일 역시 하루 일과의 중요한 부분으로 생각하세요. 새로운 프로젝트가 진행될 때, 클라이언트들이 그 동안 계속해서 연락을 취해온 프리랜서들을 먼저 떠올리는 것은 당연합니다"라고 오브라이언은 말한다.

거절하는 법 배우기

프리랜서로 홀로 일할 때, 또 하나 간과 하지 말아야 할 것은 '아니오NO'를 말해야 할 때 '아니오'라고 확실히 말해야 하는 것이다. "클라이언트라 해도 맞지 않은 일을 요구할 때는 과감하게 거절해야 합니다" 라고 일러스트레이터 미

"과다 업무로 더 많은 수익을 얻을 수 있겠지만, 인생을 즐길 만한 여유가 없다면 금전적인 여유가 무슨 소용이겠습니까?"
스티븐 맥클레런

Book in Book

프리랜스 팁-3:
일 중독증

일중독증에 가까운 세 명의 디자이너에게 듣는 노하우

벤 오 브라이언 Ben O'Brien

프리랜서로 일을 하다보면 정신없이 바쁜 시간과 한없이 여유로운 시간이 있습니다. 중요한 점은 항상 적당히 바쁘게 스케줄을 잡는 것이지요. 가령 프로젝트가 진행 중이지 않더라도 스스로의 발전을 위해 계속해서 일을 만들어 가는 것이지요. 예를 들어, 지속적인 포트폴리오 업데이트 같은 것 말입니다.

URL: www.bentheillustrator.com

오즈 딘 Oz Dean

프리랜서가 매력적인 것은 무엇보다 원하는 만큼 일의 양을 스스로 조절할 수 있다는 것입니다. 물론 그럴 수 있을 만큼의 클라이언트를 확보한 후의 일이지만. 하지만 지나치게 많은 일을 떠안게 되면 분량에 비해 턱없이 부족한 시간 때문에 당연히 작업의 질이 떨어질 수 밖에 없습니다.

URL: www.forecefeedswede.com

닉 디킨 Nick Deakin

프리랜서로 일을 한다면 백업은 항상 잊지 마세요. 저의 경우, 이전에 소프트웨어 문제로 모든 작업을 다 잃어버린 경험이 있습니다. 겨우 살려 놓은 파일을 바라보고 있는 참담한 심정을 잊지 못할 거예요. 다행이 그 이후로는 백업에 대해서 언제나 열심이지요.

URL: www.nickdeakin.com

프리랜스 서바이벌에서 성공하기   **243**

레투알L'etoile 지의 패션 스프레드를 위해서 크리스 하즈니Chris Hajny는 스티븐 울프Steven Wolf의 사진을 이용한 일러스트레이션 작업을 했다.

일러스트레이터 벤 오브라이언은 업무 이외의 시간에 스피커독Speakerdog이라는 작업을 했는데, 이제는 이것이 하나의 지속적인 작업이 되었다. 이 디지털 이미지는 티셔츠, 프린트와 모바일 월 페이퍼로 사용되었다.

구엘 리폴Miguel Ripoll 은 말한다. "서면으로 계약서를 쓰지 않은 상태에서 프로젝트를 진행하지 말아야 하고, 처음 시작할 때 전체 예산의 30 퍼센트를 결제한 상태에서 시작해야 합니다." 웹, 프린트, 그래픽 디자인 회사인 디지트올스타DigitAllStars의 조나단 루이스Jonathan Lewis는 "만에 하나라도 프로젝트가 맘에 들지 않는 구석이 있다면 과감하게 거절하세요"라고 말한다. 하지만 이러한 일은 언제나 상대적이기 때문에 서로의 입장을 잘 파악해서 신중하게 결정해야 한다.

물론 불가피하게 거절해야 하는 경우도 있다. 너무 일이 몰려서 도저히 받아들일 수 없는 상황에서는 충분히 부드럽게 거절하라고 웹 디자이너이자 개발자인 사이몬 콜리슨Simon Collison은 충고한다. 당신의 부드러운 거절이 다음 번 프로젝트를 다시 가져올 수도 있고, 아니면 당신이 아웃소싱으로 일을 넘겨 줄 수도 있다. 적당한 보수가 주어진다면 누구나 반길 테니까.

"시간을 더 가질 수 있는지 물어보는 것에 대해서 두려워하지 마세요"라고 일러스트레이터 네이선 플레처Nathan Fletcher는 말한다. "클라이언트가 먼저 당신에게 와서 일을 하자고 할 경우에는 얼마든지 마감을 조정할 수 있는 여

Book in Book

프리랜스 팁-4:
선배들의 고언

프리랜서에 어울리지 않는 디자이너에게 주는 충고

장원석 AKA Devante
프리랜서 그래픽 디자이너

"회사에서의 경험은 굉장히 중요합니다. 충분한 사회경험과 실무경험을 쌓은 후 프리랜서로 활동하는 것이 실패를 줄일 수 있는 좋은 방법입니다. 단지 지금 다니는 회사에서 하는 일이 너무 힘들어서 조금 편하게 일하고 싶다는 생각으로 회사를 그만두고 프리랜서로 나서겠다면 말리고 싶어요."

URL: www.devantedesign.com

서윤희 AKA Bibi
네오위즈 저팬 일러스트레이터

"게으른 사람에게 프리랜서 생활은 적합하지 않아요. 책임감이 없는 사람도 마찬가지고요. 일이 잘 끝났을 때는 스스로에게 보상을 한다거나 자유 시간을 제대로 즐길 줄 아는 여유도 있어야 합니다. 그렇지 않다면 프리랜서 생활은 힘들겠지요."

URL: www.bibi1004.com

박현수 AKA Amebafish
프리랜서 그래픽 디자이너

"프리랜서로 자리를 잡기까지는 최소한 2, 3년 걸리죠. 그런데 6개월에서 1년 안에 무엇이든 될 거라고 생각합니다. 계획을 잘 세우고, 꾸준히 노력하고, 우직하게 밀어 붙이는 사람이 살아남습니다. 실력을 과신하고 계획도 없이 시작하려고 한다면 하던 일이나 열심히 하라고 충고해 줄 수 밖에 없어요."

URL: www.amebafish.com

델로스 Delos
프리랜서 일러스트레이터

"프리랜서를 시작하면 당장은 일이 없습니다. 그 시간이 무척 힘듭니다. 그러다 보니 다시 회사로 돌아가는 사람도 많습니다. 그 기간 동안 많은 것을 준비해야 합니다. 포트폴리오도 정리하고, 새로운 것들도 만들어내야죠. 그런 준비가 안됐다면 권하고 싶지 않아요."

URL: www.delos.pe.kr

지가 있습니다." 그러나 항상 주의해야 할 점은 너무 많은 일을 하려고 덤벼 들지 않도록 스스로를 조절해야 하는 것이다. 지나치게 일에 대한 욕심을 부리면 결국엔 당신이 먼저 지쳐버리게 될 테니까. "프리랜서가 매력적인 이유 중 하나는 스스로 시간을 조절할 수 있다는 것입니다"라고 맥클레런은 말한다. "물론 많은 일을 소화해서 더 많은 보수를 받을 수는 있지만 인생을 즐길 시간적 여유가 없다면 그것이 다 무슨 소용이겠습니까?"

시야를 넓혀라

혼자서 일하는 것이 결코 열정이나 야망을 버리는 것을 의미하는 건 아니다. "일러스트레이터는 영상물과 인쇄물로 나뉘어 질 수 있어요. 하지만 당신이 하는 일에 결코 어떤 장벽을 만들지는 마세요" 라고 콜리슨은 말한다. 만일 일에 치여서 괴로워할 정도라면 에이전시 설립을 생각해 봐야 한다고 아키볼드는 말한다. "프리랜서로 일을 계속하면서 동시에 에이전시에서 풀 타임으로 일을 할 수 있는, 양쪽 모두를 만족시킬 수 있는 가능성도 있습니다."

"목적의식을 항상 가지세요. 예컨대, 특정 잡지사와 일을 하고 싶다던가 아니면 더 큰 캠페인을 진행하고 싶다던가 혹은 다양한 일을 접해 보고 싶다던가 하는 식으로"라고 오브라이언은 말한다. "뚜렷한 목표를 가지고 시작해야 프리랜서로 일을 하면서 계속 자신을 되돌아볼 수 있습니다. 그러나 가장 중요한 것은 스스로 일을 즐겨야 합니다. 왜냐하면 결국 당신이 모든 결정권을 가지고 있기 때문이지요."

프리랜서로서 일을 하는데 가장 적당한 충고는 아마도 당신이 하는 일을 사랑하라는 것이다. 그 일이 행정적인 것이든 자신을 프로모션 하는 것이든 네트워킹이든 아니면 기다리는 시간이든 간에. 만약에 그렇지 않다면 다른 방법을 모색하는 수 밖에.

— 〈CA〉는 Communication Art Creative Arts, Crossmedia Artworks 등을 의미합니다

— 이 잡지는 국제판 이외에 한국, 프랑스, 이탈리아, 중국 등에서 현지어로 발행되어 전세계에서 가장 많은 디자이너들이 보는 크리에이티브 매거진입니다

— 1997년 12월 창간된 한국판은 창조적인 영감과 아이디어로 넘쳐나는 세계 최고의 디지털 아트.그래픽 디자인.일러스트레이션 장르의 최신 트렌드를 소개해 왔습니다

만들고 싶은 대로 만들어 현실화시키는 유일한 세계적인 디자인 스튜디오, 그러면서 〈와이어드〉와 나이키 등 굵직한 고객들을 확보하고 있는 논-포맷이 〈CA〉 141호 표지를 디자인했습니다. 다이컷 제작된 〈CA〉 국제판은 세계적으로 화제를 모았으며, 다이컷 된 글씨는 'Birth'. 〈CA〉 141호에 표지 제작 기법을 포함한 논-포맷 단독 인터뷰가 실려있습니다.

www.ccca.co.kr
www.ccca.kr
http://cafe.naver.com/comarts
www.CAShop.kr
ca@ccca.co.kr 02-852-5412

〈CA〉는
영국 〈Computer Arts〉
한국판입니다

⟨CA⟩를 정기구독하는 특별한 이유는?

하나. 편집자가 잘 정리해 놓은 세계 디자인계의 최신 비주얼 트렌드를 한 눈에 펼쳐볼 수 있습니다.

둘. 세계적인 스타 디자이너들의 창의적인 아이디어와 영감 그리고 노하우를 전수받을 수 있습니다.

셋. 독특한 스타일로 주목받는 창조적인 아트웍의 튜토리얼 리소스를 받아볼 수 있습니다.

넷. 아이디어와 영감 그리고 시각적인 자극이 필요할 때 언제든지 꺼내볼 수 있도록 빠짐없이 컬렉션 해두는 것입니다.

다섯. 할인 혜택으로 비용을 절약하면서 자택이나 회사에서 편안히 받아볼 수 있습니다.

1권당 가격 10,000원
1년(12개월) 신규구독료 110,000원
1년 연장구독료 100,000원

신청할 곳 www.cashop.kr
문의할 곳 ca@ccca.co.kr
02-852-5412

Collaborate

콜렉티브 디자인의 새물결

상사가 없는 삶? 얼마나 매혹적인가? 점점 많은 그래픽 디자이너들이 회사를 떠나 스스로 창업을 할 수 있다는 달콤한 유혹에 빠져들고 있다. 하지만 그 위험천만한 리스크에 대한 보상은 주로 밤샘 작업, 적은 수입, 그리고 때늦은 자아성찰이라는데…

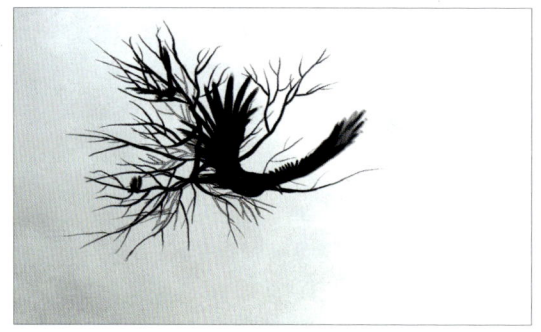 

MTV는 새 HDTV용 광고물 제작을 싸이옵에 의뢰했다. 싸이옵은 아주 정교한 작업을 통해 숨막힐 듯한 아름다운 광고물을 만들어 냈다.

"우린 콜렉티브 collective에 속해 있습니다"라는 말을 듣는 순간, 언론은 회의적인 반응을 먼저 보인다. 스탈린 체제의 러시아 때부터 전해 내려온 뿌리깊은 두려움 때문인지, 조직이나 동지라는 말은 어쩐지 거부감부터 먼저 들게 마련이다. 그렇다면 그래픽 디자인계에서는 어떨까? 모호하고, 방향성도 없으며, 고객이나 프로젝트 테마 그리고 관객들과 전혀 상관없는 형편없는 결과물을 내놓고도 용서받을 수 있는 작업을 수행하기 위한 서문이다.

그럼에도 불구하고 콜렉티브들은 몇몇 가장 상징적인 문화를 창조해왔다. 롤링스톤 Rolling Stones이나 도그미95 영화운동에서 볼 수 있듯이, 콜렉티브들은 개개인의 재능을 기하급수적으로 폭발시키는 역할도 한다. 따라서 훌륭한 캐릭터 생산이나 다양한 연출도 가능케 한다. 상황이 허락한다면 그리고 그 구성원도 적합하다면 콜렉티브란 디자이너들에게 가장 이상적인 작업 환경이다. 고객들도 한 때는 정장을 입은 회장님과 이야기하는 것을 더 좋아했었다. 하지만 이제 고객들을 매혹하는 건 그런 진지함보다는 창조성이다. 더 이상 콜렉티브와 협상하는 것이 단지 쿨하기만 한 행위가 아니다. 콜렉티브는 이미 효율적인 존재가 되었다.

이런 식으로 콜렉티브가 디자인계에 그 입지를 점점 늘려가면서 괄목

할 만한 작품들이 쏟아져 나오기 시작했다. 뉴욕에 있는 싸이옵^{PSYOP}은 역사에 길이 남을 MTV의 HD 이미지를 제작했고, 괴짜 조직인 핍쇼^{Peepshow}는 사치앤사치^{Saatchi&Saatchi}의 런던 지사를 한 달간 점령한 바 있다. 또한, 호주의 디자인 조직 린젠^{Rinzen}은 루브르에서 전시회마저 열었다. 콜렉티브란 단지 취직에 성공하지 못한 졸업생들이 떠도는 '만남의 광장'이 아니라는 것을 보여주는 대목이다. 하지만 이런 조직과 일반 디자인 회사와의 차이는 무엇일까?

디자인의 정의

10명의 디자이너에게 디자인을 정의하라고 해보라. 10명 모두 다른 대답을 할 것이 분명하다. 콜렉티브는 그 크기도 다양해서, 그 구성원이 3명에서 300명에 이른다. 비정기적으로 공동작업이 진행되는가 하면 풀 타임으로 운영되기도 한다. 한 개의 도시에 사무실이 마련된 곳도 있으며, 전 세계에 흩어져 있는 각자의 방에서 작업을 하기도 한다. 수평적인 인사구조를 가진 곳도 있으며, 좀 더 복잡하게 구성된 곳도 있다. 이처럼 한 가지 전형적인 형태가 정해져 있는 것이라기 보다는 그 구성원들 만큼이나 다양한 형태가 존재하는 것이다.

전형적인 콜렉티브와 일반적인 디자인 회사의 가장 큰 차이점은, 당연하겠지만 임용형태에 있다. 회사원이 되면 다달이 나오는 월급을 받게 되지만 콜렉티브에서는 프리랜서의 방식으로 급여가 지불된다. 즉, 급여가 '건' 당 나온다는 말이다. 당연히 월급을 전혀 못 받는 경우도 있게 된다.

회사는 수입이 원천이고, 콜렉티브는 금전적인 문제가 조금은 등한시 되는 창의력의 배출구 역할을 한다. 따라서 값비싼 계약 건에 목을 매기 보다는 창의력 유지에 더 힘을 쏟는 저소득 콜렉티브들도 상당수이다.

하지만 핍쇼^{Peepshow} 같은 콜렉티브는 꽤 많은 수입을 올린다. 그러면서도 멤버들은 모두 프리랜서이다. 핍쇼의 프로젝트에 참여한 디자이너들에겐 일단 임대료가 배정된다. 그리고 전체 수익에서 일한 날수 만큼의 자기 몫이 돌아간다. "모두가 각자의 일 때문에 바쁜 생활을 합니다. 핍쇼 일은 주로 밤이나 주말을 이용해서 하죠"라고 마일즈 도노반^{Miles Donovan}은 말한다.

대기업의 급여 액수는 콜렉티브로 일하는 디자이너들의 수입보다 많을 수 있다. 하지만 조직의 멤버들에게 그 만큼의 자유(보고를 거부하거나 좋아하는 작업을 하거나 하는)가 보장된다는 사실은 커다란 장점이 아닐 수 없다. "같이 일하기도 하고 개별적으로 작업을 진행하기도 합니다. 저희의 작업

Book in Book

방식은 절충적이고 유연하죠. 개인작업이나 전문적인 작업을 하는 데 분열주의를 지양하는 것은 절대 아닙니다." 린젠Rinzen의 릴라 알렉산더Rilla Alexander가 말한다.

콜렉티브들은 사무실이 집중되어 있는 것과 달리 여기저기 흩어져 있다. 린젠을 예로 들어볼까? 5명의 멤버들은 베를린, 브리즈번, 멜버른, 뉴욕에 각각 살고 있다. 이런 형태의 직장은 멤버들 각자가 선호하는 환경에서 일을 할 수 있게 함으로써, 생활과 일의 균형을 동시에 꾀할 수 있게 해준다. 게다가 콜렉티브는 세계화 추세에 좀 더 걸 맞는 형태이다. 알렉산더는 "린젠은 우리가 어디에 있던지 상관없이 공동으로 혹은 개별적으로 작업을 할 수 있게 해준다"고 말한다. 각지에 흩어져 있는 린젠의 멤버들은 모두 호주에 있는 같은 예술 대학을 졸업했다. 물론 서로의 존재를 모른 채 말이다. 이 멤버들은 2000년에 처음으로 RMX 프로젝트 건으로 뭉쳤다. RMX 프로젝트는 라운드 로빈 드로윙에 필적하는 그래픽 디자인이다. 8명의 프로젝트 참여자들이 실제로 회의석상에서 만나 디지털 파일들을 교환했다. 이 첫 만남은 곧 국제적인 대형 프로젝트로 발전해 각지에 퍼져 있는 40명의 디자이너들이 벡터 파일들을 메일로 교환하기 시작했다. 그 결과물은 DGV가 216 페이지짜리 책으로 발간했다. 이 같은 형태의 프로젝트는 '흩어짐'에서 오는 불편함들을 - 예컨대 다른 문화나 의사소통의 문제 같은 - 오히려 장점으로 승화시킨다.

하지만 한 곳에서 일하는 것을 중요시 하는 부류도 있다. 핍쇼의 런던 사무실에서 일하는 도노반Donovan은 "매일 한 사무실에서 얼굴을 보지 않고서야 어떻게 조직적으로 일을 하겠냐"고 반문한다. 그는 또 "한 프로젝트를 착수하면서 개별적으로 재택근무 형태로 일을 하다가 가끔 술집 지하실 같은 곳에서 회의를 한다는 것은 사실 굉장히 어려운 일입니다. 실제 저희들은 3년간 그런 식으로 일해왔고, 여러 가지 어려움을 깨달았기 때문에 런던에 사무실을 차린 것입니다"라고 말했다.

싱가포르에 있는 펑크 스튜디오phunk studio를 살펴 보도록 하자. 사무실이 기본적으로 있긴 하지만 멤버들이 하루 종일 거기서 '근무'하지는 않는다. 공동 설립자인 윌리암 첸William Chan에 따르면 "사무실은 주로 새로운 프로젝트에 대

"우리가 어디에 있던지 상관없이 공동으로 혹은 개별적으로 작업을 할 수 있습니다."

릴라 알렉산더

콜렉티브 디자인의 새물결 **253**

런던에 위치한 핍쇼. V&A 빌리지 페이트V&A Village Fete에서 1등을 했다. 채소와 과일로 유명인사의 얼굴을 만들었다. 그 중 한 명인 지미 사비르Jimmy Saville.

한 회의 장소로 쓰이며, 작업에 차질만 없다면 어디서 일을 하던 상관없다." 지나칠 정도로 청결하고 깔끔한 나라 싱가포르에 사는 4명의 그래픽 디자이너들에게 있어 펑크 스튜디오 사무실은 늘 재미있는 곳이다. 펑크 스튜디오가 그 이름을 알리기 시작한 것은 록 그룹 키스Kiss의 포스터를 변형시켜 파트너들을 악마적인 글램록 신봉자처럼 바꾸어 버린 작품에서였다. 또 다른 작품에서는 한 브라질 모델이 입고 있는 니커보커스 반바지에 멤버들의 얼굴을 덕지덕지 덧붙인 적도 있다. 이런 코믹하고 위트 넘치는 작품을 만들려면 조직원들끼리의 생각과 취향이 비슷해야만 한다. 펑크 스튜디오의 이런 작품들은 펜타그램Pentagram 같은 대형 스튜디오의 입장에서 보면 너무도 자유분방하며 다채롭다.

수평적인 사고

흩어져 있든 모여 있든, 풀 타임이든 파트 타임이든, 대부분의 콜렉티브들은 수평적인 구조를 유지한다. 이는 당연히 일반 기업들의 수직적인 구조와 판이하게 다른 형태이다. 콜렉티브의 맴버들은 비즈니스의 진행에서 개별적으로 역할을 수행한다. 예컨대, 회계나 광고 등의 업무들이다. 펑크 스튜디오는 나이키나 리바이스 같은 국제적인 기업들과도 정기적으로 프로젝트를 진행하고 있지만 이 같은 수평적인 구조를 바꿀 생각은 전혀 없다. 윌리엄은 "저희는 수직적인 구조가 아닙니다. 회계나 디자인 그리고 크리에이티브 감독 등의 일은 저희 멤버 중 누구나 소화할 수 있는 일이니까요. 펑크는 디자인 회사라기 보다는 비주얼 록 밴드에 차라리 더 가깝다고 할 수 있어요"라고 말한다.

그래피티를 위해 모인 스크롤 콜렉티브. 어느 창고의 벽으로 그릴 대형 장식을 완성했다. 완성까지 1주일이 걸렸다. 그 중 이틀은 작품을 옮기는데 썼다고…

      이 같은 반 기업적인 접근 방법은 창조적인 일을 하는 콜렉티브에 더 적합할 수 있다. 린젠의 알렉산더도 이 같은 접근 방법에 찬성한다. "디자인 회사가 어떻게 돌아가야 하는지에 대해서는 철 지난 의견들이 분분했고, 지금도 여전히 분분합니다. 저희는 그런 구식의 시각을 뒤집은 거죠."

      런던에 있는 안티롬Antirom이라는 디자인 콜렉티브를 한 번 살펴보자. 이 콜렉티브는 리더도 없이 5년이나 디자인 업무를 훌륭하게 수행해 왔다. 공동 설립자 니콜라스 룹Nicolas Roope은 "자연스럽게 저희 사이에서 리더가 생기거나 하는 일은 없었습니다. 저희에게 일거리를 준 것은 리더가 아니라 오히려 덩치가 좀 더 크고 전통적인 형태의 기업들이었죠. 저희는 가끔 룹Rob을 관리자 역할로 맡겼는데, 그 이유는 단지 그의 헤어스타일이 가장 깔끔했고 디자이너답지 않은 셔츠를 즐겨 입었기 때문입니다"라고 말한다.

브라질의 모션 그래픽 콜렉티브 로보Lobo는 1994년 3명의 디자이너로 시작되었다. 장난기 가득하면서도 깔끔한 스타일을 자랑하며 도요다Toyota, 디즈니, 파나소닉 같은 대형 고객들과 작업했다.

팀워크가 관건이다

콜렉티브들은 보통 핵심이 되는 팀원에 의해 경영된다. UNCHI를 한 예로 보자면, 이 콜렉티브의 중심에는 세 명의 관리자가 있다. 이런 방식은 조직력이 다소 떨어지거나 혹은 자주 모여서 작업을 함께 하는 일이 비교적 적은 경우에 유용하다. "작업에 참여하는 모든 사람이 회의에 참여해서 토론을 벌이긴 하지만 최종적인 결정권은 역시 저희 관리자들에게 있습니다"라고 UNCHI의 세바스찬 루Sebastien Roux는 말한다.

이 같은 관리자 체계를 갖춘 콜렉티브의 대표적인 사례로는 블로거 출신 조쉬 스피어Josh Spear가 만든 스피어 콜렉티브Spear Collective가 있다. 조쉬는 디자이너들이 자기 안에 내재해 있는 잠재력을 충분히 발휘할 수 있는 그런 작업환경을 구축하고 싶어서 이런 콜렉티브를 구성했다. 조쉬는 작업에 직접 참여해서 창조적인 역할을 하는 것은 아니다. 다만 관리자로서, 프로젝트를 총괄하고

"민주적인 과정으로 진행됩니다. 한 사람이 불만을 토로하면 그런 점을 최대한 배려합니다. 저희의 기본적인 사고방식은 서로 비슷하거든요."

마일즈 도노반

Book in Book

왼쪽: 오르개스믹 디자인은 국제 협력 프로젝트이다. 10명의 디자이너들이 다양한 나라에서 초대되어 주어진 테마 안에서 작업을 진행한다. 이 프로젝트의 주관자는 바로 UNCHI 레저 센터이다.

"멤버들의 자존심을 다 지켜주는 것은 결코 쉬운 일이 아닙니다. 그래도 조직 내에서는 권력남용을 할 수 있는 위치에 있는 사람이 없기 때문에 그나마 수월한 편이죠."

캐롤 콜린스

새로운 사업을 구상해 멤버들이 일할 수 있게끔 해주는 역할을 수행한다. 그는 "스피어는 그저 우리 멤버들이 '창의적'이라는 분야를 계속 훈련할 수 있는 곳일 뿐입니다"라고 말한다. 콜렉티브의 한 가운데에 핵심 관리팀이 있다는 것은 고객의 입장에서도 편안하게 다가온다.

너무 형식적이지도 않은 수평적인 구조는 새로운 멤버를 영입하기에도 일정한 사원 수를 유지하는 수직적인 구조의 디자인 회사들 보다 훨씬 수월하다. 콜렉티브는 프로젝트를 수주하느냐 못하느냐에 따라 그 규모가 커지기도 줄어들기도 하며, 때로는 하룻밤 사이에 유명세를 타기도 한다. 대부분의 콜렉티브들은 어떤 확고한 설립이념이나 규칙 같은 것을 따로 정해놓지 않는다. 이는 어떤 목적을 위해 조직된 기업의 팀 같은 형태와는 정반대의 경우다. 기존의 기업들과 달리 멤버들은 콜렉티브에 가입하거나 탈퇴하는 것이 훨씬 자유롭다. 멤버 한 명이 떠나면서 그 콜렉티브 전체의 인프라에 영향을 크게 미치는 정도가 적기 때문이다. 싸이옵 PSYOP 같은 조직의 경우, 멤버들은 좀 더 직원의 개념에 가깝다. 하지만 매번 의뢰가 들어올 때마다 맞춤형 팀을 재구성한다. 싸이옵의 캐롤 콜린스 Carol Collins 는 "싸이옵은 프로젝트마다 그에 맞는 멤버들을 모아 맞춤형 팀을 만듭니다. 굉장히 유기적인 시스템이죠"라고 말한다.

이 같은 '팀 시스템'은 조직 내의 멤버들이 좀 더 가까워지고 다른 역할을 수행해 보는데도 큰 도움이 된다. 또한 의견에 대한 조율을 민주적으로 할 수 있고, 이러한 민주성은 조직들 만이 가질 수 있는 가장 커다란 이점 중 하나다. "프로젝트를 목전에 두고, 저희는 먼저 다 같이 모여 앉아 생강쿠키와 차를 나눕니다. 그러고는 누가 시간적인 여유가 있는지, 누가 관심이 있는지, 그리고 누가 제일 잘 맞는지 얘기를 나눕니다." 도노반이 말한다. 핍쇼에서는 각 프로젝트를 4명에서 5명으로 이루어진 팀이 전담한다. 콜렉티브의 전 인원이 한꺼번에 동원되는 일은 흔치 않다는 뜻이다. "모든 일이 민주적인 방식으로 진행됩니다. 한 사람이 불만을 토로하면 그에 대해 최대한 배려합니다. 저희들의 기본적인 사고방식은 서로 비슷하거든요."

민주적으로 결정을 내린다는 것은 멤버 모두가 서로를 존중한다는 뜻

Book in Book

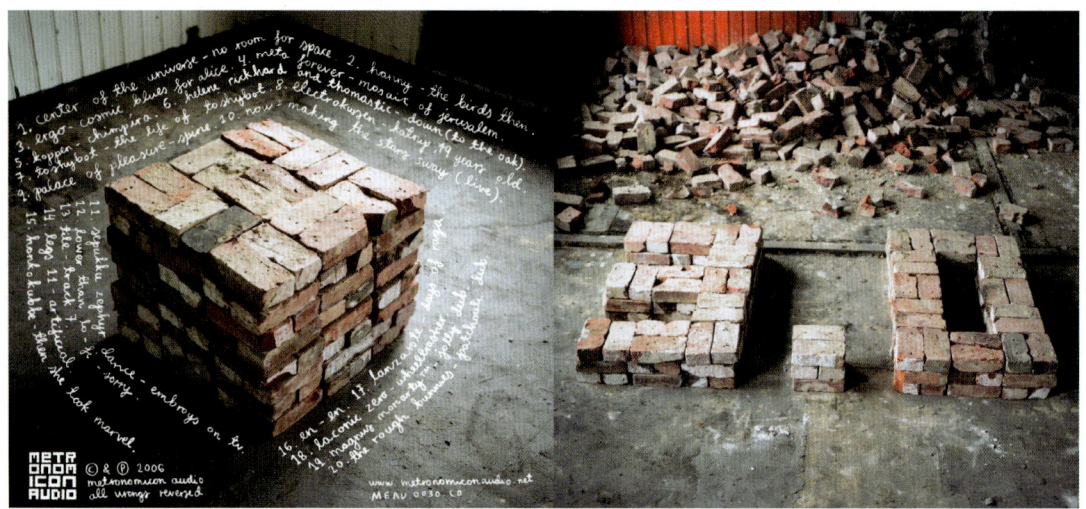

요코랜드는 축제 포스터나 노르웨이의 레코드사인 메트로노미콘 오디오의 레코드 자켓 등을 제작했다. 이 레코드사는 요코랜드의 단골손님이다.

이다. 물론 약간의 비효율적인 면도 있긴 하다. "민주주의 방식은 13개의 서로 다른 의견을 조율하여 가장 이상적인 한 방향을 제시하기에는 상당히 힘든 방식입니다. 가장 기본적이고 단순한 구조를 가진 조직에서도 주도하는 그룹이 있기 마련이죠." 룹의 말이다. "(안티룸 내에서) 원활하지 못한 관계가 결국에는 작업에도 나쁜 영향을 끼쳤습니다. 모두들 자신의 해결책만 옳다고 여기니 같이 작업을 못하게 되고, 같이 작업을 못하니 아무리 좋은 해결책도 소용이 없어졌죠. 이런 일은 콜렉티브들이 흔히 겪는 일입니다."

자존심이란 어떤 사업을 하던지 장애물이 된다. 특히 새로운 작품을 창출해 내는 사업에서는 더더욱 그렇다. 더군다나 이런 '센' 사람들의 자유분방한 작업환경을 고려했을 때, 콜렉티브들이 몇 달 이상 유지된다는 사실은 어떻게 보면 경이로운 일이다. 역설적이지만, 콜렉티브는 디자이너들의 강한 자존심을 누그러뜨리는데 도움을 주기도 한다. 아니면 적어도 그들이 받는 충격을 최대한 완화시켜 준다. "멤버들의 자존심을 다 지켜주는 것은 결코 쉬운 일이 아닙니다. 그래도 콜렉티브 내에서는 권력을 남용할 수 있는 위치에 있는 사람이 없기 때문에 그나마 수월한 편이죠"라고 싸이옵의 캐롤이 말한다. 물론 어쩔 수 없을 때, 야단을 치는 경우는 간혹 있다. "가끔 자존심 싸움으로 번질 것 같은 경우, 멤버들끼리 알아서 서로 조용히 입을 다무는 편입니다. 저 같은 경우는 크게 상관하지 않아요. 제가 제일 고참이거든요. 누가 저한테 뭐라 그러겠어요!"라고 도노반은 말한다.

멤버들이 여럿일 때의 불편함은 대부분 뛰어난 팀워크로 보상받는다. 사람이 많을 수록 서로 긴밀한 협력관계를 유지하면서 경험을 나눌 기회가 더 많으므로, 사실 큰 조직일 수록 더 많은 신선한 아이디어가 더 많이 넘쳐나기 마련이다. 윌리엄은 "한 사람에게서 막히는 일이 생기면 다른 멤버들이 그 자리를 메웁니다"라고 말한다.

또한 협력을 하게 되면 다양한 기술을 가진 디자이너들을 모두 활용할 수 있게 된다. 오늘날처럼 점점 크로스 오버 되어 가는 추세에 잘 맞는 큰 장점이라 하겠다. 도노반은 "우리 조직이 고객들께 드리는 것은 10개의 두뇌와 20개의 눈, 100개의 손가락에서 나온 결과물입니다. 저희는 프로젝트에 참여하는 디자이너 개개인의 경험과 기술력에서 나온 아이디어들을 절충하는 방식으로 작업을 합니다. 미술감독, 그래픽 디자인, 애니메이션, 일러스트레이션, 직물 등 아주 다양한 분야를 활용하죠"라고 말한다. 핍쇼의 이러한 유연성 덕분에 많은 고객들이 일을 맡긴다. 한 가지 미디어에 종속되지 않기 때문이다. 주문이 많으면 많을 수록 수입도 늘어나고, 콜렉티브에 투자하는 시간도 늘어나는 건 인지상정.

작은 규모의 축제를 광고하는 포스터. 메트로노미콘 오디오가 협찬했다. 디자인과 미술감독은 요코랜드의 아슬락 구르홀트와 토마스 노드비가 맡았다.

안티롬은 8명으로 시작해서 1999년 문을 닫을 당시 13명으로 늘어난 상태였다. "96년 여름, 좁다란 사무실에서 모두 모여 더위와 싸움을 했었죠. 그 당시 작업이 공동으로 진행되었어야 했고, 모든 디자이너들이 한 자리에 있어야만 했으니까요"라고 니콜라스 룹이 말한다.

글로벌 네트워크

UNCHI 레저 센터에서는 정기적으로 오르개스믹 디자인^{Orgasmik Design}이라는 콜렉티브 프로젝트를 진행한다. 오르개스믹과 UNCHI 두 곳에 다 관여하고 있는 그레그 프랑코^{Greg Franco}에 따르면, 오르개스믹은 UNCHI의 네트워크를 이용해 전시회나 경연대회 등의 그래픽 관련 행사들을 관장한다. 그렇게 해서 오르개스믹 디자인은 400명이 훨씬 넘는 참가자 수를 기록한다. 참가자들 중 몇몇은 베네수엘라와 이란 같이 먼 곳에서 오기도 했다. 오르개스믹 디자인 같은 이러한 행사는 인터넷이 없이는 실현이 불가능한 행사다. 이메일이나 메신저 그리고 화상회의 등의 정보혁신 덕분에 디자이너들은 생각지도 못한 장소와 전혀 적합하지 않은 시간대에 사는 다른 디자이너들과의 협력을 꾀할 수 있게 되었다. 이러한 발전 때문에 최근 디자이너 콜렉티브들이 우후죽순으로 늘어나기도 하는 것이다. 릴라 알렉산더도 인정하다시피, 이메일을 통한 의사소통 없이 디자이너들이 린젠이라는 모체와 관계를 유지하는 것은 불가능한 일이다.

디자이너들끼리 콜렉티브를 만드는 일은 쉽다. 특히 이제 막 이 길로

Book in Book

한 마음으로 이룬 콜렉티브
다섯 명의 콜렉티브 리더들이 말하는 팀워크의 장점

렛뎀행의 리믹스
"리믹스Remix 프로젝트는 멀리 떨어져 활동하는 우리 팀원들끼리 마치 디지털 게임을 하듯 진행되었어요. 작품은 네이티브 인 브리스톨에서 처음 판매됐어요." 렛뎀행Let Them Hang의 저스틴 맥카시는 말한다. "자신의 미완성 작품을 릴레이식으로 서로에게 전달해 주었고, 파일을 받아 작품에 적당히 살을 붙이거나 빼서 다음 사람에게 넘겨주었습니다. 작품은 빠르게 완성되었고, 전통적인 스트릿 아트의 형식을 취하고 있습니다."

펑크 스튜디오의 레이 공
레이 공Lei Gong은 죄 많은 인간들을 벌하는 중국의 번개 신을 본 딴 한정판 장난감이다. 펑크 스튜디오phunk studio는 장난감 디자이너 픽시Pixie와 공동으로 작업을 진행했다. "저희는 생산 과정에서 역할을 분담해서 맡았습니다. 그래서 작업의 진척 속도가 더 빨랐어요. 덕분에 다른 프로젝트도 병행해서 수행할 수 있었어요"라고 설립자 윌리엄 첸William Chan이 말한다.

바이어 그래픽의 스포일트
스포일트Spoilt는 그래피티 전시에 출품했던 바이어 그래픽Via Grafik 작품이다. "저희의 팀워크가 어떤 작품을 낳는지를 잘 보여주는 사례입니다. 안드레와 저는 기본 레이아웃을 종종 저희 파트너들에게 보여줍니다. 그러면 그 사람들은 거기에다 자신들의 아이디어나 독창적인 디자인을 첨가하기도 하죠. 어떻게 보면 탁구 치는 것과 다를 바 없어요"라고 리오 볼란드Leo Volland가 말한다.

요코랜드의 '오를수록 내려간다'
요코랜드Yokoland는 대학 졸업과 동시에 자신들이 만든 모노그래프를 세상에 내놓았다. 여기에는 자신들이 작업한 프로젝트들과 학교 숙제가 함께 포함되어 있었다. "모노그래프는 보통 경력을 충분히 쌓은 사람들이 자서전처럼 만들기 마련입니다. 그러고 보면, 아마도 이 작품은 최초로 무경력자가 만든 모노그래프가 되겠군요." 요코랜드의 아슬락 구르홀트 론센이 말한다들어선 젊은 디자이너들이 경험을 쌓고 실력을 키우기에는 더없이 좋은 환경이다. 하지만 콜렉티브의 입장에서는 실력 있는 디자이너를 영입하는 것도 중요하다. '형편없는 실력을 가진 콜렉티브'라고 낙인 찍히고 싶지 않다면 말이다. 콜린스도 "적합한 사람들과 콜렉티브를 만들어야만 합니다. 결혼하는 것처럼요"라고 말한다.

창작산업에서 협력이란 늘 어느 정도의 위험을 수반한다. 하지만 요즘만큼 마음에 맞는 사람들끼리 팀을 짜고, 콜렉티브를 만들기에 좋은 때도 없다. "콜렉티브를 만들 때, 필요한 법률 같은 것은 존재하지 않아요. 다만 처음엔 빈 손으로 출발하게 되는데, 이 때 당신 자신의 능력을 믿는 것이 중요합니다. 저희들은 V&A 박물관에서 과일로 유명인사를 만들기도 했고, 브라질 축구선수들의 대두(大頭) 버전으로 애니메이션을 만들기도 했습니다. 3살짜리 애기들에게 잘 꾸며진 판지를 머리에 이고 걸음마를 시켜도 봤습니다. 런던 헤이워드 미술관에서 전시회도 열어봤고요. 이 정도면 과히 나쁜 성적은 아니죠?"

린젠의 '이웃'
린젠^{Rinzen} 이 데빌로봇이나 딘 척 같은 디자이너들과 함께 토이-리믹싱 작업을 했다. "참가자들의 다양한 기술들이 전 과정에 생명력을 불어넣었습니다. 꿰매고, 칠하고, 그리고, 팔다리도 바꾸어 붙여가면서 말이죠." 릴라 알렉산더가 말을 잇는다. "작업을 먼저 해놓은 작품 위에 다른 디자이너가 작업을 하다 보니 스타일이나 아이디어들이 충돌하는 경우가 많습니다. 결과요? 개인 머리에서는 나올 수 없는 기상천외한 작품들이죠!"

Book in Book

글로벌 콜렉티브
세계적으로 유명한 크리에이티브 집단들

영국

미니베가스 Minivegas
런던에 주둔해 있는 모션그래픽 전문 콜렉티브. 블록 파티 Bloc Party나 앰프 피들러 Amp Fiddler의 뮤직비디오를 제작했다.
www.minivegas.co.uk

렛뎀행 Let Them Hang
콜렉티브라기 보다는 상점에 가깝다. 온라인상의 협력 작업이 얼마만큼의 수익을 올릴 수 있는지 잘 보여준다.
www.spearcollective.com

스피어 콜렉티브 Spear Collective
스피어라는 이름을 걸고 26명의 디자이너들이 뭉쳤다. 콜렉티브 이름은 이를 만든 전문 블로거 제이슨 스피어의 이름에서 따왔다.
www.spearcollective.com

모노렉스 Monorex
전에는 런던에 둥지를 튼 콜렉티브로, 대형 파티의 주선자로 나이키나 엑스박스의 디자이너로 유명하다.
www.monorex.com

유나이티드 비주얼 아티스트 United Visual Artists
매시브 어택 Massive Attack의 백 번째 윈도우 100th Window 쇼의 무대 디자인을 한 팀으로 유명하다. UVA는 플레이스테이션3의 전시회에서 형광 전광판을 설치하는 등 맞춤형 기술력에 탁월하다.

스크롤 콜렉티브 Scrawl Collective
1998년에 출간된 〈스크롤:지저분한 그래픽과 이상한 캐릭터〉에서 영감을 받아 조직된 그래피티 전문 콜렉티브.
www.Scrawlcollective.co.uk

BWB 콜렉티브 BWB Collective
벡터 이미지 중심의 일러스트레이션으로 유명한 BWB는 케브 Kev, 롭 Rob, 맷 Matt, 폴 Paul로 구성되어 있다.
www.bwbcollective.com

로 너브 Raw Nerve
런던 뎁 포드에 위치한 콜렉티브. 로 너브 출신으로 명성을 떨친 사람으로, 영화감독 제임즈 틴덜 James Tindall이 있다.
www.raw-nerve.co.uk

샤이놀라 Shynola
영국의 아주 걸출한 애니메이션 전문 콜렉티브. 메드스톤 대학에서 일러스트레이션과 영화를 공부하다 서로 만났다. 작품으로는 벡 Beck, 라디오헤드 Radiohead, 블러 Blur의 아주 유명한 광고물이 있다.
www.shynola.com

핍쇼 Peepshow
애니메이터, 일러스트레이터, 미술감독 등 10명으로 이루어진 콜렉티브. 핍쇼는 위트 넘치는 작품과 대중적인 스타일로 잘 알려져 있다.
www.peepshow.org.uk

미국

우스터 콜렉티브 Wooster Collective
존경 받는 스트릿 아트 콜렉티브로, 뉴욕의 한 작은 동네 거리명에서 이름을 따왔다.
www.woostercollective.com

더 62 The 62
브루클린 출신 조직. 더 62는 4명으로 구성된 그룹이지만 AIGA나 모토롤라 같은 덩치 큰 고객도 거뜬히 상대한다.
www.the62.org

하우스 인더스트리즈 House Industries
티키 Tiki 폰트를 원하신다고? 하우스 인더스트리즈가 답이다. 복고풍 폰트 시장을 아주 가볍게 점령한 콜렉티브니까.
www.houseind.com

빌리지 Village
11명의 폰트 디자이너들이 빌리지라는 이름 아래 힘을 합쳤다. 이들의 작품을 보면 알겠지만 아주 훌륭한 결정이었다.
www.vllg.com

싸이옵 PSYOP
고도의 기술을 요하는 모션 그래픽을 제작하는 것으로 유명한 콜렉티브. 코카콜라 광고를 만들기도 하였다. 유머와 위트가 넘치는 자체 제작물 싸이옵 앤썸 PSYOP Anthem도 유명하다.
www.psyop.tv

퓨처 파머즈 Future Farmers
샌프란시스코에 위치한 퓨쳐 파머즈. 1995년 에이미 프란쉬니 Amy Franceschini가 최초 설립했다. 어도비, 스와치, 루카스 필름 등 어마어마한 팬들을 거느리고 있다.
www.futurefarmers.com

유럽

해피펫츠 Happy Pets
해피펫츠는 스위스 현대풍의 미학을 의도적으로 회피한다. 그들이 추구하는 미학은 좀 더 재미를 가미한 것이기 때문이다.
www.happypets.ch

엑스페리멘탈 젯셋 Experimental Jetset
구성원은 대니 Danny, 마리크 Marieke, 어윈 Erwin 이다. 그래픽 디자인계에서는 굉장히 널리 알려진 콜랙티브다.
www.experimentaljetset.com

서퍼스 투 에어 Surface2Air
패션, 그래픽 디자인, 웹사이트… 파리, 뉴욕, 스톡홀름에 흩어져 있는 이 디자이너 콜렉티브는 못하는 게 없는 것 같다.
www.surface2air.com

UNCHI
UNCHI는 2003년 디자인, 일러스트레이션, 음악을 아우르는 조직으로 처음 조직되었다. 15명의 디자이너가 풀 타임으로 일하고 있으며, 프랑스와 벨기에 흩어져 있다.
www.unchi.net

팻맨콜렉티브 Fat Man Collective
바르셀로나에 있는 팻맨콜렉티브는 이름 덕을(번역하면 뚱땡이들의 모임) 상당히 본다고 한다. 온라인상의 인터페이스나 시스템도 상당히 깔끔한 편이다.
www.fat-man-collective.com

바이어 그래픽 Via Grafik
바이어 그래픽의 표어는 '벽에서 화면, 화면에서 어디든지!'이다. 말 뿐이 아니다. 이들은 실제 유럽 전역에 퍼져 있는 고객들의 벽을 멋지게 꾸미고 있다.
www.vgrfk.com

요코랜드 Yokoland
요코랜드는 딱 3명으로 구성되어 있다. 하지만 모든 면에서 풍요로운 팀이다. 팬진, 모노그래프, 노르웨이의 메트로미콘 오디오 Metromicon Audio의 커버 재킷 등 다양한 분야를 섭렵한 바 있다.
www.yokoland.com

플레익스 Pleix
파리에 주둔한 플레익스(픽셀의 아나그램)는 2001년 모션 그래픽 계에 처음 등장했다. 데뷔작에서 그들은 아이들의 성형수술을 약간 어두운 톤의 코미디로 풍자했다.
www.pleix.net

무사 Musa
포르투갈에 있는 팀으로, 전용 온라인 마켓을 통해 어떤 프로젝트로도 수익을 올린다. 또한 낫씽라스츠포에버 NothingLastsForever라는 온라인 잡지도 발행한다.
www.musacollective.com

밴스캅 Vanskap
밴스캅은 헬싱키와 베를린에 반반 나누어져 있다. 고객으론 아디다스 같이 큰 기업도 있다.
www.vanskap.fi

기타 국가

도마 Doma
부에노스 아이레스에 있는 콜렉티브. 도마가 제작한 재미난 장난감과 영상은 원닷제로 영화제에서도 큰 관심을 불러일으켰다.
www.doma.tv

로보 Lobo
브라질은 사실 모션그래픽으로 잘 알려진 나라가 아니다. 그래도 레고웰트 Legowelt 같은 초기의 작품들에 힘입어 착실히 그 명성을 쌓아가고 있다.
www.lobo.cx

린젠 Rinzen
린젠은 원래 호주에 있던 콜렉티브이다. 하지만 콜렉티브가 설립된 후 세계 각지로 흩어져버렸다. 코펜하겐의 호텔 방부터 도쿄의 제로 게이트 Zero Gate까지 린젠의 손길이 닿은 곳은 이미 상당수다.
www.rinzen.com

네스트 Nest
네스트는 여성 그래픽 디자이너와 일러스트레이터들을 위해 만들어진 온라인 콜렉티브이다. 물론 프로젝트에 따라 남성도 영입된다. 5대 주에 흩어진 디자이너들이 힘을 합해 만든 웹사이트는 커뮤니티의 느낌을 아주 잘 살리고 있다.
www.nestcollective.com

펑크 스튜디오 :phunk studio
싱가포르에 위치한 펑크 스튜디오는 독특한 스타일을 가진 그래픽 디자인계의 악동이다. 타이페이 박물관 현대 미술관에서 전시회도 가졌다.
www.phunkstudio.com

CA Project 1

그래픽 디자인 아이콘 100

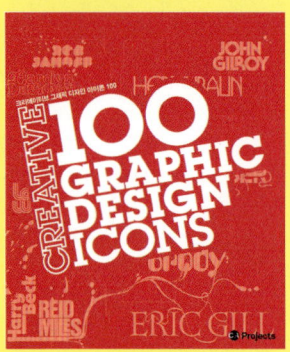

— 시대를 초월하는 전설적인 100가지 클래식 디자인 아이콘으로부터 얻는 새로운 영감!
프린트 디자인.패키지 디자인.방송영상 디자인.광고 디자인.정보 디자인

— 5개 그래픽 디자인 분야의 대표적인 아이콘 제작 과정과 비하인드 스토리
〈페이스〉 매거진.아이팟 패키지.채널4 영상.앱솔루트 보드카 광고.런던 지하철 지도

CA Project 2

광고 디자인

— 창조적인 영감과 아이디어로 영역을 확장하는 글로벌 광고 트렌드와 창의적인 제작 기법
인터뷰.심층기사.프로파일.비하인드 스토리.제작기법

— 세계 대형 광고 회사들의 재기 넘치는 광고 캠페인의 숨겨진 이야기
JWT.TBWA.BBDO.맥켄
애릭슨.퍼블리시스.엔트로픽.튜크.앤디 마틴.그리고 진화와 미래의 예측…

Creative Artworks 1

크리에이티브 아트웍 1

— 세계적인 디자이너 12인의 창의적인 아트웍 스타일 모음 16선 & 창의적인 디자인 프로세스 모음 11선
졸트 브람.피터 헤리슨.대니 프란츠랩.저스틴 멀러.데릭 리.척 앤더슨.제이슨 쿡.마크 마이어스.피터 채드윅.제임스 위그널.데이브 커드.닉 라.그리고…

— 새로운 디자이너로 거듭나고, 더 나은 디자이너가 되고, 더 나은 이미지를 만들고, 창조적인 사람이 되고, 생각을 자유롭게 하고, 클라이언트를 기쁨으로 만족시키고, 완벽하게 프로젝트를 관리하고, 자신의 작품을 보호하고 그외에 그 이상…

구입할 곳 CA샵(www.cashop.kr)과 전국 각 서점 및 인터넷 서점

문의할 곳 ca@ccca.co.kr
02-852-5412

Ten Ways To...
당신의 스튜디오 관리가 필요한 10가지 이유

디자인을 이야기할 때, 스튜디오에 관한 내용은 거의 없다. 하지만 스튜디오를 어떻게 운영하느냐에 따라서 성공과 실패로 갈리는 사례는 많다. 성공적인 스튜디오 경영이란 어떤 짓일까?

스튜디오 매니저의 역할은 아주 중요하다. 그래서 아주 작은 규모의 스튜디오에도 매니저가 있어야 하지만, 정작 매니저가 있는 경우는 규모가 큰 메이저급 디자인 회사들뿐이다. 그러다 보니 소규모 스튜디오에서는 디자이너가 회계에서부터 IT 컨설턴트, 그리고 장비 구매에 이르기까지 모든 일을 처리해야 하는 팔방미인이 되어야 한다.

하지만 능력 있는 매니저가 있다면, 디자이너는 다른 것에 신경 쓸 것 없이 자신의 능력을 최대한 발휘하여 작품 활동에 전념할 수 있을 뿐 아니라 즐겁게 일을 할 수 있다. 수많은 스튜디오 중 최고의 스튜디오가 되기 위해서 꼭 기억해야 할 것이 있다. 당신은 디자이너로서, 서비스 분야에서 일하고 있다는 점이다.

스튜디오 경영을 조직 내부에서 알아서 처리해야 하는 부수적인 일로 생각하지 말라. 이것은 고객을 상대하기 위한 가장 중요한 요소이다. 이렇게 볼 때, 스튜디오 경영(또는 프로젝트 경영)을 잘 하는 것은 당신의 수입을 높여주는 중요한 하나의 방법이 될 것이다. 물론 능력 있는 매니저를 영입하기 위해서는 지출이 필요한 것도 사실이다. 자, 이제 스튜디오 매니저가 필요하다는 것은 알았다. 그렇다면 그들이 하는 일이란 무엇인가? 궁금하다면 계속 읽어 보기 바란다.

01 스튜디오 매니저의 역할은

20인 이내 소규모 스튜디오에서 디자인 이외의 모든 일을 처리하여 디자이너가 작업에만 몰두하도록 한다. IT지식, 멀티미디어 프로젝트 코디네이트, 작업 과정의 모니터링, 기본적인 회계능력, 외부 재료 공급자들에게 주문하고 관리하는 것 등 전구를 교체하는 일에서부터 고객과 수수료를 협상하는 것에 이르기까지 오늘날에 요구되는 소양은 매우 다양하다. 거기에 호감이 가는 성격이라면 더욱 좋을 것이다.

02 스튜디오 매니저와 프로젝트 매니저의 차이점은

프로젝트 매니저는 프로젝트와 그에 따른 예산이나 스케줄, 그리고 가장 중요한 고객관리를 한다. 스튜디오 매니저는 스튜디오 관리와 기술에 관계되는 다양한 일을 한다. 그러나 이러한 일들은 서로 연관되므로 하나로 묶어 양자의 역할을 동시에 수행함 수 있는 한 사람만이 더 채용함 수 있다면, 당신의 스튜디오를 몇 단계 더 발전시킬 수 있을 것이다.

03 스튜디오 경영과 고객의 관계

성공한 스튜디오의 특징 중 하나는 내부에서 작업하는 사람들이 모두 고객을 향하고 있다는 점이다. 즉, 모든 구성원들을 고객들이 볼 수 있도록 실내를 개방하는 것이다. 내부 작업들의 성과를 높이고 고객서비스를 향상시키는 성공적인 조합으로 이끌어 내는 것은 매우 중요하다.

04 스튜디오 내부에서의 역할

능력 있는 매니저의 자질로서 요구되는 것은 스튜디오와 프로젝트 경영의 기술과 정교하면서도 교감할 수 있는 커뮤니케이션 능력 그리고 360도 방향으로 생각하는 안목을 가진 능력이다. 다음의 조건들(적어도 하나라도) 갖추고 있어야 한다. 작업스케줄관리, 예산관리, 디포트작성, 송장작성, IT능력, 프리랜서 고용, 작업 소요시간관리 그리고 가장 중요한 것은 지속적으로 정동하게 기록하는 것이다.

05 스튜디오 외부에서의 역할

내부적인 일과 외부에서의 역할, 즉 고객이나 물품 공급자와 프리랜서들을 전문적이고 요령 있게 상대하는 양쪽의 역할을 훌륭히 수행하지 못하는 매니저라면 고용할 필요가 없다. 고객들은 꼭 필요한 정보를 전달해 주는 사람과 이야기하고 싶어한다. 때문에 스튜디오 매니저(혹은 프로젝트 매니저)의 커뮤니케이션 기술이 부족하다면 대표나 디자이너에게 요구하게 될 것이다. 이는 스튜디오 매니저가 능력이 없음을 의미한다.

06 자금과 재정의 업무

자금과 재정을 파악할 줄 알아야 한다. 작업에 들어가는 비용을 알아야 하며, 공급하는 프로젝트의 가격 시세를 파악해야 하고, 수수료를 협상할 줄 알아야 한다. 또한 고객들에게 추가부담에 대해 알려주어야 하며, 송장을 만들고, 프로젝트가 진행되는 동안의 비용을 검토해야 하고, 대표에게 문제점을 일러줄 수 있어야 하며, 사무용품 및 장비 공급자들과 가격협상도 해야 한다. 재정과 지급업무를 담당해야 하는 것이다.

07 멀티미디어 프로젝트

웹 프로젝트는 예산이 초과되는 경우가 많다. 이는 변화무쌍하고 무제한적인 특성에 있다. 그래서 스튜디오 경영이 중요해진다. 특히 높은 수준의 경영기술이 필요하다. 수백 수천 장의 문서와 정확한 조사가 필요한데, 능력 있는 프로젝트 매니저라면 이러한 문제들을 잘 운영해 나갈 수 있어야 한다.

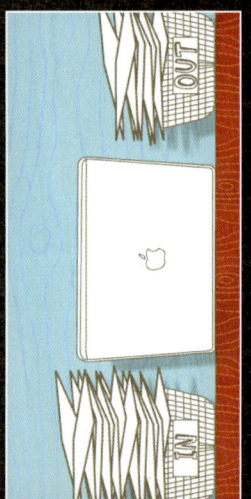

08 새로운 일을 가져오는 사업적 마인드

'새로운 일을 획득하는' 매니저의 역할은 단순한 것이다. 우리가 큰 규모의 인쇄 프로젝트를 완료할 무렵에 고객이 판매와 유통에 대한 계획을 아직 세우지 못했다고 지나가듯 말했다. 순간 우리의 비틈없는 매니저는 그것을 농치지 않고 재빠르게 응대했다. "그럼 저희가 한번 건적을 뽑아서 드려 볼까요?" 며칠 후, 고객은 우리에게 그 일을 맡겼고, 또 다시 87,000 파운드짜리 일을 주문했다. 이것이 요즘 시대에 필요한 스튜디오 매니저의 경영 능력이다.

09 스튜디오의 외관과 내부

고객들은 스튜디오에 도착해서 느낀 첫 인상과 작업 환경을 유지하려고 애쓰고 있다는 점을 매우 중요시 여긴다. 화려한 사무실보다 당신이 일하는 모습을 볼 수 있는 작업장을 더 선호한다. 그렇다고 지저분하고 어수선한 모습을 그대로 보여주는 것은 옳지 않다. 접견 장소를 깨끗하고 단정하게 해놓거나, 손님에게 더러운 머그잔에 커피를 대접한다면 고객확보에도 어려움을 겪을 것이다. 그러므로 매니저에게 정리를 일임하여 사람들이 일하고 싶은 장소로 만들도록 하라.

10 디자이너가 아닌 사람도 잘 할 수 있다

디자이너들은 디자이너가 아닌 사람들을 께리는 것으로 유명하다. 나도 그 선임견을 버리고 나서 스튜디오 매니저 겸 포토제트 매니저를 고용했다. 그러자 회사는 상승기류를 타기 시작하여 매출은 물론 작업의 질도 모두 향상되었다. 그 성패와 실패를 어떻게 판단할 것인가? 첫 번째는 디자이너가 디자인에 몰두할 수 있도록 작업환경을 만들었는가 하는 것이며, 두 번째는 몇 달 안에 수익의 증가를 가져왔느냐 하는 것이다. 능력 있는 매니저라면 보수의 10배 이상의 수익을 올릴 수 있어야 한다.

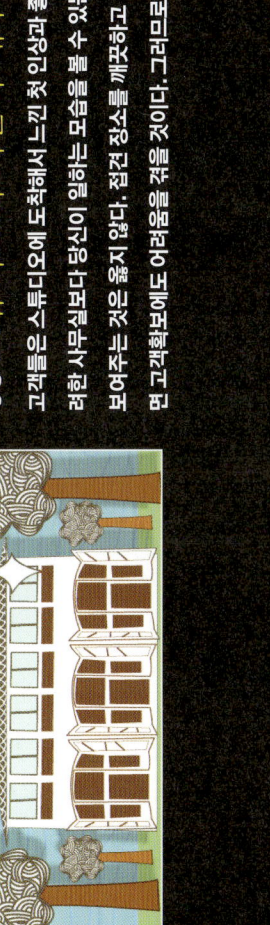

Book in Book

Inspiration Workshop
혼자서 손으로 만든 심벌리즘

스티븐 해링턴과 함께하는 포토샵 여행으로
그의 스크린 인쇄 프레스의 노하우를 터득해 보세요

The designer
스티븐 해링턴 Steven Harrington
낮에는 내셔널 포리스트 National Forest 디자인 스튜디오의 반쪽(다른 반쪽은 저스틴 크리트마이어 Justin Krietemeyer 가 쓴다)에서 일한다. 그는 버튼 스노보드, 마이크로소프트, 뉴욕 투어리즘, 〈플론트 Flaunt〉 지와 같은 클라이언트를 두고 작업을 한다. 캘리포니아의 아트센터 컬리지를 졸업한 후, 둘은 의기투합해 스튜디오를 차렸다.

The project
개인 작업 및 실험
밤에는 개인의 일러스트레이션 작업과 인쇄 프로젝트를 진행한다. 클라이언트 작업에서는 할 수 없었던 것들을 즐기면서 개인적인 추억 같은 것들도 멋들어지게 담아낸다. 그는 손으로 만질 수 있는 느낌이나 감각을 좋아하고, 그런 식으로 사람들에게 다가가는 것을 좋아한다.

미디어
── 매킨토시 듀얼 2Ghz 파워 PC G5
── 포토샵
── 일러스트레이터
── 드림위버
── 인디자인
── 그래파이트 Graphite
── 잉크
── 종이
── 기름종이
── 아크릴릭
── 실크 스크린 인쇄기

이 다섯 가지 색 스크린 인쇄물은 '과거, 현재, 미래 Past, Present and Future'라고 이름이 붙었다. 해링턴은 '시간이 사라진다면 어떤 일이 일어날까?'라고 묻는다.

개인 작업을 하는 최고의 목적은 어떤 이미지가 만들어지는 시간, 장소, 상황과의 연계성을 작품에 드러내는 것이다. 그리고 거기서부터 스타일이란 것이 자연스럽게 흐르도록 둔다. 이미지란 것은 보통 나의 개인적인 기억을 떠올리는 것으로부터 시작된다. 어린 아이들은 세상을 애니메이션처럼 볼 수 있는 타고난 재능을 가지고 있다. 또한 어린 아이들은 모든 사물을 살아있는 생명체로 캐릭터화 시켜서 보기도 한다. 어쩌면 나는 내가 어렸을 때 가지고 있던, 논리라는 것이 생기기 전의 독특한 시각을 되살려 보려고 노력하고 있는 지도 모르겠다.

새로운 작업을 시작할 때는 늘 열린 마음으로 임하는 것이 중요하다. 그래야 훨씬 아이디어도 많이 생기고, 다음 작업의 기회도 같이 생기게 된다. 나는 내 작품에 심벌을 사용하는 것을 좋아한다. 그리고 그 심벌에 대한 해석을 내가 굳이 하려고 하지 않는다. 모든 것은 작품을 보는 사람에 따라 다른 것이다. 예를 들어, 내 작품 중 '밸런스 넘버 원 Balance No 1'은 음양

혼자서 손으로 만든 심벌리즘   271

'밸런스 넘버 원Balance No 1'이라는 이름의 작품. 이 작품은 손으로 그린 심벌들과 밝은 색, 해링턴의 최근 작품에 흔히 나타나는 패턴으로 구성되어 있다.

Book in Book

해링턴의 개인 작품 대부분은 그의 추억에서 나온다. 이 구성물은 그의 형제인 존John이 다섯 살 때와 27살 때의 사진들로 구성되어 있다. 또한 블록Block 아트웍도 어느 정도 등장한다.

의 개념에 관한 것인데, 이 심벌은 작품 내내 거미, 거미줄, 해골, 별, 눈, 피라미드, 사과, 배와 함께 사용된다. 그런 반대되는 요소들이 자연 안에서 어떤 식으로 상호작용하고 상호보완 관계를 이루는 지를 나타내는 것이다. 이는 또한 아메리칸 인디언들의 토속 신앙과도 연결된다.

그런 심벌들은 최근 내 작품들에서 큰 역할을 했다. 나는 이런 심벌들과 아이콘들이 사회와의 연결성을 표현한다고 느낀다. 그것은 오늘 날에는 좀처럼 느끼기 힘든 것이 아닌가. 특히 미국에서는 말이다. 어쩌면 이런 심벌들을 내 작품에 심는 것은 내 작품을 볼 사람들과의 어떤 연결을 희망하는 나의 제스처일 지도 모르겠다. 로고나 브랜딩이 형성되는 과정과 비슷하다. 어쩌면 훌륭한 로고들은 두세 개의 아이콘들로 이루어져 있으며, 그것들이 합쳐져서 하나의 독특한 아이콘을 만든다. 작품을 만들 때도 나는 똑같은 점을 노린다. 아이콘들의 믹싱과 매칭, 이는 아주 흥미로운 주제가 아닐 수 없다.

지난 한 해 동안 나는 밝은 색에 심취해 있었다. 이전에는 채도가 낮은 색을 주로 사용했고, 검은색 대신 짙은 고동색을 사용했다. 나의 최신 팔레트는 그런 지난 날들을 잘 반영하고 있다. 전에는 검은색을 절대 사용하지 않았었다. 그러나 검은색은 내 팔레트 확장에 큰 도움이 되었다. 태양이 반짝이는 남부 캘리포니아에 살다보니 내 취향이 조금 바뀐 것일 수도 있다. 매일 일어나서 태양과 그 따스함을 느끼는데 밝은 색을 계속 피한다는 것은 거의 불가능한 일이다.

이런 말을 하고 보니, 나는 스스로의 팔레트를 제한했을 때 최고조의 상태로 작업하는 것 같다. 25가지 셰이드를 가지고 일러스트레이션을 시작하는 것보다 검은색 만으로 시작해서 천천히 색을 더하는 것이 더 낫다는 말이다. 직관적으로 작업하는 것도 도움이 된다. 때론 이미지가 나에게 몇 가지 색을 쓰는 것이 좋겠다고 스스로 제안하기도 한다.

촉각적인 느낌을 살리는 마무리는 내가 가장 빈번하게 지향하는 것이다. 내 작품은 늘 누군가가 만졌다는 느낌, 즉 약간은 불완전하고 조금은 인간적이고 엉성하게 만들어지길 바란다. 나는 행복한 사고accident를 좋아한다. 그리고 최근에는 새로운 재료들과 새로운 미디어를 내 나름의 방식으로 포용하는 것이 주요 테마였다. 부분적으로, 이는 내가 편안함을 느끼는 영역 바깥으로 발을 내민다는 것을 의미한다. 나는 자신의 한계를 느낄 때 더 자극을 받는 것 같다. 즉, 극한 상황에서 모험을 해볼 용기가 생긴다.

이런 나의 작업 방식을 '밸런스 넘버 원' 작업을 할 때 차용할 수 있었다. 나는 아주 간단한 단어나 아이디어에서 출발했다. 이 경우, '밸런스'나 '음양'이 바로 그 단어였다. 그 한 단어에서부터 나는 더 많은 단어들을 만들었다. 물론 처음 아이디어에서 모두 출발한 것들이다. 이 과정은 내 생각이 마음대로 돌아다니도록 하며, 모든 것에 대한 가능성을 열게 한다. 이런 초반 과정에서의 내 머리를 활짝 여는 것을 난 무척이나 즐긴다. 가장 재미있는 부분이 아닐까 한다.

일단 아이디어에 만족하면 나는 그림을 그리기 시작한다. 물론 이 과정도 처음 과정과 거의 같다. 다만, 단어 대신 그림이라는 형태를 취할 뿐이다. 사물들은 이런 과정 속에서 모양을 갖추어가며, 그 후에는 구성, 구조, 재료들을 고심한다. 물론 아직 이 단계에서 너무 심각하게 확정을 짓지는 않는다. 아직도 새로운 아이디어가 얼마든지 나를 방문할 수 있기 때문이다.

특정 구성이나 레이아웃이 마음에 들면, 나는 컴퓨터를 켠다. 포토샵이나 일러스트레이터를 사용하기 위해서다. 그리고 내가 대략적으로 만든 것들과 아이디어의 방향성을 새롭게 검토한다. 가장 어려운 것은 컴퓨터가 만들어 내는 특유의 깔

이 공작과 해골 디자인은 최근 라이프스타일 상품 회사인 도브 앤 보블Daub and Bauble의 달력 디자인에 등장했다.

Book in Book

스티븐 해링턴의 스튜디오

스티븐 해링턴 Steven Harrington 은 파사데나에 있는 그의 집에서 하는 개인 작업 시간과 내셔널 포리스트에서의 작업 시간을 나누어서 관리한다. 그의 작업 스튜디오는 굉장히 깔끔하며, 관리도 잘 되어 있다. "제 집에 있는 스튜디오는 훨씬 따듯하고, 보통의 아트 스튜디오에 가까운 모습입니다"라는 그의 설명. "개인적으로 책 모으는 것을 좋아하는데, 한 번 보여드리고 싶을 정도에요. 흔치 않은 아이템들이 무척이나 많죠. 또한 아주 큰 대형 책꽂이도 있어 조각, 책, 사진 등 제 영감의 원천이 되는 것을 장식해 놓기가 편리합니다."

영감의 원천

에드 엠벌리 Ed Emberly
에드의 말에 따르면 모든 시각적인 것들은 다음 세 가지 요소를 가지고 있다. 바로 원, 네모, 세모다. 나도 동의한다.
www.edemberley.com/pages/main.aspx

존 스타인백 John Steinbeck
미국 최고의 작가 중 한 명. 간단하고, 직접적이고, 의미가 깊은 문장들을 만들어 내었다.

찰스 임즈와 레이 임즈 Charles and Ray Eames
임즈의 철학은 과정에 집중된 것으로, 최종 결과물을 가져올 과정들은 무수한 시도와 실수가 오랫동안 반복되어 구성이 되어진다고 한다.
http://en.wikipedia.org/wiki/Charles_and_Ray_Eames

스티븐 해링턴에게 영감을 주는 사람들은 그 외에도 많다. 폴 랜드 Paul Rand, 켄 케시 Ken Kesey, 네일 영 Neil Young, 리틀 브라운 앤 컴퍼니 Little Brown and Company, 사울 스타인버그 Saul Steinberg, 브루노 무나리 Bruno Munari 등이 있다.

끔한 아름다움 그 너머를 상상해 보는 것이다. '밸런스 넘버 원'의 경우, 나는 대략의 그리드를 포토샵에서 먼저 만들었다. 그리고 그 그리드 안에 아이콘을 여러 개 맞추어 넣고 싶었다. 그리고 내가 바른 방향으로 잘 가고 있는지 확인하기 위해서 풀 사이즈로 인쇄를 한다. 다시 그리기 단계로 되돌아가고, 각 아이콘을 따로 따로 만든다. 포토샵에서 다시 스캔을 하고, 이를 파일화시킨다. 나는 보통 이렇게 과정을 앞뒤로 왔다 갔다 하며 천천히 여러 조각들을 조립해 나간다. 이는 퍼즐을 맞추는 것과 다름없다. 퍼즐을 다 맞췄다고 생각하면 색을 보정하고 스크린 인쇄를 위한 준비를 한다. '밸런스 넘버 원'은 검은색, 마젠타, 주황색, 파란색으로 이루어진 인쇄물이다.

일단 요소들이 스크린으로 옮겨지고 인쇄가 가능해지면 나는 인쇄가 가능한 여러 가지의 재료들을 준비해 놓는다. 여기에는 종이, 나무, 보드 등이 있다. 여기서 다시 한 번 과정이 흥미로워진다. 인쇄 표면만 바뀌는 것으로도 충분히 이미지의 느낌이 달라진다.

작품과 이미지를 만드는 것은 늘 어려운 일이다. 하지만 그래서 중독성이 강한 것이다. 너무 쉬웠다면 나는 이미 지겨워서 다른 것을 만드는 것에 몰두하고 있었을 것이다. 다음 내 개인적인 작품 활동 계획으로, 나는 대형 환타지 연극의 3D 세트를 구상하고 있다. 실제 크기의 공상 세계를 구현해 낸다는 것은 아주 커다란 즐거움이 될 것이 분명하다.

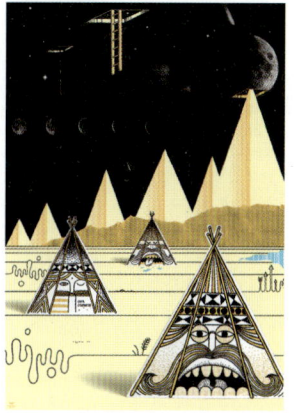

이 트립틱은 삶의 피라미드에 관한 것이다.
"사람들은 먹이 피라미드에는 익숙하죠? 이것은 삶의 피라미드입니다."

Inspiration Workshop
비Be의 아이덴티티 제작 과정

런던의 이벤트 기획사인 Be의 아이덴티티를 제작한 소더스트의 롭 곤잘레스가 직접 자신의 크리에이티브 과정을 밝힌다

The designer
소더스트 Sawdust
소더스트는 2006년 롭 곤잘레스Rob Gonzalez와 조나단 퀸턴Jonathan Quainton이 합작으로 만든 디자인 회사다. 디자인, 일러스트레이션, 아트 디렉션 등을 전문으로 하는 이 스튜디오는 BMW, 버진Virgin, 페이버 앤 페이버Faber and Faber, 존 루이스John Lewis 등의 클라이언트를 두고 있다.
www.madebysawdust.co.uk

The project
비의 아이덴티티
'Be'라는 새롭게 설립된 전문 이벤트 기획사의 완전한 아이덴티티 패키지 제작. 음악 관련 종사자들, DJ들, 아티스트들, 공연 등과 네트워크를 가져야 하는 회사이다 보니 캠던Camden 록앤롤의 분위기를 잘 살려야 했다. 또한 꾸준히 제작될 프로모션 관련 물품들도 고려해야 했다.

미디어
— 애플 아이맥
— 와콤 타블릿
— 엡손 스타일러스 포토 R2400
— 프린터
— 캐논 N1240U 스캐너
— 소니 사이버샷 7.2 메가픽셀 디지털 카메라
— 포토샵 CS3
— 일러스트레이터 CS3
— 펜
— 연필
— 종이
— 라이트 박스

첫 단계에서 우리는 블랙레터 타입페이스를 사용했다. 하지만 고딕체로는 충분한 임팩트를 살리지 못할 것 같다는 결정을 내렸다.

비Be의 공동 설립자인 데이비드 해리스David Harris가 연락을 해왔다. 〈타임아웃Time Out〉지 뒷면에 실린 광고 작품을 본 것이었다. 런던 북서부에 위치한 캠던타운 협의회Camden Council를 위한 전면 광고용 일러스트레이션으로, 포인트 블랭크 컬렉티브Point Blank Collective에서 의뢰했던 그 작품. 예산이 너무 적어서 고생했던 기억이 있는데, 그 작품으로 인해 이런 대형 의뢰가 들어오다니, 전화위복일까.

그 당시 소더스트Sawdust는 겨우 설립한 지 5개월이 지난 시점이었기때문에 이는 아주 대단한 기회가 아닐 수 없었다. 비에게 우리의 능력을 최대한 발휘하고 싶었다. 비 측에서도 여러 가지 테마를 제시했다. 여기에는 파리풍의 데카당스, 베네시아풍의 마스커레이드, 19세기의 화려함 등이 포함되었다. 결국 우리에게 떨어진 임무는 눈에 확 띄는 로고의 제작뿐 아니라 위에 언급한 모든 스타일을 아우르는 전체적인 비주얼 아이덴티티의 구축이었다.

클라이언트의 필요를 좀 더 정확히 파악하기 위해 무드 보드mood boards를 몇 개 자체적으로 선정해 비 측에 보냈다. 현명한 결정이었다. 이 과정을 밟았기 때문에 추후에 색 결정을 쉽게 할 수 있었기 때문이다. 어떻게? 우리가 사용한 무드보드가 조금은 어둡고 빨간 색을 띄고 있었기 때문이다. 아무튼 비 측에서도 긍정적인 반응을 보였고, 우리는 작업에 착수할 수 있었다.

Book in Book

프로모션 포스터로 아이덴티티 아트웍을 포함하고 있다. 비의 로고 타입은 스타일적인 요소 및 배경 디자인 모두와 잘 어울려야 했다.

개발 초기 단계에서 사용한 타입. 이 버전은 활활 타는 듯한 느낌을 주는 데는 적합했지만, 우리가 원하는 느낌을 주지는 못했다.

로고의 진화된 모습. 여러 세입과 모던한 선들을 가지고 실험을 수 차례했다. 그렇게 마지막 작품이 탄생했다.

아이덴티티 퍼레이드

비의 행사들은 대부분 런던 캠던 타운의 프라우드 갤러리즈^{Proud Galleries}에서 열린다. 의뢰 내용에서도 설명된 캠던 특유의 록앤롤 분위기를 우리가 잘 살려야했다. 로고 타입의 경우, 우리는 고딕과 블랙레터^{blackletter} 타입 페이스에 마음이 갔다. 처음부터 그런 종류의 타입이 어울릴 것이라고 생각했다. 그러나 이는 너무나 흔한 생각이었고, 우리는 무언가 다른 것을 시도해 보기로 했다.

그래서 비의 깔끔한 미와 잘 어울리는 아방가르드^{Avant Garde}, 퓨츄라^{Futura}, 유니버스^{Univers} 같은 폰트들을 검토했다. 그러다가 멤피스^{Memphis}라는 멋진 세리프 폰트를 발견했다. 잠재력이 숨어있는, 어떤 알 수 없는 매력이 그 안에 있었다. 물론 그 자체로 사용하기엔 무리가 있었지만 말이다. 그래서 우리는 실험을 통해 그 서체를 좀 더 굵게 만들어 사용하기로 했다. 비의 로고가 음악가들과 젊은 문화들을 주 대상으로 하는 것이기에 강하고 자신감도 넘치며 널리 통용될 만한 것이어야 했다. 스트로크를 폰트에 적용하고 50포인트씩 늘려나가며 실험을 계속했다. 그러다 어느 순간 우리 둘에게 동시에 느낌이 왔다. 바로 이거야! 너무나 눈에 확 들어왔다. 모던하고 자신감도 넘치며 섹시한 느낌이 동시에 풍겼다.

타입 변신시키기

새로운 셰입을 가지고 작업하는 동안 우리는 비뚤어진 'e' 글자를 완벽한 원으로 대체했다. 무거운 스트로크 때문에 안쪽의 디테일이 사라졌으며, 가독성도 떨어졌다. 읽기 어려운 로고란 가장 쓸모없는 로고이다. 우리는 글자들을 정의하는 성격을 밖으로 드러내기 위해 모던한 느낌을 더 살리고자 마음먹었다. 가능한 세련되게. 가능한 섹시하게.

우리는 계속해서 각도와 선의 넓이 등을 가지고 실험을 했다. 물론 마음에 들 때까지 이 과정은 반복되었다. 'B' 글자의 왼쪽에 있는 선은 약간 비스듬하게 했고, 'e' 글자의 선은 수평으로, 길이는 원래 길이의 반밖에 안 되게 했다. 점점 무언가 완성되어 가는 느낌에 우리도 덩달아 신이 났다. 그래서 한 숨 돌릴 겸 아이덴티티의 다른 작업으로 눈을 돌렸다.

중요한 것은 로고타입에 동반될 무언가를 만들어 커뮤니케이션적인 면을 더 발전시키는 것이었다. 그래서 비의 행사가 보여줄 수 있는 불타오르는

Book in Book

Sawdust의 스튜디오

최근까지도 우리의 스튜디오는 각자의 방이었다. 현재는 워털루의 한 광고회사와 스튜디오를 공유하고 있다. 이 건물은 사실 은행이었다. 그래서 회의는 예전에 금고였던 지하 방에서 진행한다. 은행이 이사할 때, 금고 문 만큼은 너무나 무거워서 그냥 놔두고 갔다고 한다.

책꽂이가 있긴 한데, 그 주위로 산더미처럼 쌓인 책과 발행물들 때문에 유명무실하다. 와콤 타블릿, 찻 잔들, 벽에 붙인 여러 프린트물, 인쇄물 등이 사무실의 전체적인 느낌과 풍경을 만든다.

영감의 원천

크옐 엑혼Kjell Ekhorn과 존 포스Jon Forss로 이루어진 놀라운 크리에이티브 팀인 넌-포맷Non-Format, 현대의 시각 아티스트인 토바 오어바흐Tauba Auerbach, 일러스트레이터인 헬로본Hellovon, 디자인 천재 알란 플레처Alan Fletcher, 사진가이자 디자이너인 알렉세이 브로도비치Alexey Brodovitch, 타이포그래퍼이자 일러스트레이터인 파라Parra 등이 있다.

분위기를 더 잘 표현해야 했다. 그러나 한쪽으로 지나치게 기우는 것도 방지해야 했으며, 모든 스타일에도 적합해야 했다. 또한 인쇄물이나 다른 홍보물에도 잘 어울려야 했다.

    그래서 우리는 이미지를 찾아 나섰다. 우리가 모은 이미지들도 다시 훑었다. 그러던 중 베네시아 마스크 Venetian masks 에서 보이는 장식적인 패턴에 끌렸다. 스타일리시하고 아름다운 패턴이 우리가 찾고 있던 것이었다. 좀 전에 말한 파리 풍의 느낌, 19세기의 화려한 느낌이 모두 포괄되는 것이었기 때문이다. 로고 타입을 꾸미기에 완벽한 재료였다. 비의 화려한 인테리어 장식과 예술적인 공연 등과도 아주 잘 어울렸다.

    우리는 베네시아 마스크에서 본 디자인에 기초하여 독특한 페이즐리 패턴 paisley patterns 을 만들기 시작했다. 아주 고통스러운 작업이었다. 셰입의 웨이트를 늘리면 늘릴 수록 아주 쇼킹하지만 덜 섬세한 느낌이 들었다. 전체 아이덴티티와 잘 어울릴 것 같았다. 행사와 관련된 요소들 – 여성 팬들, 마스크, 깃털 등 – 을 모두 엮어 장식적인 프레임워크를 만들었다. 그렇게 하여 생기 넘치고 흥미진진한 느낌을 더할 수 있었다. 참, 뱀도 있다!

    하지만 로고 타입을 되돌아보며 우리가 느꼈던 것은, 아주 쇼킹하고 오만하며 모던한 느낌이 나긴 하지만 아트웍과 잘 들어맞지 않는다는 것이었다. 그래서 'Be'라는 글자의 안쪽 부분을 형성하고 있는 모던한 느낌을 좀 더 발전시키면 아트웍과 로고타입이 잘 어울릴 것 같았다. 이런 과정을 거쳐 장식적인 요소들을 다 가진 최종 'Be'가 완성되었다.

최종 결과물

소더스트에게 있어 비의 아이덴티티 작업을 완수했다는 사실은 역사적인 일이었다. 많은 사람들이 긍정적인 피드백을 해주었고, 작품도 후한 평가를 받았다. 이 작품이 사람들에게 노출이 되어 다른 회사들로부터 러브콜도 여러 번 받았다. 지금 되돌아봐도 우리가 무슨 용기로 이렇게 대담한 아이덴티티를 만들었나 싶다. 보통의 아이덴티티 디자인에서는 흔히 볼 수 없는 것임이 분명하다. 그래서 우리는 더욱 우리 작품에 만족하고 스스로가 자랑스럽다. 비 측에서의 피드백도 물론 좋았고 말이다.

    비는 이 프로젝트를 맡기면서 우리에게 엄청난 자유를 허락했다. 그 어떤 클라이언트도 비와 같이 우리를 신뢰해 주지는 못했다. 우리에겐 타이포그

Book in Book

Sawdust의 커리어와 작업들
소더스트의 최고 디자인 중 몇 점을 뽑아 본다

존 루이스 John Lewis — 2006년 6월
에이전시Agency.com가 벌이는 여름 캠페인을 위한 일러스트레이션의 제작을 의뢰받았다. 이 작품으로 인터랙티브 앤 마케팅 어워드를 수상했으며, D&AD 후보로 오르기도 했다.

1825 – 2006년 7월
개인작품으로 타이포그래피에 중점을 둔 것이다. 후에 정식 인쇄물로 사이트에서 판매도 개시했었다. 오렌지Orange 사의 캠페인 포스터로도 쓰였다.

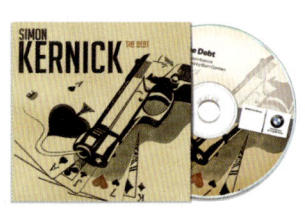

BMW – 2006년 8월
현대 최고의 이야기꾼들의 이야기를 모아놓은 BMW 오디오북의 커버 디자인 및 패키지 디자인으로 랜덤 하우스Random House와 합작했다.

캠던 카운슬 – 2006년 11월
포인트 블랭크Point Blank에서 〈타임아웃Time Out〉 지의 뒷면 광고를 위한 일러스트레이션을 의뢰해 왔다. 메시지는 크리스마스 쇼핑은 캠던에서 하라는 것이었다.

데이드림지Day Dream — 2007년 2월
M&C 사치Saatch에서 열린 전시회에 맞춰 새로 창간한 〈데이드림〉 지에 우리의 작품을 실었다. 의뢰 내용은 '왼쪽 혹은 오른쪽'이었고, 그래서 우리는 앞뒤로 읽어도 되는 단어들을 가지고 장난을 쳤다.

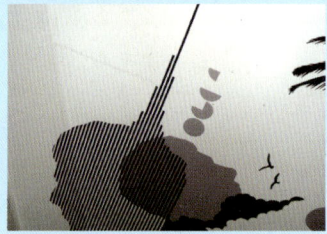

해미시 벤자민 Hamish Benjamin — 2007년 9월
인테리어 디자이너인 해미시 벤자민이 어떤 아파트 내부 장식을 위한 일러스트레이션을 의뢰했다. 일회용 장식이었으므로 비닐을 써서 작품을 완성해 벽과 천정에 붙였다.

하이어 하이츠 레코드 Higher Heights Records — 2007년 12월
영국의 힙합 아티스트인 트리플 다크니스Triple Darkness의 데뷔 앨범 커버. 세 번 접히는 디자인으로 네 가지 매트색 처리가 되었다. 내부 아트웍은 초기 도시들이 겪은 혼돈을 그리고 있다.

2008년 7월을 겨냥한 프로모션 포스터.

매트 처리된 인쇄물.

최종 로고타입으로 Worldwide Logo Design Annual 2008에서 Best of Nation 상을 수상했다.

래피와 일러스트레이션에 대한 엄청난 열정이 있다. 그리고 이 프로젝트는 우리의 그런 점을 잘 살릴 기회가 되었다. 디자이너로서는 대단한 축복과 기회를 받은 셈이다.

우리는 월다(Wolda: Worldwide Logo Design Annual)에서 비의 로고로 상까지 받았다. 소더스트는 베스트 오프 네이션 Best of Nation 부문에서 우승했다. 너무나 행복하다.

On The Web
이미지 리소스 내려받기는?
크리에이티브 아트웍-2를 공부하는데 필요한 모든 이미지 리소스 파일은 CA샵에 올려져 있습니다. 관련된 이미지들을 한꺼번에 내려받은 다음 보관하여 사용하시면 편리합니다.

이미지 리소스를 내려받으려면...
이미지 리소스를 내려받기 위해서는 먼저 CA샵 웹사이트로 접속하여야 합니다. 그리고 회원으로 가입한 다음 RESOURCE 메뉴(화면 왼쪽)로 이동하여 '신청하기' 메뉴(상단)로 이동하여 '크리에이티브 아트웍-2' 리소스 신청이란 제목으로 글을 남겨주셔야 합니다. 그런 다음 'CA-2'메뉴(상단)로 이동하여 해당 리소스를 내려받으실 수 있습니다.

www.CAShop.kr

Beta Tester

배운철 (서울, 어도비 서포터즈, 컬럼니스트)
조금 더 색다른 디지털 아트웍 작업을 원하는 디자이너와 아티스트들에게 이 책을 권합니다.
디지털 아트웍 작업에 관심 있는 분들은 이 책으로 한번 부담 없이 시작해 보셔도 좋습니다.
http://rasso.co.kr

최시안 (서울, 아트디렉터)
포토샵을 활용한 고급기법을 소개하고 다양한 작업을 가능하게 만드는 튜토리얼이었습니다.
전체적으로 기존 포토샵의 단순한 기능을 넘어서 다양하고 고급스러운 기법을 보여줘서 나름
너무나 좋았고, 배운 점도 많았습니다. 단순한 합성기능이 아닌 그 외의 기법들을 다양하게
보여주어 또한 좋았습니다.

최찬호 (서울, 그래픽 디자이너, 일러스트레이터)
역시 현업에서 오랫동안 왕성하게 활동해 온 저자의 커리어가 물씬 풍겨나는 내용들입니다.
실제 업무에서 주로 쓰이는 방법과 좋은 예시가 많습니다. 심지어 아직은 국내에서 접하기
어렵지만 해외에서 이미 널리 활용되는 새로운 기법들까지 소개하고 있습니다. 현장에서
활동하고 있는 디자이너들에게도 많은 도움이 될 것입니다.
http://studio7005.com

김재환 (부산, 그래픽 디자이너)
디자이너라면 머릿속에 들어 있는 다양한 아이디어를 현실적으로 구현하기 위해 여러 가지
테크닉을 갈망하게 마련입니다. 이 책이 그러한 디자이너들의 갈증을 상당히 해소시켜 줄
것이라고 생각합니다.

이창준(목포, 그래픽 디자이너)
제 경험으로, 디자인을 공부하는 학생이나 현업에서 프로젝트를 수행하는 디자이너들은
창조적인 작업을 하는데 많은 고통을 겪습니다. 이 책은 그러한 고통을 어느 정도 치유해 줄
것이라고 기대됩니다.

이휘성 (서울, 사진 작가)
웹 디자인을 하거나 순수하게 사진 작품을 하다가 디지털아트에 관심을 갖기 시작한 분들이 참
많습니다. 이들에게 꼭 필요한 참고서와 같은 책입니다.

양제노 (프랭쉬, 학생)
강좌를 하나씩 따라서 해볼 때마다 마치 높은 산을 하나씩 정복해 나가는 느낌입니다. 특히 각
테마마다 어떻게 응용해야 할지 바로 생각이 떠오릅니다. 디자인을 공부하거나 현업으로 삼는
디자이너에게 추천합니다.
http://blog.naver.com/zeno007

전선미 (대전, 웹디자인 강사)
최신의 스킬과 노하우, 그리고 트렌드가 집중된 서울에서 떨어져 있는 지방이다 보니 디자인
현장에서의 생생한 사례들을 접하기가 어렵습니다. 학생들을 가르치는 입장에서 꼭 필요한
정보들입니다. 이 책은 교재로도 훌륭합니다. 기대됩니다.

beta tester

photoshop

심우찬

홍익대학교에서 영상영화학을 공부하고 모션그래픽 스튜디오 슈가큐브에서 수년간 엄청난 프로젝트를 수행하면서 정글디자인아카데미, 제로원디자인센터, 강원대학교, 경기대학교 등에서 현장 경험을 바탕으로 한 모션그래픽을 강의했다. 현재는 홍익대학교와 한세대학교에서 겸임교수로 학생들을 가르치면서 모션그래픽 스튜디오 잭슨필름의 크리에이티브 디렉터 겸 대표로 여전히 현장에서 왕성하게 활동하고 있다. 레스페스트 초청작 선정, 세네프 국내 부문 심사위원 특별상 수상, 한국방송광고 온라인 광고부문 대상 수상 등 수상 경력도 화려하다. 저서로는 〈모션 그래픽 아트웍〉이 있다.

Creative Artworks-2 :
Photoshop

2010.02.05 초판 발행
2011.07.15 2쇄 발행

지은이	심우찬
펴낸이	김병인
아트디렉터	studio [mim] 김의래
디자인	studio [mim] 안수아
펴낸곳	㈜퓨처미디어

전화	02-852-5412
팩스	02-852-5417
이메일	ca@ccca.co.kr
사이트	www.ccca.co.kr
CA샵	www.cashop.kr
블로그	www.ccca.kr
카페	http://cafe.naver.com/comarts

등록번호	제25100-2001-000044호
ISBN	978-89-960559-4-5-13630